李声凤 著

中国戏曲在法国的翻译与接受（1789—1870）

LA TRADUCTION ET LA RÉCEPTION DU THÉÂTRE CHINOIS EN FRANCE (1789-1870)

中法文学关系研究丛书

孟华 主编

北京大学出版社

PEKING UNIVERSITY PRESS

图书在版编目(CIP)数据

中国戏曲在法国的翻译与接受：1789~1870/李声凤著.—北京：北京大学出版社，2015.9
（中法文学关系研究丛书）
ISBN 978-7-301-26211-5

Ⅰ.①中… Ⅱ.①李… Ⅲ.①古代戏曲—法语—文学翻译—研究—中国—1789~1870 ②古代戏曲—戏曲史—研究—中国—1789~1870 Ⅳ.① H325.9 ② J809.2

中国版本图书馆 CIP 数据核字(2015) 第 201032 号

书　　　名	中国戏曲在法国的翻译与接受（1789—1870）
著作责任者	李声凤　著
责 任 编 辑	初艳红
标 准 书 号	ISBN 978-7-301-26211-5
出 版 发 行	北京大学出版社
地　　　址	北京市海淀区成府路 205 号　100871
网　　　址	http://www.pup.cn　新浪微博：@北京大学出版社
电 子 信 箱	alicechu2008@126.com
电　　　话	邮购部 62752015　发行部 62750672　编辑部 62759634
印 刷 者	三河市北燕印装有限公司
经 销 者	新华书店
	650 毫米×980 毫米　16 开本　16 印张　304 千字
	2015 年 9 月第 1 版　2015 年 9 月第 1 次印刷
定　　　价	49.00 元

未经许可，不得以任何方式复制或抄袭本书之部分或全部内容。
版权所有，侵权必究
举报电话：010-62752024　电子信箱：fd@pup.pku.edu.cn
图书如有印装质量问题，请与出版部联系，电话：010-62756370

谨将此书
　　献给所有陪伴和见证了我成长的老师们

"中法文学关系研究丛书"总序

几年前,我曾写过一篇《皮之不存,毛将焉附——试论国际文学关系研究的地位与作用》的文章。写那篇东西的目的,一是为了回应国际上风行一时的比较文学"消解论",二是为愈来愈被边缘化的"国际文学关系研究"正名。《北京大学学报》刊发此文时附有如下"摘要":

> 比较文学是一门研究"文学方面的文化交流"的学科,只要文化交流一天不停止,比较文学就没有被"消解"的理由。作为这门学科最原初的研究领域,国际文学关系研究在学科中的地位曾大起大落,至今仍在某些地区、某些学者中受到轻视。然而,它一直在反思中前进,它最根本的变化,就是在传统的历史研究中引入了问题意识,引入了文学批评的精神。国际文学关系研究维系着本学科的身份与根本,它过去是,今天与未来也应是本学科最基本、最主要的研究内容。

这个颇有些"檄文"味道的"摘要",是我应编辑部要求而自拟的。我在这里重新引用它,皆因它概括了那篇文章的核心观点,而末尾几句,尤其点明了策划这一套"中法文学关系研究丛书"的基本立意。

多年来,我一直在为国际文学关系研究摇旗呐喊。不过,毕竟是人微言轻,虽聊胜于无,却很难有大的反响。面对外部世界热闹非凡的大环境,面对人们求新求变求大的普遍心态,面对电视台、广告牌里充斥着的"闪亮登场""华丽转身""震撼推出"一类的夸张表述,那些希冀被人仰视、受人推崇、轻而易举地就能占据学术制高点的种种举动就都变得不难理解了。国际文学关系研究——具体到中国而言,更多的是中外文学关系研究——则没有这般显赫、亮丽的外表,更没有这个时代人们竞相追逐的高回报率。它要求研究者屁股坐下来,老老实实从梳理资料开始,从认真阅读文本开始,爬罗剔抉、刮垢磨光,点点滴滴地积累和建构起足以支撑一个课题研究的宽广的知识场。不仅如此,它还要求研究者具有敏锐的眼光和强烈的批评意识,质疑现象,提出问题,探幽索微,揭示本质。这是何等清苦而寂寞的过程!在凡事都讲效率、讲性价比的当今世界,又有多少人愿意承受这般的冷清和辛劳?但我很庆幸,在北大比较文学与比较文化研究所执教的二十年时间里,有一群学生愿意与我一样,做这个一点都不"华丽"、更不"震撼"的基础性工作。这是我的幸事,更是学科的幸事。

如今他们已成人,分散在全国各地的高校和科研机构里。让人感动的是,他们在忙碌的教学、科研、学术活动中依然没有丢弃如此需要时间、需要砥砺的中外文学关系研究。有了一群人在踏踏实实地做,在课堂上讲,在研讨会上谈,在文章中写,再去指导他们的学生……这就变成了一种既成事实。这样一种实实在在的存在,远胜过千言万语的论证和宣传,它让本学科最基础、最本质、最核心的研究方向得以发扬,得以光大,得以传承。

这套"中法文学关系研究丛书",就是专为他们设计的。我希望借此平台展示他们的研究,向学界推荐他们的作品;同时也在内容与方法两个方面,丰富国际文学关系研究的成果。而之所以使用了限定词"中法",则是受我本人研究范围所限。我是专治中法文学关系研究的,学生们也就大多沿袭了此一方向。当然,如有可能,我也希望未来能推出其他双边或多边文学关系研究的成果来。

在人类文明史上,中国和法兰西是两个响亮且诱人的名字。这两个文化大国,各自以其璀璨的文化丰富了人类的文化宝库。两国间的文化交流源远流长,彼此都对对方产生过积极、深远的影响,又都从对方那里汲取了有益的成分来革新、滋养本民族的文化传统,使其生生不息。这样一部丰富、瑰丽的历史,为中法文学关系研究提供了多姿多彩的研究对象与视角。

本丛书没有愧对这样的多姿多彩,它的选目及作者同样也异彩纷呈:入选本丛书的所有论著,都是作者们在自己博士论文的基础上加工修订而成。丛书的作者既有中国人,也有法国人;他们的论文既有在北大答辩的,也有在巴黎四大答辩的,其中有一些是在中法双方导师合作指导下完成的。丛书涉及的内容不仅是中法文化、文学间双向的对话、接受、互视、互补,而且横跨了数个世纪,涵盖了整整一部中法文化交流史:从两国间文化交流滥觞的17、18世纪,直至交流已成定势、成共识的21世纪。所处理的文本则远远超出了纯文学的范畴:除了戏剧、小说、诗歌外,也不乏难以归类的记游作品、报纸杂志,甚至一切可冠之以"文"的材料……同样纷繁多样的还有作者们的研究方向:翻译研究、形象研究、媒介研究、文化研究,不一而足。而且往往在同一部著述中,又数个方向并存,彼此切换勾连照应。

尽管有这般的千差万别，本丛书的著述仍然有着许多共通之处。首先是作者们的研究和立论都建立在第一手中西文资料的基础上。说到这一点，或许应特别指出，不管他们最终在哪里答辩，作者们在论文撰写过程中都曾在中国政府或法国政府的资助下，远赴对象国搜集资料、实地考察，呼吸异国的精神文化空气，切身感悟异国的文化氛围。其次是所有的论著都是个案研究。这就保证了这批年轻的学者能在有限的时间内建构起相应的知识场，尽可能地穷尽相关资料，最大限度地保证研究成果的原创性、科学性。但这些从小处入手的研究，却不乏大的抱负。我们可以看到，入选的每一本书都透露出一种强烈的文学史关怀。研究中国文学流播法国的作者，汲汲于讨论中国文化因子、元素，为何和怎样参与了法国文学的变革；处理法国文学在中国的作者，则念念不忘探讨法国文学、文化如何在中国的现代化进程中起作用。一国文学，因为与异文学的相遇、交流、对话而产生了革命性的变化，这是比较文学国际文学关系研究最感兴趣的话题之一。作者们敏锐地捕捉到这些变化，从而也就丰富甚至改写了接受国的文学史。由此牵连出的，是作者们对变化过程的重视。而在这种对过程的描述和讨论中，文学史就必然与思想史、心态史、社会史，甚至经贸史、外交史相交叉、相关照、相联系。如此宽广的研究场域才保证了他们可以进而去探讨接受国的观念是如何在与异文化的对话、对质中渐变、革新的。不仅如此，这些年轻的比较学者们还有更高远的追求。他们知道：一国文学在异国的译介、传播、接受，不仅在时间上延续了原著的艺术生命，而且在空间上也由于跨文化变异而赋予了原著以新的意义。所有这些，都必将进入我们称之为世界文学的版图中。所以说到底，他们瞄准的是书写世界文学史。

以上这些共通点，既有对传统国际文学关系研究的继承，更体现出了作者们对方法论变革的自觉。我在"摘要"中强调的那些最根本的变化，完全可以引这些著述为证。令人欣喜的是，作者们并没有"鹦鹉学舌"般地照搬各种新概念、新理论，而是将一切适用的东西融会贯通于自己的研究中，并且以自己的实践和思考，再去补充和完善现存的理论和方法。所以他们不仅仅是变革实践的参与者、亲历者，更是变革历史的建构者、书写者。这对他们个人而言，无疑是一笔宝贵的精神财富和一段值得回忆的经历。而历史——中国的、法国的、世界的比较文学历史，不是已经在变革的事实中铭记下了这些参与者、书写者们的奉献？

入选本丛书的所有著述，无一例外，都是作者们生平的第一本专著，因而也就不可避免地带有初出道者的特点：略显稚嫩，多少未脱博士论文特有的"学究味"，分析和探讨也都还有向纵深拓展的余地。但我们完全可以相信，这是"成长中的烦恼"。随着年龄和阅历的增长，他们必定会"天天向上"。

最后还要补充的是，2014年是中法两国建交50周年，两国举行了多种纪念活动。我们选择此时推出这套丛书，自然是希望沾一点欢庆的喜气，同时也为中法两国关系的发展送上我们比较学者的祝福。为了能让这套丛书按时出版，北大出版社外语编辑部主任张冰、法国驻华使馆文化处专员易杰(Nicolas Idier)及其助手张艳、本丛书责编初艳红等都付出了很大的努力，给予了我们从物质到精神的各种帮助，我谨代表丛书的各位作者向他们致以诚挚的谢意！

作为专治中法文学关系研究的比较学者，能在古稀之年推出这样一套丛书并为之作序，实在是我此生最大的荣耀！最大的幸福！

是为序。

孟华

2014年10月10日写于京西

目 录

引 言 1
  一、选题缘起 1
  二、课题史 3
  三、研究思路 7

第一章 戏曲翻译在法国的兴起 9
  第一节 18世纪法国人对中国戏曲的认识 9
    一、布吕玛神父与《赵氏孤儿》出版的可能关联 10
    二、布吕玛有关中国戏曲的引述及其内涵 13
    三、阿科斯塔记述与来华耶稣会士中国观的遥相呼应 17
  第二节 推动戏曲翻译活动在法展开的两种力量 22
    一、法国人对戏曲的传统看法在19世纪初所受的冲击 22
    二、对《老生儿》的回应与法国学界捍卫其中国问题
       话语权的努力 26
    三、《玉娇梨》的成功与法国文学界对中国戏曲的期待 30
  第三节 巴黎王家图书馆的戏曲藏书与汉学家对戏曲
       翻译的准备 33
    一、巴黎王家图书馆19世纪之前的中文藏书状况 33
    二、戏曲藏书的整体状况及分期 35
    三、法国汉学家与王家图书馆的图书采购 38

第二章 儒莲的戏曲翻译及其对语言的关注 44
  第一节 儒莲戏曲翻译活动概述 44
    一、儒莲戏曲译本梳理 45
    二、儒莲戏曲翻译活动的起始与分期 49
  第二节 儒莲戏曲翻译的开端与马若瑟
      ——《汉语札记》及其语言学习观对儒莲的影响 52
    一、马若瑟的《汉语札记》与其《赵氏孤儿》译本的关联 ... 53

二、耶稣会对戏剧的看法与马若瑟的汉语教学观 …………… 57
　　三、《汉语札记》及其语言教学观对儒莲的影响 …………… 58
第三节　从节译到全译的转变
　　——"观念"或"能力"？ ……………………………………… 61
　　一、马若瑟与德庇时能否读懂元杂剧中的唱段 …………… 61
　　二、两种翻译策略后不同的着眼点 ………………………… 68
第四节　解密中国诗歌
　　——儒莲戏曲翻译的关注重心 ……………………………… 71
　　一、为诗歌语言"解码"——儒莲对戏曲翻译的解决之道 … 71
　　二、信息的流失、增加与文化前理解
　　　　——以《灰阑记》译文片段为例 ………………………… 76

第三章　大巴赞的戏曲翻译与风俗研究 …………………………… 82
第一节　限制之下的选择
　　——大巴赞的学术道路 ……………………………………… 82
　　一、儒莲对大巴赞学术生涯的影响 ………………………… 83
　　二、大巴赞戏曲翻译研究及其关注重点——风俗研究 …… 86
　　三、风俗关注在剧目选择上的体现 ………………………… 91
第二节　风俗关注在戏曲翻译中的影响
　　——以《㑳梅香》译本为例 …………………………………… 96
　　一、意译倾向带来的表达灵活性 …………………………… 97
　　二、大巴赞的期待视野与《㑳梅香》主题的改变 …………… 98
第三节　筚路蓝缕的戏曲研究 ……………………………………… 106
　　一、对戏曲地位的重新思考 ………………………………… 106
　　二、与社会历史紧密关联的戏剧史研究 …………………… 113
第四节　"对话体小说"与传奇文体在法国遭遇的接受障碍 …… 118
　　一、"对话体小说"(roman dialogué)概念的形成 …………… 118
　　二、"对话体小说"归属的改变及其评价 …………………… 122
　　三、19世纪欧洲对戏曲唱段抒情性的认识 ………………… 124

第四章　中国戏曲在19世纪法国读者中的接受 ………………… 129
第一节　19世纪法国文化氛围与汉学家译作的传播 …………… 129
　　一、译作的出版发行状况 …………………………………… 129

二、期刊书评对译作传播的助力 …………………… 133
三、口头传播——沙龙、文社与人际网 …………… 135
第二节 传统中国形象在戏曲中的再现
       与异国情调的延续 ………………………… 139
一、对中国风俗的求证与戏曲中的儒教中国 ……… 139
二、对中西文化共鸣的追寻与戏曲中的诗意中国 … 143
三、虚构性作品中异国情调的延续 ………………… 146
第三节 在异域发现灵感
       ——浪漫派的关注与中国戏曲对19世纪法国
       文艺潮流的参与 …………………………… 149
一、法国浪漫派作家对中国戏曲的兴趣 …………… 150
二、法国浪漫派从中国戏曲中汲取的几方面养料 … 154

结　语 …………………………………………………… 163
附录一　**19世纪法国译介的中国戏曲作品（出版部分）** … 166
附录二　**19世纪法国有关中国戏曲的介绍、研究与评论** … 188
附录三　阿科斯塔其人及其中国信息的可能来源 ……… 193
附录四　大巴赞《琵琶记》译本与中文原作回目对应表 … 195
附录五　儒莲书目中戏剧类作品文体表述列表 ………… 197
附录六　道光九年四华人旅法事考 ……………………… 200
附录七　**19世纪中前期法国购置中文图书的渠道** …… 212
索　引 …………………………………………………… 216
参考文献 ………………………………………………… 221
后　记 …………………………………………………… 243

引　言

一、选题缘起

中法两国之间，文化交流源远流长。欧洲对中国的考察，虽由西班牙、葡萄牙人率先发起，但随着法国耶稣会传教士在华势力的增长，法国很快在早期汉学研究方面领先于其他欧洲国家。16—18世纪时，天主教来华传教士撰写的大量有关中国的游记与著述引起了法国公众的浓厚兴趣；与此同时，中国的丝绸瓷器茶叶等商品也源源不断地输入法国，它们共同促成了中法文化交流史上一个高潮的到来。正如许明龙所说："无论从哪个角度看，法国都是欧洲'中国热'当之无愧的中心。"①

在中西间文化交流往还的过程中，中国戏曲很早便借助传教士的翻译写下了浓墨重彩的一笔。1731年，法国来华传教士马若瑟（Joseph de Prémare，1666—1736）将《元曲选》中的《赵氏孤儿》译为法语后寄回巴黎。② 1735年，杜哈德（Du Halde，1674—1743）神父将其收入《中华帝国全志》（*Description géographique, historique, chronologique, politique, et physique de l'empire de la Chine et de la Tartarie chinoise*）第三卷，此剧遂在欧洲广泛流传。欧洲各国的剧作家纷纷将其改编上演，其中以伏尔泰以此为灵感创作的《中国孤儿》最为著名。③ 但此后半个多世纪中，由于清政府实行闭关锁国政策，禁教举措也日益严格，中法往来转入相对低谷期。然而，1814年学院汉学在法国的创立，为处于沉寂之中的中法交流开拓出一条新路。中国文化得以借助典籍的译介和研究在法国继续传播，并逐渐对欧洲其他国家形成影响与辐射。在法国汉学家的积极推动和直接参与下，19世纪30、40年代，中国戏曲作品的翻译形成了一个高潮，不仅《灰阑记》《赵氏孤儿》《㑇梅香》《窦娥冤》《琵琶记》等多个

---

① 参阅许明龙：《欧洲十八世纪中国热》，北京：外语教学与研究出版社，2007年，第108页。
② 参阅 Muriel Détrie, "Traductions et réception du théâtre chinois en occident", *Le Champ Littéraire*, réunies et présentées par P. Citti et M. Détrie, Paris: Vrin, 1992, p.133.
③ 参阅［法］艾田蒲著，许钧、钱林森译：《中国之欧洲》，桂林：广西师范大学出版社，2008年。

全译本先后出版,《元曲选》中所收上百种剧目也被全面介绍给法国读者。

大量剧目的译介顺理成章地促成了一系列戏曲批评与研究文章的问世,这使法国乃至整个欧洲对中国戏曲的掌握和理解由此向前迈进了一大步。鉴于1832年儒莲就任法兰西学院汉语讲席教授后,法国汉学在欧洲的引领地位逐渐得以确认,因而这一时期法国对中国戏曲的翻译与接受,从剧目选择到研究思路,对整个欧洲汉学界都产生了重要影响。1839年,彼得堡《读书丛刊》杂志刊登了戏曲译作《樊素,或善骗的使女》,该剧正是1834年大巴赞翻译的《㑳梅香》。① 虽然有中国学者认为该译本是从中文直接翻译的,但从译本发表的时间、剧目的选择、标题的译法,及前人研究中所提到的楔子与结局有别于中文本等情况来看,该俄文本很可能只是大巴赞法文本的一个转译版。再如德国汉学家福克(Alfred Forke)生前发表的唯一全译本,选取的也是儒莲曾翻译过的元杂剧剧目《灰阑记》。② 至于《西厢记》《琵琶记》这两部戏曲史上的重要作品,更是先后得到了多位汉学家的关注,而它们同样是由儒莲和大巴赞分别于1833年和1841年首次引入西方世界的。

部分中国学者也留意到,欧美汉学家在戏曲研究中,将关注中心集中于元杂剧,而对明清传奇极其忽视:

> 无论在东方还是在西方,元杂剧都是研究者关注的中心。③
> ……
> 假如说西方学者承认中国戏曲史还有第二个黄金时代的话,他们给予这个时代的关注和研究却是极其不相称的。和杂剧研究相比较,明清传奇的研究少得可怜。这种状况至今没有改善的迹象。④

若将这一现象与19世纪法国汉学家的戏曲研究格局相比对,会发现两者极其相似,有理由认为它们之间存在着较为明显的前后承继关系。

儒莲、大巴赞对后世汉学研究中戏曲领域的影响,借助学术的传承性,甚至也体现于晚近的日本汉学中。日本汉学家吉川幸次郎在谈及狩野直喜的元杂剧研究时就曾说:

---

① 参阅孙歌、陈燕谷、李逸津:《国外中国古典戏曲研究》,南京:江苏教育出版社,2000年,第34页。
② 参阅同上书,第26页。
③ 同上书,第81页。
④ 同上书,第98页。

狩野直喜……留学时期他接触西方东洋学的业绩之一便是法国、英国人的元曲翻译。……西方东洋学又一兴趣是民俗学,元曲也是民俗学的很好资料。元曲中表现了丰富的庶民生活,这些在其他文献中是没有表现的。①

显然,吉川幸次郎、狩野直喜等人不仅对19世纪法国的先期工作有所了解,而且他们所开展的元杂剧研究,从兴趣的产生到思路的形成均与19世纪法国汉学家的工作有着千丝万缕的关系。②据中国学者研究,其他日本汉学家如青木正儿、盐谷温等在进行中国戏曲研究时,也留意并借鉴过西方学者,这同样牵涉到19世纪法国汉学家大巴赞的工作。③

简言之,以儒莲、大巴赞为代表的19世纪法国汉学家,是继马若瑟、德庇时等少数先行者之后将中国戏曲引入西方世界的重要力量。无论从汉学史抑或戏曲西传史的角度来看,其工作的价值与意义都是不容忽视的。

二、课题史

19世纪时中国戏曲的西传,作为中外文化交流的组成部分,在晚清时便渐为国人所留意。较早将其落于文字的可能是王韬④,他在1868年写给儒莲(Stanislas Julien,1797—1873)的书信中就曾谈及儒莲翻译戏曲小说一事:

> 侧闻足下虽足迹未至中土,而在国中译习我邦之语言文字将四十年,于经史子集靡不穷搜遍览,讨流溯源……始见阁下所译有腊顶字《孟子》,想作于少时,造诣未至。其后又有《灰阑记》、《赵氏孤儿》、《白蛇精记》,则皆曲院小说,罔足深究……

从"侧闻"二字来看,王韬的信息大约来自他当时交往的一些欧洲传教

---

① 《吉川幸次郎全集·第十四卷元篇上自跋》第十四卷,第596页,转引自张哲俊:《吉川幸次郎研究》,北京:中华书局,2004年,第225页。

② 张哲俊虽然从吉川幸次郎的学术史追溯中看到戏曲研究的起始不在中日,而在法英两国,但他将吉川幸次郎书中所提及的法国戏曲翻译判定为18世纪传教士的工作。而笔者认为,这实际上主要是19世纪法国汉学家的功劳。

③ 参阅邓绍基:《从中外戏剧文化差异引出的断想——〈国外中国古典戏曲研究〉序》,载孙歌、陈燕谷、李逸津:《国外中国古典戏曲研究》,第3—4页。

④ 张德彝的《航海述奇》中也曾谈及儒莲翻译中国文学作品之事,但似未提及其戏曲译作。

士,如英国传教士汉学家理雅各(James Legge,1815—1897)等人。① 作为传统文人,王韬对戏曲并不看重,在《与法国儒莲学士》中,他便称这些作品"皆曲院小说,罔足深究",②未作更多关注。1873年儒莲去世后,王韬再度提及其戏曲翻译,语气稍有改变,称"虽皆曲本小说,而抉剔入微,明畅通达,人见之一览即解",③但很可能只是受到悼文性质的影响而已。

清末民初,徐珂所编撰的《清稗类钞》在戏剧部"欧人研究我国戏剧"条目下,也曾提及两位法国汉学家及其著述:

> 晚近以来,欧人于我国之戏剧,颇为研究 …… 此外尚有《中国戏剧》二册,一为法人巴散著,一为法人格兰著。④

这里所说的法人巴散,当指儒莲的学生——19世纪法国汉学家大巴赞(Antoine Bazin,1799—1863),因为不仅"巴散"与"巴赞"两个译名读音非常相近,而且《中国戏剧》一书也正是大巴赞的代表作。⑤《东方杂志》在1904至1908年的创刊初期,是一份带有"文摘""选报"性质的刊物,其稿件来自各种中外报刊。⑥ 因此,该条目内容很可能是据当时西文报刊提供的信息编撰而成。不过,王韬或徐珂,都不过将其看作一件逸事,信手写来,并未加以深究。

中国学者之中,最早从学术角度对戏曲西译情况加以考察的可能是王国维。1912年,他在《宋元戏曲考》"余论"结末处,以时间为序,陈述了海外对中国戏曲作品的译介,涉及数位英法汉学家及其译作多部:

> 至我国戏曲之译为外国文字也,为时颇早。如《赵氏孤儿》,则法人特赫尔特 Du Halde 实译于一千七百六十二年,至一千八百三十四

---

① 有关王韬赴欧经历参阅[美]柯文著,雷颐、罗检秋译:《在传统与现代性之间——王韬与晚清改革》,南京:江苏人民出版社,2006年。
② 王韬:《与法国儒莲学士》,王韬著,朱维铮主编:《弢园文新编》,北京:三联书店,1998年,第255页。
③ 王韬:《法国儒莲传》,王韬著,朱维铮主编:《弢园文新编》,北京:三联书店,1998年,第169页。
④ 徐珂编撰:《清稗类钞》,北京:中华书局,1986年,第十一册,第5012—5013页。格兰可能指19世纪后半期的法国汉学家古兰(Maurice Courant,1865—1935),他撰写过《中国戏剧》(Le théâtre en Chine)一文。
⑤ 现一般译为《中国戏剧选》(Théâtre chinois, ou choix de pièces de théâtre composées sous les empereurs mongols)。
⑥ 参阅丁文:《"选报"时期〈东方杂志〉研究(1904—1908)》,北京:商务印书馆,2010年。

年,而裘利安Julian又重译之。又英人大维斯Davis之译《老生儿》在千八百十七年,其译《汉宫秋》在千八百二十九年。又裘利安所译,尚有《灰阑记》、《连环计》、《看钱奴》,均在千八百三十四年间。而拔残Bazin氏所译尤多,如《金钱记》、《鸳鸯被》、《赚蒯通》、《合汗衫》、《来生债》、《薛仁贵》、《铁拐李》、《秋胡戏妻》、《倩女离魂》、《黄粱梦》、《昊天塔》、《忍字记》、《窦娥冤》、《货郎旦》,皆其所译也。此种译书,皆据《元曲选》;而《元曲选》百种中,译成外国文者,已达三十种矣。①

以上简短的叙述虽然在细节上还存在一些偏差,如将《赵氏孤儿》译作的编者杜哈德(王国维译作"特赫尔特")误判为译者,将儒莲(王国维译作"裘利安")的法文名Julien错拼为Julian等,但追根溯源,有条不紊,且记载年代、译者、书名甚详,显见得已不是简单地记载传闻或摘录报刊,而开始进入严肃的学术研究范畴。

王国维之后,许多中国学者沿袭了这种将戏曲的海外传播视为戏曲研究之余绪的做法。这一方向的工作在20世纪80年代汇聚为一系列整理中国戏曲海外传播状况的专门著述,以钱林森所著《中国文学在法国》(花城出版社,1990年),王丽娜所编《中国古典小说戏曲名著在国外》(学林出版社,1988年),宋柏年所编《中国古典文学在国外》(北京语言学院出版社,1994年)等几种为代表。这些著作根据国别、年代、作品,分门别类地清点了中国文学在域外的传播情况,在当时的学术状况和学术条件下对中外文学交流史上曾出现的译作做了一些信息搜集与脉络梳理工作。但这批著作由于涉及语种较多,许多内容都采用了二手、三手乃至更远的资料,在信息的准确性上存在较多问题,已无法满足今天学术研究的需要。进入21世纪之后,相关研究工作虽有所进展,但语言问题所造成的缺憾仍未能得到很好的弥补。如孙歌、陈燕谷等合著的《国外中国古典戏曲研究》(江苏教育出版社,2000),按国别和戏曲史阶段为区分,对中国戏曲在海外的传播与研究情况做了比较全面的总结,是这一领域中较具学术价值的作品。但此书由于参考资料以英文、日文为主,因此有关法国19世纪的戏曲研究的部分存在明显缺失,且受到英美汉学家观点的影响,认为20世纪前西方的中国戏曲研究均无足观,更加重了对该时期法国汉学工作的忽视。再如都文伟所著《百老汇的中国题材与中国戏曲》

---

① 王国维:《宋元戏曲考》,《王国维戏曲论文集》,北京:中国戏剧出版社,1984年,第112页。

(上海三联书店,2002),曹广涛所著《英语世界的中国传统戏剧研究与翻译》(广东高等教育出版社,2009),均以中国戏曲在海外的接受为主题,但同样主要聚焦于英语世界,尤其是美国方面的情况。显然,受语言问题所限,戏曲在法国的译介长久以来缺乏具体深入的探讨。而法国汉学家在19世纪戏曲翻译期间所撰写的评论与研究文章,国内亦罕有介绍。极少数被译入中文的文章,如大巴赞为《中国戏剧选》所写的长篇学术性序言①也因译文作者对法国汉学及中文典籍的陌生存在许多较为严重的误译。凡此种种,均造成了这一研究方向上有关法国方面工作的停滞不前。

与中国学者具有显著不同的是,西方国家的学者多从汉学史或中西交流史的角度切入这一论题。他们由于有语言上的优势和资料上的便利,材料掌握较为全面准确。资料整理方面,法国汉学家高第(Henri Cordier,1849—1924)的《中国书目》(*Bibliotheca sinica*)迄今仍在同类著作中居于领先地位。② 不过,高第书目范围极广,虽然条目撰写分门别类,但毕竟卷帙浩繁,有关19世纪戏曲翻译的相关条目不可能从中凸显出来,获得独立的面貌。这一状况其实也是同类西文著述的普遍特征。如美国学者马森(Mary Gertrude Mason)所著《西方的中国及中国人观念(1840—1876)》(*Western Concepts of China and the Chinese*,1840—1876),聚焦于西方对于中国观念的形成,在此过程中曾谈及19世纪戏曲翻译,但着墨不多。再如当代学者米丽耶·德特利(Muriel Détrie)的《中国戏曲在西方的翻译与接受》("Traduction et réception du théâtre chinois en Occident")一文,上起18世纪马若瑟译《赵氏孤儿》,下至20世纪30年代梅兰芳出访美国和苏联,是对戏曲翻译接受状况全貌的勾勒,时间跨度很大,却未能就具体某一时段或文本作出更深入探讨。显然,西方研究者由于多从汉学史和中西交流的大背景切入,虽能因此获得较大的时间跨度和广泛的涉及面,却也受此视角所限,不太可能对戏曲进行单独讨论,更遑论进入某一具体译本。因此,虽然他们在资料掌握方面有着天然的优势,但受其特定关注角度所限,也由于缺乏足够的中文语言基础,对19世纪的这次戏曲翻译高潮迄今并未有过具体细致的分析和

---

① 此文参见钱林森所编《法国汉学家论中国文学——古典戏剧和小说》一书。
② 高第此书有一续作,是袁同礼(Tung-Li YUAN)仿照高第体例所补(*China in Western Literature*, *A continuation of Cordier's Bibliotheca Sinica*, Far Eastern Publications Yales University New Haven Conn,1958),但收录年代已超出19世纪,因而与本课题关系不大。

探讨。

国内的汉学史研究起步稍晚,不过,19世纪的戏曲翻译却在最初阶段就已进入研究者视野。莫东寅参考日本人石田干之助的《欧人之中国研究》所撰写的《汉学发达史》是较早出版的一部汉学研究通史①,其中有关19世纪法国汉学部分,就提及儒莲"曾译《灰阑记》、《白蛇记》等曲本小说",而大巴赞"以译戏曲名"。此后,国内各类汉学史著作谈到这两位汉学家时,都会涉及他们的戏曲翻译工作。不过,即便当戏曲小说等通俗文学的翻译逐渐被研究者判定为19世纪汉学家的重要贡献之一,有关这些译作的翻译情况、翻译原因、传播与影响等工作却始终未见推进。这种状况,与当前国内19世纪汉学研究的薄弱无疑有着直接的关联。在今日的中法关系研究中,18世纪的部分已颇具规模,不仅"中国热""礼仪之争"等核心议题讨论热烈,对许多重要的耶稣会士的研究已形成专论,《耶稣会士书信集》(*Lettres édifiantes et curieuses*)也被成套翻译出版。相形之下,19世纪研究则相当零星,孟华的一些论文,如《试论汉学建构形象之功能——以19世纪法国文学中的"文化中国"形象为例》②《法国汉学家德理文的中国情结——对1867年巴黎世界博览会中国馆成败的文化思考》③等④,虽然已开启了对19世纪中法文化关系研究的新尝试,但主要涉及第二次鸦片战争之后的时期。因此,本书所聚焦的19世纪中前期在整个中法文学文化关系研究中仍然处于空白地带。这一现状的出现,或许有其历史原因,但从学术研究的角度来说,终究是无法忽视,并亟待改变的。

综上所述,中西方学者虽均已在这一领域内开展了一些工作,但存在的空缺仍然较为明显,这一课题仍有着较大的开拓空间。

三、研究思路

自《赵氏孤儿》译本于18世纪问世后,时隔近百年,欧洲始终未出现第二部戏曲译作。然而,在中法交往相对处于低谷的时期,法国却兴起了对中国戏曲的翻译与研究。这一翻译活动的出现究竟有怎样的社会文化背景,受到了哪些因素的促进与推动,这是本书第一章所要处理的核心问

---

① 参阅李学勤:《序》,莫东寅:《汉学发达史》,郑州:大象出版社,2006年,第1—3页。
② 载《北京大学学报》2007年第4期。
③ 载《中华文史论丛》2009年第2期。
④ 以上论文均收录于孟华:《中法文学关系研究》,上海:复旦大学出版社,2011年。

题。笔者将首先回溯18世纪中国戏曲在法国的接受,以阐明:自18世纪以来,戏曲对法国人而言意味着什么;这些对戏曲的认识随着时间的推进,受到了哪些外力的影响;而新兴的法国汉学,又如何介入这一进程之中,并最终促成了这一翻译活动的开展。

  19世纪法国的戏曲翻译,涉及的译者主要是儒莲和大巴赞两位汉学家,考虑到此前研究的缺漏之处,对他们的译作进行全面的清点自然是本研究的基础工作。这种清点不仅包括已刊的单行本,也包括零星刊载于报刊上的译文及剧情梗概、存世的手稿,以及见于各类史料记载的可能存在的翻译实践及翻译计划。既以戏曲翻译为题,译本分析自然是其中应有之意。不过笔者的着眼点并不在于从语言学的角度来对于译文的准确与否给出评价,而更多地希望从中看到译者的关注所在,分析这些不同的关注产生的原因,以及对他们的译文所带来的影响。此外,儒莲在戏曲方面虽仅限于翻译,但大巴赞同时也开展了许多研究工作。作为现代意义上戏曲研究的开创者,大巴赞主要探讨了哪些论题,他的研究与此前的零星讨论又存在哪些差异,这些都构成了本书第二、三章的核心。第二章《儒莲的戏曲翻译及其对语言的关注》以儒莲为中心,第三章《大巴赞的戏曲翻译与风俗研究》则主要谈大巴赞的翻译与研究。

  继二、三两章探讨译者的接受之后,本书第四章将集中处理法国读者对中国戏曲的接受。笔者将首先分析译作传播的各种渠道以及这种传播所大致达到的影响面。其次,以读者发表的各种评论为依托,探讨他们对作品的主要兴趣何在。最后,在前文各类史实及文本分析的基础上,进一步探讨19世纪的戏曲翻译活动究竟曾对法国文学产生过哪些可能的影响。

  法国汉学家对戏曲翻译发生兴趣,始于19世纪初。不过孕育了19世纪戏曲翻译活动的社会大环境,却是1789年法国大革命的产物,故本文以此为时间上限。法国的戏曲翻译在19世纪30、40年代达到高潮,50、60年代渐渐走向尾声,将下限定于1870年,则是因为戏曲翻译的终结,虽然也存在一些个别的、偶然性的因素,但最终还是中法关系及法国社会发生巨大变化的结果。19世纪晚期,法国对中国戏曲的兴趣仍在延续,但两次鸦片战争的爆发给中西关系带来了根本性改变,法国国内社会环境的变迁,也使得此时的戏曲接受状况与19世纪中前期迥然不同,而更接近于20世纪初,因此本书将下限划至1870年。

  以上就是本书大致的构想与结构安排。

第一章　戏曲翻译在法国的兴起

中国戏曲译本在法国的涌现虽是19世纪的新现象,但法国人对中国戏曲的了解却早在几个世纪之前就已开始。因此,在正式进入对19世纪戏曲翻译活动的探讨之前,有必要先对中国戏曲此前在法国的接受状况做一些回溯,以展现19世纪法国接受中国戏曲译入的大环境。本章将从背景、契机与资料准备三个方面展开论述。首先描绘18世纪时法国人对中国戏曲的认识以及该观念背后的理论预设;其次讲述这一观念在18世纪末、19世纪初所受到的挑战,以及戏曲翻译在各种因素共同作用下所获得的发展契机;最后梳理这项活动得以实际展开所倚赖的资料基础及其来源。

第一节　18世纪法国人对中国戏曲的认识

要讨论18世纪法国人对中国戏曲的认识,显然无法绕过来华耶稣会士马若瑟所翻译的《赵氏孤儿》。不论是在18世纪中法关系研究中,还是在整个中法交流史上,该译本都占有不容忽视的重要地位。这不仅由于它是被译入欧洲的第一部中国戏曲作品,也因为该译本当年曾给欧洲读者带来了新奇的阅读体验,在欧洲激起了强烈的反响。《赵氏孤儿》法译本面世后,不仅被迅速转译为英语和意大利语,随后也被英、法、意等国的剧作家改编上演,其中,最著名的自然是伏尔泰据此译本所创作的《中国孤儿》。前人围绕《赵氏孤儿》译本及其传入欧洲的影响已做过大量研究,许多重要问题也多有定论。①　不过,从笔者偶然发现的两封书信来看,有关《赵氏孤儿》译本的话题或许尚未被穷尽。至少,新材料的发现可以使法译本出版时的一些细节得以补充,从而使我们有机会更深入地理解与体察18世纪法国读者对中国戏曲怀有的期待。

---

① 本书中所出现译文如无特别说明,均为笔者本人所译。

一、布吕玛①神父与《赵氏孤儿》出版的可能关联

这两封书信涉及《赵氏孤儿》出版的书信见于《神学、哲学及史学研究》（*Etudes de théologie, de philosophie et d'histoire*）②1861年第一辑第二卷所刊载的《布吕玛神父致高蒙侯爵书信集（1730—1740）》（*Lettres du P. Brumoy au Marquis de Caumont*）。书信作者皮埃尔·布吕玛是一位耶稣会神父，同时也是包括《特雷武杂志》在内的多种图书期刊的编者。而收信者高蒙侯爵（Marquis de Caumont，1688—1745）是一个外省的学者，也是法国铭文及美文学院等多个学术组织的成员。③信中的主要话题均为当时巴黎文学界的时事热点，正是这些内容的史料价值促成它们被结集出版。④其中，有两封便谈到了马若瑟及其《赵氏孤儿》译本。

布吕玛致高蒙侯爵书信之四：

> 巴黎　1733年5月6日
> ……我完全没有从贡…神父⑤那里听说任何有关中国戏剧的事，要么就是他没有观看过他们的演出，要么就是中国人只有幼稚的街头卖艺表演。根据我所记得的，我只能得出以上推断。此前我在

---

① 布吕玛神父名皮埃尔·布吕玛（Pierre Brumoy，1688—1742），1688年出生于鲁昂，1704年加入耶稣会。年轻时热心于诗歌创作。1713年，他被召往巴黎路易大帝中学（collège Louis-le-Grand）执教，曾担任过神学、修辞学、数学等课程的教师。他似乎对人文科学与实证科学同样得心应手。《古希腊戏剧》一书便是在他担任数学教师时所写。在路易大帝中学，他扩大了自己的交际圈子，与许多人文学者相识。还在执教时期，他就已开始参与《特雷武杂志》（*Mémoires des Trévoux*）的编撰。1732年他停止任教后，便彻底投身于该期刊的编辑工作。之后，他又应教会要求，陆续担任过多种历史类图书期刊的编撰。1742年3月因病去世。

② 该期刊始创于1856年，1857—1858年间不定期出版，1859—1861年间为季刊。1862—1896年间改称《宗教、历史、文学研究》（*Etudes religieuses, historiques et littéraires*），变为月刊，1897年起又改为双月刊，二战期间停办，1945年再度复刊。

③ 高蒙侯爵1688年出生于阿维农（Avignon）。三岁丧父，其叔父先将他送入阿维农的耶稣会学校学习，之后又让他去巴黎历练。他曾去国外服兵役，这个契机激发了他对语言学习的兴趣，先后掌握了拉丁语、西班牙语和意大利语。之后，由于热衷于收集各种铭文、钱币与手稿，他开始步入学术研究。由于他兴趣广博，因而与各个领域的学者都结为了好友。他的通信者遍布整个欧洲，甚至还延伸到了东方。因而1745年他去世之后，其继承人手中和尼姆（Nîme）、阿维农图书馆都保存了大量他所收到的书信。布吕玛神父是他的众多通信者之一。

④ 该书信集系由手稿整理所得。整理者在导言中说，出版的目的，一方面是希望这些具有史料价值的书信能帮助阐明文学史上的许多细节；另一方面也希望世人能对布吕玛这位谦逊而博学的教士有更多的了解。本节有关布吕玛及其通信者高蒙侯爵的生平都参考自该书信集导言。

⑤ 原文为P. Cont…，注解说书信此处字迹模糊。

阿科斯塔(José de Acosta,1540—1600)①的书中读到过相关记述,并将其引用于《古希腊戏剧》中。据阿科斯塔说,中国人从前有持续十到十二天的戏剧演出,表现的是他们君主的历史功绩。我听杜哈德神父说起过马若瑟神父寄来的信件;他完全没听说有关于戏剧的内容。他只知道曾有一部汉语语法交给了傅尔蒙(Etienne Fourmont,1683—1745)先生。如果中国有正规戏剧演出的话,估计杜哈德神父早就将相关内容纳入他的计划之中了。不过我还是想努力获取更多关于此类演出的情况,因为我坚信,在一个如此文雅的国度里,不可能只有泰斯庇斯(Thespis)②那样奔跑于街头的闹剧演员……③

布吕玛致高蒙侯爵书信之五:

巴黎 1733年8月17日

……说到中国戏剧,杜哈德神父应该会写信给你,他在不久的将来一定会写的。他已经拿到了之前谈起的那部马若瑟神父翻译的剧作,并将其收入他关于中国的丛书里。他对我说,这部作品是一大堆事实混乱地堆在一起,既没有时间的同一,也没有地点或行动的同一。每个演员一上台就以欧里庇德斯那种方式直接报出自己的姓名和身份。如果你想看的话,我宁可整部寄给你看看,因为一般说来,一两幕无法使人获得准确的理解。傅尔蒙先生所收到的除去该译文外,还有其他为数众多未译的原作(注:当指《元曲选》原书),而杜哈德神父从另外的地方拿到了这部译作。我劝他将其纳入他的集子。这个译本应该已经到处传开了,因为一位此刻在乡间的夫人前不久言之凿凿地对苏历(Sourie)神父说,她读到了中国戏剧,看上去不可能还有(这部之外)其他(中国戏剧的)刊印本。④

---

① 16世纪著名西班牙耶稣会士。其生平及其与中国的关联详见附录三。
② 古希腊剧作家,被认为是最早的悲剧作家和演员。他常常坐着一辆小车(chariot)往来于各个城市进行表演。
③ "Lettres du P. Brumoy au Marquis de Caumont, lettre IV", *Etudes de théologie, de philosophie et d'histoire*, publiées par les PP. Charles Daniel et Jean Gagarin de la compagnie de Jésus, avec la collaboration de plusieurs autres pères de la même compagnie, 1er Série, Tome deuxième, Paris: Charles Douniol, 1861, pp. 442-443.
④ "Lettres du P. Brumoy au Marquis de Caumont, lettre V", *Etudes de théologie, de philosophie et d'histoire*, publiées par les PP. Charles Daniel et Jean Gagarin, pp. 446-447.

显然,这两封书信正撰写于马若瑟的《赵氏孤儿》译本抵达法国前后。前一封信表明:布吕玛神父对中国戏曲怀着极大的兴趣与期待,并曾多方设法,希望获取更多有关中国戏曲的信息。他所咨询的对象,至少包括了曾到过中国的贡⋯神父和正根据来华传教士的书信及著述编撰《中华帝国全志》的杜哈德神父。据布吕玛信中所言分析,很可能是他最初向杜哈德传递了马若瑟书信中有戏曲相关内容的传闻。因为"他完全没听说有关于戏剧的内容"一句显然是一个答复,它意味着布吕玛曾就此事特地向杜哈德求证。这暗示我们:马若瑟寄给傅尔蒙包裹中有中国戏曲相关材料的事,当时已通过口头传闻在巴黎散播开来。不过从书信的叙述来看,杜哈德起初并不清楚马若瑟除《汉语札记》外,是否还曾给傅尔蒙寄过其他资料。("我听杜哈德神父说起过马若瑟神父寄来的信件;他完全没有听说有关于戏剧的内容。他只知道有一部汉语语法交给了傅尔蒙先生。")而从后一封信来看,几个月后,杜哈德与布吕玛均已通过某种渠道得到了《赵氏孤儿》译本的副本。("如果你想看的话,我宁可整部寄给你看看。")有理由推测,杜哈德正是由于布吕玛的询问得知了这一讯息,并据此追寻,才成功地找到了《赵氏孤儿》译本。书信也表明,由于当时法国社会对此的强烈关注,该译本在出版之前就已在巴黎上流社会中流传开来。("一位此刻在乡间的夫人前不久言之凿凿地对苏历(Sourie)神父说,她读到了中国戏剧。")从书信看来,尽管杜哈德对中国戏曲也同样怀有兴趣。("如果中国有正规戏剧演出的话,估计杜哈德神父早就将相关内容纳入他的计划之中了。")但当他见到《赵氏孤儿》译本时,此剧在形式上与法国古典主义的巨大差距还是令他较难接受。("这部作品是一大堆事实混乱地堆在一起⋯⋯")但最终,很可能是在布吕玛等人的积极推动下,他决定将该译作收录在《中华帝国全志》之中。("我劝他将其纳入他的集子。")

此前,人们一直认为是杜哈德偶然从马若瑟寄给傅尔蒙的包裹中发现了《赵氏孤儿》译本,并将其公之于世。[①] 但这两封书信的出现,让我们有理由相信,《赵氏孤儿》译本的发现并非完全的偶然性事件,而是在法国文学圈的广泛关注之下的必然结果。在这之中,布吕玛发挥了直接的推动作

---

① 事实上在《赵氏孤儿》出版后,傅尔蒙就曾强烈谴责杜哈德未经许可窃取了马若瑟寄送给他的信件。相关内容参阅 *Tchao-Chi-Cou-Eulh, ou l'Orphelin de la Maison de Tchao, tragédie chinoise, traduite par le P. de Prémare, présentée à Madame* * * * *par M. Sorel Desflottes*, Péking(Paris),1755。

用。不论他是否因获悉传言而向杜哈德求证,以他为代表的法国读者对中国戏曲的热心关注显然是促使杜哈德挖掘并出版此作的重要因素之一。

这种对中国戏曲的强烈好奇来自一种对中国文化的信心和期待,正如布吕玛在信中所说:"因为我坚信,在一个如此文雅的国度里,不可能只有泰斯庇斯那样奔跑于街头的闹剧演员……"换言之,在法国公众对中国戏曲关注的背后,是一种对传教士所树立的"文明中国"形象的认同与接受。当时欧洲主流的戏剧观认为:成熟规范的戏剧是文明发达的必然产物,高度的文明必然孕育出成熟的戏剧。因此,在布吕玛看来,既然在耶稣会来华传教士笔下,中国是一个文明和先进的国度,中国戏曲可想而知当有很高的艺术成就,而不仅仅只有粗鄙的街头笑剧。正是这一期待推动他积极找寻传回法国的中国戏曲信息,并促成了《赵氏孤儿》译本的面世。一般认为,收录《赵氏孤儿》译本的《中华帝国全志》,正如礼仪之争期间耶稣会传教士出版的各类著述那样,均出于树立"文明中国"形象的总体目的。不过,从布吕玛的书信来看,18世纪时,"文明中国"的形象在当时的法国已有相当的认知度与接受,正如《赵氏孤儿》译本问世的经历所反映的那样,它们甚至已经开始参与推动这一形象的进一步强化。可以想象,在这样的背景下为法国民众所了解与接受的中国戏曲,必然与中国形象之间有着千丝万缕的关系。

二、布吕玛有关中国戏曲的引述及其内涵

如果说布吕玛的书信向我们透露出《赵氏孤儿》译本在法国的问世与耶稣会中国形象间的紧密关联,那么,他在其代表作《古希腊戏剧》(*Théâtre des Grecs*)中有关中国戏曲的转述则更为清晰地表明:18世纪法国对中国戏曲的接受,乃是当时中国形象的一个副产品。此书包含了七部剧作的译文,若干剧情梗概,以及三篇有关戏剧的论文。论文中有一处谈到了中国戏曲,篇幅并不长。以下是其全部内容:

> 我们看到,例如中国人,他们在丝毫没有借鉴希腊的情况下也拥有了自己的某种悲剧与喜剧,尽管不知其起源。阿科斯塔提供的相关记述读来非常奇特。这位作者说:"中国人为演员准备了宽广舒适的剧场、华美的服装,戏剧表演日夜不停地持续上演十到十二天。中间人们可以吃喝、睡觉,然后回去继续演出,或是坐到台下继续观看。一切都不间断地进行着,直到观众和演员都对如此无休止的延续感

觉厌倦了,他们才会最终不约而同地离去……

……此外,他(译者注:指阿科斯塔)还补充说:(中国戏剧的)主题完全是道德的,而古代英雄与哲人的例证更使这些主题得以升华……①

事实上,从前文所引布吕玛书信中便可看到,阿科斯塔的记述对布吕玛有关中国戏曲观念的形成具有特殊的重要意义。而上述引文也显示,布吕玛的看法的主要依据即阿科斯塔的记述。不过,阿科斯塔既非第一个在著作中谈及中国戏曲的欧洲人,他的《美洲——新世界或西印度》也非有关中国的专著。就影响而言,《美洲》一书与18世纪时欧洲所能读到的同类著作——如门多萨(Juan Gonzalez de Mendoza,1545—1618)的《中华大帝国史》——完全无法同日而语。后者仅在1585年至16世纪末短短十多年间就出版了46次,再版次数甚至远超过《利玛窦中国札记》数倍,②且欧洲各重要语种都有译本。而《美洲》不仅并未再版,甚至也没有法文译本。布吕玛却舍后者而取前者,对阿科斯塔的记述给予特殊的关注,并专门将其引用于重要研究著作《古希腊戏剧》中,这表明阿科斯塔的记载必有其独特之处。究竟阿科斯塔对中国戏曲的记述与他人有何差异呢?不妨让我们将其与门多萨《中华大帝国史》的相关段落作一下比对。

众所周知,《中华大帝国史》由两部构成。第一部共三卷,是从自然地理、宗教与偶像崇拜、政治道德等方面对中国进行的一般性介绍。第二部的三卷,则为三批不同的旅行者撰写的中国游记。两部中均有涉及中国戏曲的段落。先看第二部中两处:

……厅堂中间有一圆形空地,在整个宴会期间,那里都有人表演很有趣的滑稽喜剧。甚至宴会结束,喜剧还在继续。宴会中穿插着优美音乐,有人伴唱,还有小丑、木偶和其他表演,给客人助兴……(第二部第一卷第二十章)③

……宴请一直持续到下午,其间歌手唱歌、乐手奏乐,乐器有六弦琴、吉他和三弦琴等,同时还有小丑表演以活跃气氛……和第一天的宴会一样,这天也有音乐和轻喜剧及滑稽剧表演。……滑稽剧开

---

① *Théâtre des Grecs*, traduit par Le P. Brumoy, Tome premier, Paris: C. J. B. Bauche et Laurent d'Houry, 1749, pp. 52-54.

② 参阅张铠:《中国与西班牙关系史》,郑州:大象出版社,2003年,第199页。

③ [西]门多萨编撰,孙家堃译:《中华大帝国史》,南京:译林出版社,2011年,第147页。

演前,他们通过通译向神父们讲解了内容,以便他们更喜欢该剧。情节如下:很久以前,有很多高大勇猛的武士,其中有三兄弟更为甚之,一个白脸,一个红脸,一个黑脸。红脸最为聪明机敏,他想让白脸兄弟为王。三兄弟全都同意这一决定,于是把当时的统治者Laupicono赶下台,夺得了王位。Laupicono是个女气十足的荒淫无度的昏君。该剧演得十分精彩,戏装合乎人物的地位……"(第二部第一卷第二十四章)①

显然,游记部分涉及戏曲的文字仅限于陈述旅行者的经历,并未延伸到对中国戏曲一般状况的介绍。在上述引文中,戏曲表演是作为神父一行所受宴请的助兴节目出现的,夹杂于各种音乐演奏和杂耍中。后一段涉及了演出剧目的情况,但或因受通译水平影响,听来有些可笑。而文中出现的"滑稽剧""滑稽喜剧""小丑"等词,更强化了此剧属通俗笑剧的印象。

第一部中有关中国戏曲的文字见于第三卷第十八章"中国人举行的宴会和他们的庆典活动":

……宴会常有风趣十足的女人唱歌、击乐、讲诙谐逗笑的故事,给食客助兴。还有不少乐手用他们特有的乐器演奏乐曲;还有人翻跟头,演生动活泼的滑稽剧……②

……节日期间他们还上演令人愉悦的滑稽剧,演员的演出十分自然,根据扮演的角色不同,服装打扮也恰如其分。在那些天里,桌子上摆满了各种食物……③

这虽属对中国戏曲的一般性叙述,但内容与游记所载大致类似。涉及的仍然是作为宴饮助兴项目而出现,并夹杂于各类歌唱、杂耍之中的戏曲演出。上演剧目的性质依然是"滑稽剧",因而效果不外乎"生动活泼""令人愉悦"。

将《中华大帝国史》中这些记载与布吕玛的引文相互对照,两者的差异一目了然。阿科斯塔的第一段文字虽然也将提到了戏曲演出过程中的饮食与休息,但与门多萨的记述相比,演出与宴饮的主次关系出现了明显的逆转。演出不再被描述为宴饮的附属和点缀;与之相反,是由于演出须

---

① [西]门多萨编撰,孙家堃译:《中华大帝国史》,第157页。
② 同上书,第81页。
③ 同上书,第83页。

持续数日之久,人们才会为演员和观众事先准备了食物与休息场所。换言之,是吃喝睡都被安排到了剧场里,而非演出出现在宴饮的场所。① 同样,戏曲演出和杂技歌舞混杂的场面也没有出现在阿科斯塔笔下。这都暗示西方读者,虽然中国的戏曲演出时间持续很长,场面很热烈,但仍然属于严肃的戏剧活动,而非街头即兴表演的笑剧。

阿科斯塔的第二段文字则进一步强化了中国戏曲作为一种严肃创作、一种成熟艺术形式的形象。他指出,中国戏剧作品主要表现的是道德主题,而情节也大多来自古代伟人。这很容易令欧洲读者联想到古希腊悲剧。而《中华大帝国史》中所讲述的剧情,虽然说的是三兄弟②推翻暴君统治的故事,原本也完全可以是一个严肃的历史剧,但由于作者将起因叙述为"聪明机敏"的"红脸"想让白脸兄弟为王,三兄弟一致同意,显得有些无厘头,而严重影响到了故事给人的严肃感。

事实上,前文所引书信也表明:布吕玛并非没有读到过类似门多萨的戏曲记述。"在一个如此文雅的国度里,不可能只有泰斯庇斯那样奔跑于街头的闹剧演员"已清楚显示他了解这类街头闹剧式的演出在中国的存在。然而当他在《古希腊戏剧》中探讨中国戏曲,却仅仅引述了阿科斯塔的记载。甚至完全没有提及其他不同的说法。这表明,他对阿科斯塔的引述绝非简单的信息复制,而是对中国戏曲两种不同形象的选择。他坚信,兴盛于中国的戏曲演出,乃是一种严肃的、崇高的戏剧形式。这种看法通过《古希腊戏剧》一书的多次再版,③以及被各类著作的反复转引,深深影响了18世纪法国人对中国戏曲的基本看法。④

---

① 作者虽没有明确表示以下场景的地点是在剧场中,但因开头第一句先介绍中国人为戏剧演员建有宽敞舒适的剧场,后文也没有提及其他地点,故而读者非常有理由将其解读为一切都发生在剧场之中。

② 笔者觉得很可能说的是刘、关、张三人,但不知提及的君主所指为何人。

③ 《古希腊戏剧》初版于1730年,此后因受读者欢迎而多次再版。目前笔者所查到的至少有1749年版、1763年版、1785—1789年版、1820—1825年版、1826年版等5个版本。

④ 例如,1776年巴黎出版的3卷本 Dictionnaire drmatique(《戏剧词典》)内"中国戏剧"词条,其内容便是对布吕玛引述的原样复制。1808年出版的 Précis de l'art théâtrale-dramatique des anciens et des modernes(《古今戏剧艺术概要》)一书,有关中国戏曲的部分仅有三个小节,也同样照抄了布吕玛的片段。由于它们完全采用了布吕玛书中的法文表述,因此可以清楚地判断出并非引自阿科斯塔西班牙文的原著。甚至在19世纪的著作中,如1826年出版的 Théorie de l'art du comédien ou manuel théâtral(《演剧艺术理论》),1856年出版的 L'Opéra-italien, de 1548 à 1856(《意大利歌剧:1548—1856》)等书,谈及中国戏曲时仍然引用了这一片段,可见其影响之深远。

三、阿科斯塔记述与来华耶稣会士中国观的遥相呼应

作为一位 16 世纪西班牙耶稣会士及知名学者,阿科斯塔的这段戏曲记述显然有着超乎戏曲之外的思索与意图。法国学者阿兰·米卢(Alain Milhou)的研究指出,阿科斯塔将属于欧洲之外的"新世界"的"野蛮人"分为三类。第一类人包括中国人、日本人,以及东印度的相当一部分人群。他们拥有法律、制度与令人赞叹的城市,尤其是,他们还懂得使用统一的文字。这些民族的文明程度实际上与欧洲人不相上下。第二类人包括南美洲的墨西哥人、秘鲁人等。他们的文明程度要低一个层次,还没有自己的文字,但已经有行政长官、城市、军事首领以及宗教信仰。而其余的民族属于第三类人,他们几乎不具备人的感情,与野兽更为类似,他们往往处于流浪状态,没有法律、契约,也没有国王和官员。① 这一分类事实上是他作为一个传教学者,对当时基督教应如何在"新世界"传教的反思。② 在阿科斯塔看来,由于"野蛮人"的文明程度有所不同,因而对他们所采取的传教方式也当作出区分。第一类人由于文明程度很高,完全可以让他们通过理性选择来接受福音,而无须动用武力。对于后两类,才需要不同程度地借助强硬手段。

虽然阿科斯塔从未到过中国,不过从他著述中一再提及中国的情况看,他应当借助当时的资料对中国的情况做过一些考察。阿科斯塔著作中涉及中国的段落虽都仅有只言片语,却涉及了语言文字、宗教信仰和戏剧等诸多方面,而这些正是被阿科斯塔视为反映一民族文明程度的关键因素。可见他对中国信息的关注和搜集,并非出于全面了解或介绍中国的目的,而是希望以此来了解中国文明所处的阶段,并由此判断在中国的传教活动应当以何种手段进行。显然,他最终的结论是中国是一个文明国度,因此才会在桑彻斯向西班牙王室提出武力侵占中国时予以坚决

---

① 参阅 Alain Milhou, "Variations sur les thèmes du bon et du mauvais sauvage", *La conquête de l'Amérique espagnole et la question du droit*, textes réunis par Carmen VAL JULIAN, Lyon: Editions ENS, 1996, pp. 49-64.

② 笔者曾就此请教过张铠老师,他认为,阿科斯塔在传教理论上的这些观点应当是受到了来自拉斯·卡萨斯神父《西印度毁灭述略》一书的影响。此书斥责了殖民者屠杀和虐待印第安人的暴行,在传教上反对以铁血手段强迫印第安人皈依天主教。拉斯·卡萨斯认为印第安人是自由人,应当以和平的方式向他们传播福音。尽管他基于这一原则的"大陆计划"最后以失败告终,但此书对传教思想的转变产生了深远影响。

反对。

　　换言之,阿科斯塔在其戏曲记述中所表现出的与其他中国著述的差异,从根本上来说,源自他有别于一般游记作者的思考立足点。笔者虽不懂西班牙文,无法考察该段落在原作中的具体上下文语境;但从现存的对阿科斯塔思想的研究来看,阿科斯塔的著作很可能由于受到这种"文明中国"观念的影响而在撰写时对特定层面有所强调和突出。例如,剧场方面中国只有极少数固定的专业性的剧场,更多的演出则依托于各处私家厅堂或广场型的戏台、戏楼。周华斌的《中国古戏楼研究》一文中就明确地说:"中国传统戏曲以流动演出为特征。"①但在阿科斯塔笔下,却被概括为"中国人……为演员准备了宽广舒适的剧场",虽然不能说尽属虚构,但显然严重颠倒了主次情况,读者不免以为这样的剧场为数甚多,或者在中国的戏剧活动中是占据了主体地位的。再如中国的戏曲演出形式多种多样,虽然在某些场合下也有接连数日的宴饮和演出存在,但不过是许多情况之一。但在阿科斯塔笔下,这种持续十数日的狂欢景象却是唯一被提到的演出场景。给读者造成的印象显然也是以偏概全的。其实,除了《中华大帝国史》之外,1563年若昂·德·巴罗斯的《亚洲十年》、1605年巴托洛梅·莱昂纳多·德·阿亨索拉的《征服马鲁古群岛》、1614年费尔南·门德斯·平托的《游记》等多种游记作品,对中国戏曲的零星记载,所提供的信息均与门多萨书中较为相似。② 而阿科斯塔却着意突出强调了另一些侧面,不能不说是为了服务于其观点所作出的有意选择。

　　无独有偶,在来华耶稣会士的笔下,中国戏曲的形象也是古朴、高雅而繁荣的,正与阿科斯塔的记载遥相呼应。如利玛窦就曾在他的《中国札记》中说:

　　　　他们(译者注:指中国人)极为喜爱戏剧,在这方面更甚于我们。以至于有无数年轻人从事这一活动。其中一些随心所欲地去国内各地旅行演出,其他人则驻留在人口最为密集的地区,获准在各种公众

---

①　周华斌:《中国古戏楼研究》,周华斌、朱联群主编:《中国剧场史论·上卷》,北京:北京广播学院出版社,2003年,第81—110页。

②　由于这些作品尚无中文全译本,笔者参考的是[澳门]《文化杂志》编:《十六和十七世纪伊比利亚文学视野里的中国景观》(大象出版社,2003年)中收录的摘译片段。

或私家休闲活动中演出。①

这是站在欧洲人将戏剧视为最高级文艺形式的基础之上，对戏曲在中国的繁盛状况表示的高度赞赏。

另一段描绘宴会上戏曲演出的文字写道：

> 那些最高贵的宴会按照惯例也都允许这些剧目上演。那些受召前来的演员，随时准备上演常演剧目中的任何一出，因此他们会向宴会主人呈上写有剧目的折页，以便后者挑选他喜欢的观看。客人们一边吃喝一边看戏，十分惬意，甚至在结束了长达十个小时的宴饮后，他们常常还会花费同样长的时间继续看戏，而与此同时，戏也在一出接一出继续上演。②

"最高贵的宴会"向读者暗示戏剧在中国拥有高雅的身份，受到上流社会的欣赏。写成折页供人挑选的剧目单，陪伴人们度过长达十小时宴饮之后还能延续同样长时间的戏剧演出，则表明中国戏剧作品为数众多。演员可以随时上演被挑选的"任何一出"，更显示剧目上演频繁。故这段文字同样营造出戏剧在中国的繁盛图景。

来华耶稣会士中中文水平甚高的马若瑟对中国戏曲做过较为详细的介绍，他在字里行间同样流露出对中国戏曲的认可和赞赏。尤其是对中国戏曲一些有别于欧洲戏剧的特点，他也表现出充分的理解。例如当谈及中国戏曲中有许多欧洲人所无法理解的典故时，他说：

> 中国人有他们的诗歌，正如我们有我们的。要是我们对中国人说，有四位美德女神、两位维纳斯、十位缪斯，她们总的来说是一位美德女神、一位维纳斯、一位缪斯，中国人也会一头雾水的。

将理解与沟通上的困难归因于彼此的文化差异，认为这是人们对异文化了解不够深入时可能出现的正常现象。当谈及中国戏曲对白中夹杂唱段的形式时，他虽然承认这可能会令欧洲观众感到惊讶，但"这是因为我们没有想到演唱是用来表达心中的种种波动的，例如欢乐、痛苦、愤怒、绝

---

① 《利玛窦中国札记》的何高济中译本是以 Louis Joseph Gallagher 译自拉丁文本的英译本（1953 年，纽约，Random House 版）为底本翻译的，笔者在阅读中感觉存在逻辑不够通顺之处，故以 S. D. F. de Riquebourg-trigault 译自拉丁文本的法译本（1616 年，里昂，H. Cardon 版），对何高济的中译做了少量修改。

② 译文情况同上。

望",对中国人以演唱来实现戏曲中的抒情表示认可,而对这一手法的独特性与创造性给予了赞赏。在谈到《赵氏孤儿》并不符合古典主义三一律时,他说:"中国人无须知晓或遵守这些规则。他们遵循了所有规则中最核心的一条,那就是使人愉悦、令人感动、激励人们向善,而凸现罪恶的丑陋"①,认为戏剧的根本规则只在于净化心灵,提升道德,只要能达到这一目的就是成功的戏剧。因而,在他眼中,中国戏曲的艺术价值并不会由于不合三一律而降低,甚至因为它直指戏剧的根本与核心,反而更加古朴、本真。

另一位以中文造诣著称的耶稣会士宋君荣神父虽没有直接记载当时的中国演剧状况,却在他所作的《书经》译本注释中,曾谈及中国典籍中对于上古演剧的记载:

> 舞蹈者从北侧上场,刚走出没几步,就突然改换为与上场相反的顺序,他们用姿态、动作与变化,展现着一场战争的进程。在(舞的)第三部分,舞蹈者们再次向中央前进;在第四部分,他们排成了某种直线;在第五部分,他们扮演了以谋略协助武王(Vou-vang)的两位臣子周公(Tcheou-kong)与召公(Tchao-kong);在第六部分,他们如山岳一样岿然不动。这个舞蹈是武王征服中国的故事,他进入当时的帝国,推翻了纣王(Roi Cheou),然后继续向前推进,划定了国家的边界,并采纳两位大臣睿智的建议来治理他的国家,于是帝国得以稳定。②

这看来是对《礼记·乐记第十九》片段的翻译:

> (夫乐者,象成者也。)总干而山立,武王之事也;发扬蹈厉,大公之志也。《武》乱皆坐,周召之治也。且夫《武》,始而北出,再成而灭商。三成而南,四成而南国是疆;五成而分,周公左,召公右;六成复缀,以崇天子。

宋君荣神父的译文,只不过将"周召之治也"之前的部分调到了"以崇

---

① *Tchao-Chi-Cou-Eulh, ou l'Orphelin de la Maison de Tchao*, traduite par le P. de Prémare, pp. 85,87-88.
② *Le Chou-king, un des livres sacrés des Chinois, qui renferme les fondements de leur ancienne histoire, les principes de leur gouvernement et de leur morale,… traduit et enrichi de Notes, par Feu le P. Gaubil,… revu et corrigé… par M. De Guignes*, Paris: Tilliard, 1770, p. 330.

天子"之后。对于法国读者而言,这段出自中国古代经典的记述显然可以有力地证明中国戏曲的悠久历史。

尽管在耶稣会士的记述中,偶然也会出现一些中国戏曲的负面记述,如利玛窦曾谈到中国戏班存在买卖儿童学戏的陋习,①韩国英在《论中国语言》(De la langue chinoise)一文中提及中国历史上某些知识分子与统治者对戏剧活动所表现出的否定态度,以及戏剧演员在社会中遭遇的鄙视等,②但总体来说,此类记述在耶稣会士的记述中为数较少,也不占据主导。韩国英的文字虽因时代较晚,可能与早期耶稣会士的观念已有一定差异,但具体到这段文字,其本意也并不在否定中国戏曲本身的价值,而是为了批评中国人对于戏曲的一些偏见,对戏曲本身的道德教化意义与艺术价值仍然秉持了认可的态度。

阿科斯塔的分类传教理论以及在文明国度中和平传教的主张,很可能是后来利玛窦(Matteo Ricci,1552—1610)等人所提出汉化传教的"适应"政策时的参考之一。因为他曾以书信的方式,将其看法提供给了当时已在中国的利玛窦。不过,即便来华传教士的汉化政策并非源于阿科斯塔,他们彼此在传教思路上的共通性仍然是不可否认的。这也可以解释为何双方对中国戏曲的记述虽然信息来源不同,却存在着较高的一致性。至于阿科斯塔的记述之所以为布吕玛所青睐,很可能是因为这两段文字更成功地契合了18世纪"中国热"浪潮中法国对于中国戏曲的期待。正如伏尔泰在1755年的《〈中国孤儿〉献词》中所写:

> ……很长时间内,戏剧只有在中国辽阔的国土内才享有尊荣,而世界上其他地方,除了一个孤零零的雅典城之外,都还处在与它隔绝、对它无所了解的状态中。罗马要晚至四百多年后才发展起戏剧

---

① 参阅 Matthieu Ricci et Nicolas Trigault, *Histoire de l'expédition chrétienne au royaume de la Chine (1582-1610)*, Bellarmin, 1978。

② "自戏曲演出进入家庭娱乐和宫廷节庆以来,数百年间,大学者所发表的都是关于它对于社会风气的危害性和不良影响的哲学评论。""史书上第一次谈到戏剧,是赞颂一位商代的皇帝禁止了这种无意义的娱乐……""尽管绝大部分的中国剧作者以展现罪恶的可耻和美德的魅力为中心,却极少为它们的作者带来荣耀。""他们(译者注:指中国人)将公共剧院排斥到城郊,与妓院为伍,且对此还是出于宽宥而非许可,就此而言实在太过野蛮。更过分的是,他们在公开的文章中替那些为国捐躯的战士写下长篇累牍,对那些出色演绎高难度角色的上佳演员却不肯费只字片语。"引自 Pierre-Martial Cibot, "De la langue chinoise", *Mémoires concernant l'histoire, les sciences, les arts, les mœurs, les usages, etc. des Chinois*, par les missionnaires de Pékin, Tome VIII, Paris: Nyon l'aîné, 1782, p. 228, note 38.

来。如果你在波斯人、印度人这些被看作具有创造性的民族中找寻，你也还是一无所获……因而我们应当说：中国人、希腊人、罗马人是古代民族中仅有的，认识到社会真正精神的人。①

显然，《赵氏孤儿》译本的发现、出版与流传过程，或是来华耶稣会士对中国戏曲的记载，都与16—18世纪耶稣会所接受的"文明中国"形象紧密相关。在中法文化交流的历史上，戏曲并不仅仅作为一种文学或舞台艺术形式被接受，而是背负着更多的身份和意味。正是这种特定的身份与象征意义使戏曲在19世纪初中国形象遭遇危机之时再度走入法国公众的关注之中。

第二节 推动戏曲翻译活动在法展开的两种力量

18、19世纪之交，随着欧洲"中国热"的逐渐降温，耶稣会士通过著述所建立起的美好的中国形象开始受到越来越多的质疑和批驳，与中国形象有着紧密关联的中国戏曲形象自然也不能幸免。在舆论开始逐渐向对立方逆转的过程中，马戛尔尼使团访华是一个标志性事件。因而，本节将从使团成员所发表的游记入手，探讨18世纪树立的中国戏曲形象在这一阶段所受到的冲击，以及新生的法国汉学如何在各方面因素的共同作用下将戏曲翻译作为一项工作提上议事日程。

一、法国人对戏曲的传统看法在19世纪初所受的冲击

19世纪初，由耶稣会士所建构的文明中国的传统形象虽仍在法国延续。但由于雍乾嘉道几朝禁教日严，法国国内政局又动荡不已，中法文化往来相对减少。以法国传教士为主导的传统信息渠道无法继续保持通畅。这无疑为另一种存在已久的声音提供了凸现的机会。19世纪初期，对中国戏曲在欧洲的形象造成重要冲击的，首先是马戛尔尼使团中约翰·巴罗（John Barrow，1764—1848）所写的《中国游记》（*Travels in China*）②。书中有关乾隆生辰时演出的记载，是历来备受关注的片段之一：

---

① Voltaire, "Epitre", *L'Orphelin de la Chine*, tragédie, Londre: Jean Nourse, 1756, p. vi.
② 该游记出版于1804年，次年即被译为法语。

……最后一个剧目是一部场面宏大的哑剧,从它所获得的认可来看,我推测它被视为创作构想和机械设计上的一流作品。就我所能理解的程度而言,它所表现的是海洋与大地的婚姻。大地展示了它丰富的宝藏和物产,龙、象、虎、鹰、鸵鸟、橡树、松树以及其他不同种类的树木。大海也不甘落后,将它所掌握的财宝倾倒在舞台上,鲸鱼、海豚、利维坦和其他海洋中的怪兽,此外还有船舶、礁石、贝壳、海绵、珊瑚,所有这些都由装扮起来的演员扮演,他们在各自的片段中都完成得非常好,赢得了观众的赞赏。来自海洋和陆地的这两大支队伍在以圆形轨道分别行进了很长时间之后(译者注:当指在舞台上跑圆场),最终汇合起来,构成一个整体,来到舞台前部。队形几经变换之后,他们向左右两侧分开,为鲸鱼腾出空间。看起来,它是其中的统帅。鲸鱼蹒跚向前,位置正对着皇帝的坐席时,它从口中向乐池方向喷出若干吨水。水随即就迅速消失在地板的孔中。这一喷射获得了热烈的掌声。我身旁的两三位大人想让我对此给予特别的关注,因而同时反复喊着:好!很棒!……①

从以上记述来看,使团人员所观看的显然是一部神怪剧。就其演出场合来看,它同时也是清宫中的各种承应戏之一。② 但人们的探讨似乎常常止步于此,并未继续追问这一性质意味着该剧在艺术上会带有怎样的特殊性。事实上,朱家溍等人在《清代内廷演剧始末考》一书中曾明确写道:

> ……乾隆命庄亲王允禄、张照及周祥钰等人……着重编写了一批与年节、时令、喜庆活动内容有关的剧目……这些戏情节相当简单,多为载歌载舞,加之恭贺吉祥喜庆的唱词和念白。

后文又说:

---

① John Barrow, *Travels in China*, London: T. Cadell and Davies, 1804, pp. 202-204. 此书国内已有中文译本([英]约翰·巴罗著,李国庆、欧阳少春译:《我看乾隆盛世》,北京:北京图书馆出版社,2007年),但经笔者对照,发现此译本存在一些错误及删节,故巴罗游记相关引文均由笔者据英文版自行译出。

② 叶晓青所找到的当日演出剧本也表明此戏确为庆寿主题剧目,属升平署承应戏中的"万寿戏"。该剧与其他喜庆戏的主要区别只在于,它是乾隆为马戛尔尼使团来访所特地编写,其中包含了乾隆对使团的一些回馈信息。剧本内容参阅叶晓青:《〈四海升平〉,乾隆为英使马戛尔尼来访而编的朝贡戏》附录,载叶晓青著,夏晓虹编:《西学输入与近代城市》,北京:北京大学出版社,2012年,第177—181页。

……节令戏、喜庆戏、万寿戏的演出只是应景的形式而已,伶人们以歌舞点明节日的主题,按例必须上演,一般作为开场或团场。①

这就是说,使团人员当日所看到的演出因属于"万寿戏",故虽以戏剧的面貌出现,其实并非真正意义上的戏剧演出,而是一种为增加喜庆气氛而进行的歌舞表演。换言之,使团成员将该演出视为衡量当时中国戏剧水平的标尺,实在是由于对清宫演剧状况极其陌生而产生的一个巨大的误会。然而,由于当时的欧洲读者普遍认为在皇帝生辰上演出的剧目当为中国演剧的较高水准作品,也应当代表了中国上流社会对戏剧的欣赏口味,因此,巴罗游记中所记载的这一"大地与海洋间婚姻"在欧洲的广泛流传,自然不可避免地对18世纪以来法国人心目中的中国戏曲形象形成了某种冲击。

继巴罗游记之后,1817年,另一部英文著作的出版更进一步动摇了法国人对中国戏曲的传统看法,那就是德庇时(John Francis Davis,1795—1890)②的《老生儿》英译。德庇时系东印度公司职员,1813年被派驻东印度公司广州代理处。来到中国后,他对中文学习表现出了很高的热情,陆续出版了一系列有关中国的译作与著述。1817年出版的《老生儿》译本,实为德庇时初到中国后在语言学习之余的练笔之作。③

然而,该译本出版后,在第一时间就得到主流评论媒体的关注。英国著名批评期刊《每季评论》特地在1817年1月号为其刊发了长达二十多

---

① 以上两段引文均引自朱家溍、丁汝芹:《清代内廷演剧始末考》,北京:中国书店出版社,2007年,第27页。

② 在当前国内的汉学史著作中,德庇时常常被定位为外交人员出身的汉学研究者。这一观点可能有待商榷,因为德庇时在东印度公司任职的时间长达二十多年,在绝大多数时间内,他的第一社会身份为东印度公司高管。德庇时的外交人员身份主要指以下几个短期职务:其一,1816年,他曾陪同亚美士德使团前往北京。其二,东印度公司丧失其垄断地位后,德庇时曾于1834年短暂地担任过英国驻华商务总监、英国驻华公使等职。但事实上,由于与英国政府政见不合,他很快便提出辞职,1835年便回到英国。其三,1844年,德庇时被任命为第二任香港总督。这次任职虽时间稍长,但也仅持续了四年,且德庇时同样因为与英国政府产生了严重政见分歧,而在离任满尚有两年时即卸任而去。从以上情况看,德庇时的外交生涯不仅短暂,且与他的观念格格不入。在笔者看来,他的身份首先是商人,其次是学者。而外交仅仅是由于他对中国及中文的了解而被临时卷入的一个领域而已。

③ 据《老生儿》英译本编者说明,此作完成后被存放于英国东印度公司大厦(India House)的图书馆中供人阅读。乃编者发现后向公司董事会申请出版。(参阅 Laou-seng-urh, or, "an heir in his old age", a Chinese drama, traduit par J. F. Davis, London: John Murray, 1817, p. ii.)可见德庇时当时翻译此作主要是作为自娱及练笔。

页的书评,①并迅速为其他媒体所摘引转载。笔者目前发现的虽然仅只《布莱克伍德杂志》(*Blackwood's Edinburgh Magazine*)在 1817 年 6 月号上所作摘引和《论集杂志》(*The Analectic Magazine*)在 1817 年 9 月号上的全文转载,不过此文的影响面可能远不止此,因为该书评甚至被该年度的《世界大事年鉴》(*The Annual Register*)所摘引收录。这种影响力一方面显然来自《每季评论》在 19 世纪英国文学评论界的权威地位,②另一方面则很可能与此书评主旨所在密切相关。当时的此类评论刊物,尽管形式上经常是书评,但其基调却多为政治性观点,③《老生儿》书评的情况也同样如此。在长达 21 页的篇幅中,仅有一半左右涉及《老生儿》译本,其余部分则完全将话题转向了德庇时曾经参与的亚美士德使团访华事件。而在前一半文字中,评论者也没有将问题落在文学层面,而是将矛头直指 18 世纪法国耶稣会传教士:"欧洲大陆有关中国的著述卷帙浩繁,大多为法国在 17、18 世纪所出版,但在这些书籍中,我们极少见到关于这一国家文学普遍状况的看法。"④紧接着,文章对耶稣会士笔下睿智开明的文明中国形象提出了严重质疑,认为耶稣会士明明知道中国存在为数众多的小说戏曲作品,却故意视而不见,其根本原因在于他们有意美化中国。因为传教士担心,这些描绘日常生活的作品会让欧洲读者看到他们所刻意隐瞒的中国的真实面貌。⑤

关于耶稣会士"捏造"中国形象的说法其实并非 19 世纪的创新。早在 18 世纪,欧洲就有一些读者对耶稣会士笔下如此完美的中国深表怀疑。这种怀疑和指责的产生,一则是因为耶稣会方面为了赢得礼仪之争,的确在著述中存在有意强调了对己方有利信息的现象。二来,也是因为在耶稣会之外,也有另一些旅行者对中国给出了反面的看法。此类对中国观点的分歧在英法两国对比时显得尤为突出。该现象当与两国来华人

---

① 这种关注很可能与此书的出版商有关,因为约翰·穆莱出版社(John Murray)当时的经营者约翰·穆莱第二(John Murray II, 1778—1843)就是《每季评论》期刊的创办人。
② 《简明剑桥英国文学史》在介绍 19 世纪早期的评论与杂志时,就将《每季评论》与《爱丁堡评论》称为"两种权威的评论刊物"。参阅[英]乔治·桑普森著,刘玉麟译:《简明剑桥英国文学史》,上海:上海外语教育出版社,1987 年,第 45 页。
③ 参阅[英]乔治·桑普森著,刘玉麟译:《简明剑桥英国文学史》,第 45 页。
④ "Chinese drama-Lord Amherst's Embassy", *The Quarterly Review*, Oct. 1816 & Jan. 1817, Vol. XVI, 1817.
⑤ 参阅同上。

员的身份和经历差异有关,许明龙就曾说:

  ……英国不是天主教国家,在整个18世纪没有向中国派遣一个传教士……但是前往中国经商的英国人比法国人多,他们在中国的沿海城市与中国政府和中国商人打交道时,常常遇到一些不愉快的事,从而对中国产生不好甚至恶劣的印象……①

所以,《每季评论》所刊《老生儿》书评的观点,其实部分地也是英国方面的传统论调。只不过,在中法关系较为冷清的19世纪最初20年中,法国因传教士力量的削弱而失去了其一贯的中国信息引领地位,而英国却借助东印度公司的商贸活动与中国交往频繁。因此,以往一直被法国耶稣会士论调所掩盖的这种负面声音,此时便得以浮出水面。②

二、对《老生儿》的回应与法国学界捍卫其中国问题话语权的努力

  尽管《老生儿》译作的书评基本属于借题发挥,但不可否认的是,《老生儿》译本的问世,的确打破了《赵氏孤儿》之后戏曲翻译在欧洲长达八十多年的沉寂。因此,它的出现不可能不令素来以中国研究之引领者自居的法国感觉到某种压力与刺激。而英译本编者对德庇时译作及马戛尔尼使团游记的高度评估,对17、18世纪法国传教士工作的否定,则更令法国人觉得受到了直接的挑衅。这种情绪,在《老生儿》的法译本中表露无遗。法文转译者索尔松(André Bruguière de Sorsum,1773—1823)为英文本的出版说明和译者序增加了长篇累牍的注解。该出版说明正文仅有34行,而索尔松的注解却长达140行。这些注解中的大多数早已超出一般注解为原文提供知识性说明的功用,成为译者直接介入文本,对原文观点提出正面批驳,以提醒读者注意辨析的手段。例如,当英译本编者在对译者德庇时的介绍中谈及马戛尔尼使团访华,并声称该使团为全世界有关中文的知识"奠定了基础"的文字下,索尔松撰写了长达三页的注解对这一说法予以驳斥。他认为,马戛尔尼使团访华事件以及使团人员游记的出版,固然为重新唤起欧洲对中国的兴趣发挥了作用。但不能因此而抹

---

 ① 许明龙:《欧洲十八世纪中国热》,第223页。
 ② 罗湉指出:耶稣会被解散后,商人成为新一代法国旅华者的主力,他们由于商贸活动中与中国政府及商人间产生的误解与敌对,向法国传递回了许多有关中国的负面信息。(参阅罗湉:《18世纪法国戏剧中的中国形象研究》,第25—27页。)这或许也在一定程度上促成了该局面的出现。

杀了此前法国在中欧交流中所发挥的重要作用,更不应将其提升到"奠定基础"的高度上来。这不过是当法国几十年来陷于大革命及其所带来的战争泥淖之中时,英国乘机依托商贸关系扩展了它在远东的力量而已。他声明说:"这些受到过于强烈的民族感情支配的深怀妒忌的论断,甚至已经越出了真实与社会规范允许的范畴之外,因此,我们不得不予以明确反对。"①

而汉学家雷慕沙(Jean-Pierre Abel Rémusat,1788—1832)的《老生儿》书评,则以一种更为委婉的方式对英国借此译作所表现出的野心表示了否定。他说,翻译戏曲小说尽管并非一项那么有用的工作,但至少是一种"愉快地应用语言的方式"。而且,它恰好并不需要拥有大量的图书资料,且身处当地人之间正有助于解决翻译中遇到的通俗语汇问题。不过作为翻译,还须注意其价值并不在于"娱乐那些轻浮的读者",而是为了"让有学养的读者得以了解其他民族的口味与精神"②。笔调看似相当宽容大度,实则以一种居高临下的口吻将《老生儿》译作归入娱乐消遣之作,否认它具备与法国学者的严肃性著述相提并论的资格。

这些回应向我们表明,当英国的这些负面论调传到法国时,汉学家敏锐地感觉到法国既有的中国观念在承受着某种冲击。为了回应这种冲击,以相应的研究工作来给予回馈显然是必要的。1829 年汉学家柯恒儒③(Heinrich Julieu Klaproth,1783—1835)在《汉宫秋》英译本书评中曾明确地提到雷慕沙当时已有的翻译计划:"德庇时先生在广东没能做到的事,雷慕沙先生打算在巴黎实现;我们有望在不久的将来见到他的《汉宫秋》全译本问世。"④然而三年之后雷慕沙即因病去世,这一看来已在酝酿中的翻译计划最终未能实现。不过,直到 1834 年大巴赞完成《㑇梅香》一

---

① *LAO-SENG-EUL, comédie chinoise; suivie de SAN-IU-LEOU, ou LES TROIS ETAGES CONSACRES, conte moral*, traduit du chinois en anglais par J. F. DAVIS, de l'anglais en français par A. BRUGUIERE DE SORSUM, Paris et Londre, 1819, pp. viii-x.

② Abel-Rémusat, "Sur une comédie chinoise intitulée: *le vieillard qui obtient un fils*", *Mélanges Asiatiques*, Tome second, Paris: Librairie Orientale de Dondey-Dupré père et fils, 1826, pp. 320-334. 此文初次发表于 *Journal des savants*, 1818, janv. pp. 27-35. 原标题为"Sur *Laou-seng-urh, or, an heir in his old age*, a chinese drama, London, 1817".

③ 译名"柯恒儒"参阅姚小平:《早期的汉外字典——梵蒂冈馆藏西士语文手稿十四种略述》,《当代语言学》,2007 年第 2 期,第 97—116 页。

④ Klaproth, "Observations critiques sur la traduction anglaise d'un drame chinois, publiée par M. DAVIS", *Nouveau journal asiatique*, juillet 1829, p. 21.

剧的连载时，仍然在《译者说明》中谈到了他所做的翻译工作包含的回应意图：

> ……我们之所以说是为中国戏剧平反，是因为在欧洲存在着一些中国戏剧的诋毁者。而我们的批评界似乎把某些无知而偏颇的英国旅行者谎话连篇的断言当真了，甚至到了蔑视马若瑟的工作，对我们这位博学的同胞深厚的学识及文学上的成就都予以质疑的程度……①

而在这段文字后的注解中，他更具体点明了其指涉的主要对象就是巴罗游记。这表明，19世纪初英国的对戏曲的负面论调的确对法国有所触动，并促使法国汉学家以戏曲翻译的方式来提出辩驳和回应。

从1817年《老生儿》译本的反驳到1834年大巴赞的回馈，期间间隔长达十多年之久。这并非因为雷慕沙那一代汉学家不希望立刻对英国的反面论调给予回应，实是因为草创之初的法国汉学受诸多条件所限，尚无能力马上开展戏曲翻译。尽管作为学科的汉学最初诞生于法国，但这并不意味着法国汉学从一开始就占有绝对的领先优势。从第一任汉语讲席教授雷慕沙笔下，可以深切地感受到法国汉学在最初阶段的艰难。还在他就任讲席教授之前的1811年，他就在其第一本有关中文的著述《汉文简要》(*Essai sur la langue et la littérature chinoises*)前言中写道：

> 我比欧洲到此为止任何一个研究中国的人都更缺乏帮助。傅尔蒙、巴耶（Theophilus Siegfried Bayer，1694—1738）和德奥特雷（Michel-Ange-André Le Roux Deshauterayes，1724—1795）有字典，还有来华传教士可以讨教，他们拥有传教士撰写的字典和手稿。其他的汉学家身边有中国人，在遇到疑惑时可以询问并找到解决的办法。而我甚至连字典都没有一本……②

在他成为法兰西王家学院的教授后，这种困境并未随之消失。而身份的转换则带给了他更多的责任感和危机感。在1815年汉学讲席的开设演讲中，雷慕沙就多次强调：此前欧洲有关中国的知识，主要得益于"我

---

① Antoine Bazin, "Note du traducteur", *Journal asiatique*, janv. 1835, deuxième série, Tome xv, Paris: Imprimerie royale, 1835, pp. 176-177.

② Rémusat, *Essai sur la langue et la littérature chinoises*, Paris: Treuttel et Wurtz, 1811, p. viii.

们的同胞"——那些法国耶稣会士;支持并推进耶稣会士进行这些工作的路易十四乃是"中文研究在法国的真正奠基者"。但这些原本属于法国的"富有矿藏",目前正面临着落入他国之手的危险。他说:

> 如果我们不希望从此丧失我们旧日的权利,不希望在这个由我们开拓的领域中落于人后;如果我们仅仅是希望在我们原本是高枕无忧的唯一的拥有者的地方保住平局,那我们也需要集中力量做出新的努力。①

直至1822年,在一份汇报法国汉学创办八年来所获成绩的报告中,雷慕沙仍然不得不承认说:

> 最近这些年,英国人做了比我们更多的工作;因为他们对中国语言的研究现在与我们在同一水平上,为了保住传教士为我们所赢得的领先状态,我们要做的还很多……②

可以看到,在这些文字中,英国始终是作为一个具有强大威胁的对手形象出现的。尽管雷慕沙采用了一系列委婉的措辞,但透过"从此丧失我们旧日的权利"、"保住平局"、"保住传教士为我们所赢得的领先状态"等表述,可以感受到的是,在所谓的"平局"中,法国处于明显的守势。雷慕沙说法看来并非谦辞。事实上,直到1832年儒莲的《灰阑记》译本问世时,德勒克吕兹(Etienne-Jean Delécluze,1781—1863)的书评仍在建议法国读者不要怀有太过狭隘的民族情绪,英法两国在东方研究上完全可以堂堂正正地正面竞争,因为"我们拥有可以与邻国相匹敌的东方学学者……"③这表明,即便到30年代初期,法国汉学也才刚刚达到能与对方相匹敌的程度而已。因而,法国汉学家虽在20年代甚至更早时候就有意以翻译和研究对英国方面的种种质疑给予正面回应,但受到草创阶段各种困难所阻碍,该计划一直延迟到了30年代方得以付诸实践。

---

① Rémusat, "Discours prononcé à l'ouverture du cours de langue et de littérature chinoise, au collège royal, le 16 janvier 1815; sur l'origine, les progrès et l'utilité de l'étude du chinois en Europe", *Mélanges Asiatiques*, Tome second, Paris: Librairie Orientale de Dondey-Dupré père et fils, 1826, p. 12.

② Rémusat, "Lettre au rédacteur du journal asiatique sur l'état et les progrès de la littérature chinoise en Europe", *Mélanges Asiatiques*, Tome second, Paris: Librairie Orientale de Dondey-Dupré père et fils, 1826, p. 24.

③ *Journal des débats*, le 18 août, 1832.

三、《玉娇梨》的成功与法国文学界对中国戏曲的期待

如果说英国方面的声音为戏曲翻译在法国的兴起,提供了外在的刺激或诱因的话,那么这一翻译活动的出现,其实同时也受到了 19 世纪初学术界与文学界大环境的推动与影响。

虽然在 19 世纪最初的几年中,法国似乎处于一个对中文或中国文学都较为缺乏兴趣的阶段,①然而,雷慕沙《玉娇梨》译本的出现还是给法国文学界带来了意外的惊喜,他们随即对中国文学产生了巨大的期待。司汤达就曾在发表于 19 世纪 20 年代的《英国通信》(*Courrier anglais*)中对雷慕沙大加褒奖:

> 我很抱歉常常和你谈论法国文学却从未提到过阿贝尔-雷慕沙先生。雷慕沙先生的声誉确实完全建立在他独一无二的学识之上;他是一个具有独特天赋的人,以他对中国及东亚周边国家的出色了解而引人瞩目。你知道汉语是多么的难,雷慕沙先生却将这一切都改变了。由于有了他写的语法,一个普通智商的十六岁男孩只需六个月就能掌握这门语言的结构,而两年后就能像 Roscoe 先生翻译意大利语那样,自如地翻译中文了……②

身为作家的司汤达,所关注的重点当然并不在于汉语研究本身,而在于雷慕沙所翻译的中国文学作品。在 1827 年的另一篇通讯中,他就明确地说到雷慕沙的《玉娇梨》译本,并称它在巴黎很受欢迎,应该很快就会被翻译为英语:

> 我猜想雷慕沙先生的中国小说很快就会以英文面世。或许在你们的文学杂志上已经有了它的故事梗概和节选,这样的话,就没有必要为你摘引其中的片段了。在巴黎它被广泛地阅读。作者本

---

① 与雷慕沙同时代的科学院院士雷努阿(François-Just-Marie Raynouard,1761—1836)在回顾当时的状况时曾说:"人们认定,除了历史文类之外,文字作品在中国的发展的完满程度远不如欧洲,甚至不如其他东方国家。德经先生罗列了中国人的文学著作,对比史地类著作,让人觉得狭义范围的(中国)文学不值得学者予以关注或开展研究。"François-Just-Marie Raynouard, "Notice sur *Iu-Kiao-Li, ou les deux Cousines*", *Journal des savants*, janvier 1827, Paris, Imprimerie royale, 1827, p. 24.

② Stendhal, *Courrier anglais*, *London magazine*, *Athenaeum V*, établissement du texte et préfaces par Henri Martineau, Paris: Le Divan, 1936, pp. 178-180.

人虽然生活在 1600 年,但这部作品却提供了一幅 1450 年左右的中国风情画:它展现了那些如同欧洲外交官一般狡黠而造作的中国人……①

因《玉娇梨》一书,司汤达也对其他中国文学作品产生了浓厚的兴趣,并强烈希望汉学家能为法国带来更多的译作:

> 雷慕沙先生从中文翻译了一些有趣的故事。如果政府能以每年 4000 法郎的费用为他聘请六个秘书的话,他可能每年都能出版十五卷中文译作,那我们对这个国家文学的了解就会远胜于德国文学了。②

以上文字,所反映的其实并非司汤达个人的喜好。事实上,《玉娇梨》译本的出版,在法国乃至欧洲都引起了广泛兴趣。正如儒莲在 1867 年对汉学成就的回顾总结中所说:雷慕沙的《玉娇梨》为他所带来的知名度远远超过他的学术论著。③ 人们所表现出的这种对中国文学的热情期待,与当时的法国的文学环境是密切相关的。1789 年大革命之后的法国,正处于"古典主义的社会和文化基础基本瓦解","激烈的政治斗争和社会动荡造成思想的多极化"④的时期,"过去一直远离法国的、较古老的外国文学,及以其新奇风姿迷惑了人们心灵的新文学,同时都为青年一代所吸收和溶化了。他们吸收和溶化的热忱,和这种文学作品摒弃早期法国文学所墨守的成规的激烈程度,恰好形成正比"⑤,对外国文学所秉持的浓厚兴趣、开放心态是那个时期的普遍特征。

---

① 原载于 *New Monthly Magazine* 1827 年 1 月号,笔者译文所依据的法译文转引自 Stendhal, "esquisse de la littérature et de la société parisiennes, Paris, le 18 novembre 1826", *Revue britannique, ou choix d'articles traduits des meilleurs écrits périodiques de la Grande-Bretagne*, Collection décennale, tome cinquième, 1840, p. 213.

② 司汤达自 1822 年起匿名为英国报刊撰写通讯,涉及法国政治、社会、思想、文化各方面动态。这些文章在其去世后被结集出版,称为《英国通讯集》(*Courrier anglais*)(参阅李赋宁主编:《欧洲文学史》,第二卷,北京:商务印书馆,2001 年,第 215 页)。此处引用的这篇通讯原载于 *London Magazine* 1825 年 9 月号,笔者译文所依据的法译文转引自 Stendhal, *Courrier anglais* V: *London magazine, Athenaeum*, éablissement du texte et préfaces par Henri Martineau, pp. 178-180.

③ 参阅 Stanislas Julien, "Langue et littérature chinoises", *Recueil de rapports sur les progrès des lettres et des sciences en France, sciences historiques et philosophiques, progrès des études relatives à l'Egypte et à l'Orient*, Paris: Imprimerie impériale, 1867, pp. 177-189.

④ 李赋宁主编:《欧洲文学史》,第二卷,第 87 页。

⑤ [丹麦]勃兰兑斯著,李宗杰译:《十九世纪文学主流·法国的浪漫派》,北京:人民文学出版社,1997 年,第 47 页。

虽然《玉娇梨》译本在当时获得了巨大成功。但可能由于欧洲文学传统中戏剧的重要地位，法国读者对戏剧的期待更甚于小说，如雷慕沙所说："在中国人曾耕耘过的各文学类别中，令公众最有兴趣的或许就是戏剧……"① 事实上，根据大巴赞记载，在 19 世纪 20 年代，就曾有出版商约请雷慕沙翻译中国戏剧作品：

> 大约十五年前，书商拉沃卡（Ladvocat）出版了一大套丛书，题为《德、英、中、丹麦等外国戏剧经典》(Chefs-d'œuvres des Théâtres étrangers, allemand, anglais, CHINOIS, danois, etc.)，② 由艾尼昂（Aignan）、亚德里约（Adrieux）、德·巴郎特（de Barante）等人翻译。阿贝尔-雷慕沙负责翻译中国戏剧，因而他的名字也与那些主要合作者一起频频出现于各卷的标题页中。（不过，）在这位博学的汉学家去世前，这套丛书就已结束于第 25 卷，但却没有提供哪怕一部中国剧作的译本。③

虽然因雷慕沙未如约提供译本，致使这一出版计划没能最终实现，但出版商的举动无疑从一个侧面反映出当时公众对中国戏曲的好奇与期待。这种气氛显然也对日后汉学家将戏曲翻译提上议事日程发挥了促进和推动作用。

综上所述，19 世纪戏曲翻译活动的开展，是多方面因素所共同促成的。19 世纪初以商贸为依托的中英文化交流日渐频繁，而建立在传教基础上的中法文化交流模式则趋于衰落。局势的改变使欧洲有关中国的负面舆论势头逐渐上升，传统的文明中国形象因此受到冲击，这促使汉学家以新的研究成果来作出反击和回应。而另一方面，法国大革命后，正在法

---

① Abel-Rémusat, "Notice sur *Han Koong tsew, or the sorrows of Han*, a chinese tragedy, translated from the original by J. F. Davis, London, 1829", *Journal des savants*, Paris: Imprimerie royale, 1830, fév. p. 78.

② 这套丛书看来在当时影响颇大，因为法国学者在戏剧史中谈及外国戏剧译作对 19 世纪法国剧作家的影响时，曾对它特别予以提及："可以说，法国人所接触到的并不仅仅是英国戏剧与德国戏剧，而是书商拉沃卡带来的那套著名翻译作品中包含的全部外国戏剧。"引自 Anne Ubersfeld, "Le moi et l'Histoire", (dir.) Jacquiline de Jomaron, *Le Théâtre en France, du moyen âge à nos jours*, Paris: Armand Colin, 1992, p. 547.

③ *Théâtre chinois, ou choix de pièces de théâtre composées sous les empereurs mongols*, traduites pour la première fois sur le texte original précédées d'une introduction et accompagnées de notes par Bazin Aîné, Paris: Imprimerie royale, 1838, pp. liii-liv, note.

国逐渐兴起的浪漫主义文学思潮也使法国读者对外国文学兴趣大增,这同样对汉学家开展戏曲翻译起到了促进和推动作用。因而,随着新一代汉学家走上历史舞台,戏曲翻译活动最终在19世纪30年代成为法国汉学界的一个热点。

第三节 巴黎王家图书馆的戏曲藏书与汉学家对戏曲翻译的准备

上一节谈及法国汉学家戏曲翻译计划的形成其实远早于翻译工作的真正开展。除柯恒儒文中所透露的雷慕沙翻译《汉宫秋》的设想,是否尚有其他方面证据呢?本节将从19世纪王家图书馆中的戏曲藏书入手来探讨这一问题。这批戏曲藏书自上世纪20、30年代中国学者海外访书便已开始受到关注。不过,鉴于当时学者的着眼点只在记录珍本善本以补国内同类藏书之阙,对这批藏书本身并未形成一种整体上的关照。① 本节将以19世纪中前期为中心,先对这批戏曲藏书进行总体状况的介绍,进而探讨其背后的来龙去脉,以展现戏曲藏书的增长与法国汉学家学术关注之间的相互关联。

一、巴黎王家图书馆② 19世纪之前的中文藏书状况

14世纪之前,法国王室曾拥有过相当数量的藏书,但当时人们尚未考虑到要将其流传后世,因而藏书者一旦去世,图书也就随之四散。固定的、永久性的王家图书馆的建立始于查理五世(Charles V,1337—1381)时期,巴黎王家图书馆最初的藏书,应当就形成于此时。到法王路易十二(Louis XII,1462—1515)和弗朗索瓦一世(François I,1494—1547)统治

---

① 1927年郑振铎访欧,写下《巴黎国家图书馆中之中国小说及戏曲》一文(原载郑振铎:《中国文学论集》,上海:开明书店,1934年,第409—462页;收入郑振铎:《中国文学研究(下)》,北京:人民文学出版社,2000年,第399—434页),介绍了王家图书馆旧藏的若干种戏曲图书。30年代王重民、刘修业赴法,也查阅过这批藏书。不过王重民关注点主要在敦煌卷子及太平天国资料等,似未曾就戏曲藏书发表过论述。刘修业虽在郑振铎的基础上做了一些增补工作,但所涉及的几种均为小说。(参阅刘修业:《古典小说戏曲丛考》,北京:作家出版社,1958年。)

② 18世纪末至19世纪,巴黎王家图书馆的名称随政局变动曾多次反复,大致来说,在大革命之前及王朝复辟时期称"王家图书馆(Bibliothèque royale)",在共和国时期称"国家图书馆(Bibliothèque nationale)",在帝国时期称"皇家图书馆(Bibliothèque impériale)",最后在1870年定名为国家图书馆。本文为行文简便起见,统一称为巴黎王家图书馆。

时期,巴黎王家图书馆已成为欧洲最好的图书馆。当时仅有图书管理员一人,其头衔是"国王的图书室主管"(maître de la librairie du roi),无论对王公贵族还是文人学士来说,被选中担当该职务都是一种荣耀。①

王家图书馆最初的中文藏书来自马扎然(Jules Mazarin,1602—1661)的收藏,于 1668 登记入馆,为数仅 16 册。鉴于当时中文图书在欧洲的珍稀程度堪比手稿,这些书籍尽管均为刻本,却被纳入王家图书馆的核心部分——手稿部收藏②,这一做法被一直沿用到 20 世纪。1697 年白晋(Joachim Bouvet,1656—1730)神父从中国带回康熙赠予路易十四的中文图书 22 种共计 312 册,自此,王家图书馆开始有了第一批成规模的中文藏书。③

以上两批中文图书的获得均具有一定偶然因素,王家图书馆真正有意识、有计划地采购和收藏中文图书,始于其发展历史上一位关键人物:比尼昂(Jean-Paul Bignon,1662—1743)。他在 1719 年上任后,对王家图书馆进行了大刀阔斧的结构重组,并满腔热情地利用他所掌握的各种对外联络渠道大量购置图书。于是,在来华耶稣会士——特别是马若瑟、钱德明(Jean Joseph-Marie Amiot,1718—1793)等人的帮助下,王家图书馆开始成批地从中国购置图书,这使其中文藏书在整个 18 世纪得以持续稳

---

① 参阅 *Encyclopédie méthodique, arts et métiers mécaniques, dédiés et présentés à Monsieur LE NOIR, Conseiller d'Etat, LIEUTENANT GENERAL DE POLICE*, &c. Tome Troisième, Paris et Liége, 1784, pp. 570-571; Jean-François Foucaud, *La bibliothèque royale sous la monarchie de Juillet*(1830-1848), Paris: Bibliothèque nationale, 1978, p. 129.

② 参阅 Louis Paris, *Essai historique sur la bibliothèque du roi, aujourd'hui bibliothèque impériale, avec des Notices sur les dépôts qui la composent et le Catalogue de ses principaux fonds par le prince, nouvelle édition, revue et augmentée des annales de la bibliothèque...*, Paris: Bureau du cabinet historique, 1856, p. 376.

③ 参阅 Monique Cohen, "les fonds chinois", *Manuscrits, xylographes, estampages, les collections orientales du département des Manuscrits GUIDE*, sous la direction d'Annie Berthier, Bibliothèque nationale de France, 2000, p. 111. 当时中文书籍运抵法国后,都会被酌情合订,并装上硬封。法国汉学家为作区分,常以 fascicule 或 cahier 指称中文原书的"册",而用 volume 指称重新装订后的"卷"。其他西文作者不了解中文图书情况,量词的指涉往往不够清楚,需要视具体情况判定。此处 312 册(fascicule)采用的是曾任东方手稿部主任的郭恩女士(Monique Cohen)的说法,他人记载中谈到这批图书时也有 49 卷的说法,当为合订后的数目,并非中文原书的卷册。

定地增长。①

当时在巴黎王家图书馆担任副馆长的东方学家傅尔蒙,自1719年起,受比尼昂之命开始编撰图书馆书目,于1735年完成。同年王家图书馆开始向公众开放。书目用拉丁语撰写,中文藏书目录见于第一卷"东方手稿部",出版于1739年。② 之后又作为附录,收入傅尔蒙1742年出版的《中文官话语法》(*Linguae Sinarum mandarinicae hieroglyphicae grammatica duplex*)。这就是巴黎王家图书馆中文藏书的第一份刊印目录。中外学者均认为,该书目是傅尔蒙以旅法中国人黄嘉略编写的法文版书目为基础增补而成。③

傅尔蒙书目共收录中文图书389种,后人提及时,在书号前加上"Fourmont"字样,称"Fourmont ××"(即"傅尔蒙××")。此后进入王家图书馆的中文藏书以"Nouveau fonds ××"(即"新进藏书××")为书号。直到19世纪末、20世纪初,汉学家古兰才将这两部分藏书统一整理,并重新编号为"Chinois ××"(即"中文××"),也称为"Courant ××"(即"古兰××")。

以上就是19世纪之前巴黎王家图书馆中文藏书的基本状况。

二、戏曲藏书的整体状况及分期

在1739年的傅尔蒙书目中,所载戏曲书籍仅两种,分别是《元人杂剧百种》("Fourmont 34")和《新镌绣像西厢琵琶合刻》("Fourmont 35")。

1818年,雷慕沙受命整理傅尔蒙书目完成后的新增书籍,共记录175

---

① 参阅 Henri Omont, *Missions archéologiques françaises en Orient aux XVIIe et XVIIIe siècles*, Paris, Imprimerie nationale, 1902, pp. 806-829; Monique Cohen, "les fonds chinois", *Manuscrits, xylographes, estampages, les collections orientales du département des Manuscrits GUIDE*, sous la direction d'Annie Berthier。需要说明的是,这一时期所谓的"中文藏书(fonds chinois)"并非都是"中文"的,它同时也涵盖了以满、蒙、藏、韩、日、越南等中华文化圈内其他语言文字所撰写的图书。直到1902至1912年古兰编撰的三卷本书目出现时,它们才最终被根据语种分开整理。

② 参阅 *Catalogus codicum manuscriptorum Bibliothecae Regiae*, Tomus Primus, Codices manuscriptos orientales, Parisiis: e typographia regia, 1739, pp. 367-432。

③ 参阅 Monique Cohen, A point of History: The chinese books presented to the National Library in Paris by Joachim Bouvet S. J. in 1697, *Chinese Culture*, Dec. 1990, p. 39-48;许明龙:《黄嘉略与早期法国汉学》,北京:中华书局,2004年,第222—225页。黄嘉略的书目为未刊稿,现藏于巴黎王家图书馆。

种。如果仅根据现存的雷慕沙书目手稿及其撰写于 1818 年的《论王家图书馆的中文图书》来看,似乎其中并无戏曲图书。但查阅"Nouveau fond 1"至"Nouveau fond 175"的书目,其中就包含了《成裕堂绘像第七才子书》("Nouveau fond 109")和《笠翁十种曲》("Nouveau fond 117")两种戏曲书籍。显然,这是因为雷慕沙的书目手稿是未完稿,而其文章只是择要介绍,才未见提及。

此后近百年间,陆续出现过的几种中文书目都是较为简略的未刊本。下一部标志性的书目是 20 世纪初古兰编订的三卷本书目。这也是王家图书馆东方手稿部沿用至今的中文图书书目。"戏剧"类书籍见于 1902 年出版的第一卷,共计收录图书 34 种 95 册。① 其中元杂剧 4 种②,南戏 2 种,明清传奇 20 种③,清代弹词 7 种,另有《全本康汉玉三凤鸾》一种,可能为大棚班本。④

上述三种完成于不同时期的藏书目录为我们推断这 34 种戏曲图书的入馆时间提供了重要依据。首先,拥有 Fourmont 编号的图书必然是在 1735 年之前进入馆藏,旧编号为 Nouveau fonds 1—175 的图书,到馆时间当在 1735 至 1818 年之间。其次,王家图书馆的书籍均会被装上硬封,并送到专门的店内烫上带有当时统治者姓名首字母的徽章。⑤ 虽然由于烫字是成批进行的,因此会出现一定的延迟。⑥ 但所烫徽章的不同仍可为我们提供书籍入馆的大致年代:带有 CX 字样的查理十世(Charles X, 1757—1836)徽章,其在位时期为 1824 至 1830 年;带有 LP 字样的路易·菲利普(Louis-Philippe de France, 1773—1850)徽章,其在位时期为

---

① 册数据郑振铎:《巴黎国家图书馆中之中国小说及戏曲》。
② 为统计便利,《西厢琵琶合刻》归入元杂剧类,《缀白裘》归入明清传奇类。
③ 书目中尚有荆石山民(King-chi chan-min)《绣像红楼梦散套谱》一种,可能是清代吴镐所著传奇,被古兰归入长篇小说类。
④ 同见于大棚班本剧目中的还有被古兰归入长篇小说类的《新刻正西番宝蝶全本》,此处未统计在内。郑振铎《巴黎国家图书馆中之中国小说及戏曲》对此书曾有提及,称其为"弹词体的粤曲",有待进一步考证。
⑤ 郑振铎文中也提到了古兰书目提供的书脊烫字信息,解读为国王的私人收藏,事实上巴黎王家图书馆很早就已经带有一些公共图书馆的特征,郑的说法似并不准确。
⑥ 有时这种延迟甚至长达几十年。例如《新镌绣像西厢琵琶合刻》一书旧编号为 Fourmont 35,说明它最晚于 1735 年已经进入馆藏,但该书烫的却是查理十世的徽章,这已经是至少 89 年以后了。这个例子较为特殊,可能是由于当时中文图书过少造成的,不过烫字比到馆略为滞后则是普遍存在的现象。

1830至1848年;带有N的拿破仑三世徽章,其在位时期为1848至1870年。再次,1860年,图书馆藏书有过一次较大规模的搬迁,巴黎兵工厂图书馆(Bibliothèque de l'Arsenal)[①]的东方图书被统一转到了王家图书馆[②],其中包括了编号为"Nouveau fonds 1618—1623"的《元曲选》,因此,该编号也可以作为划分1860年前后入馆图书的分界点。综合上述信息,可知王家图书馆的34种戏曲图书入馆时段情况大致如下:

表一　巴黎王家图书馆1902年之前入馆的戏曲图书列表

时间	书名及旧有编号	数量
1668—1735	《新镌绣像西厢琵琶合刻》("Fourmont 35")、《元人杂剧百种》("Fourmont 34")	2
1735—1818	《成裕堂绘像第七才子书》("Nouveau fonds 109")、《笠翁十种曲》("Nouveau fonds 117")	2
1818—1848	《西江祝嘏》("Nouveau fonds 221")、《六十种曲》("Nouveau fonds 327")、《重订缀白裘新集合编》("Nouveau fonds 495")、《绣像玉连环传》("Nouveau fonds 499")、《玉茗堂四种》("Nouveau fonds 701")、《绣像风筝误传》("Nouveau fonds 718")、《砥石斋二种曲》("Nouveau fonds 722")、《绘真记》("Nouveau fonds 724")、《寒香亭传奇》("Nouveau fonds 754")、《新刊时调百花台全传》("Nouveau fonds 755")、《增注第六才子书》("Nouveau fonds 776")、《桃花扇》("Nouveau fonds 789")、《绣像水晶球传》("Nouveau fonds 828")、《绣像金如意》("Nouveau fonds 829")、《绣像百花台全集》("Nouveau fonds 830")、《双鸳祠传奇》("Nouveau fonds 831")、《绣像蕴香丸》("Nouveau fonds 832")、《藏园九种曲》("Nouveau fonds 833")、《虎口余生传奇》("Nouveau fonds 857")、《长生殿传奇》("Nouveau fonds 859")、《绣像鱼水缘传奇》("Nouveau fonds 860")、《石榴记传奇》("Nouveau fonds 906")	22

---

① 该图书馆所在地16世纪时曾用作弗朗索瓦一世的兵工厂,后被改建为图书馆,因此得名。

② 参阅Monique Cohen,"les fonds chinois", *Manuscrits, xylographes, estampages, les collections orientales du département des Manuscrits GUIDE*, sous la direction d'Annie Berthier, p.111.

续表

时间	书名及旧有编号	数量
1848—1860	《秋水堂双翠圆传奇》("Nouveau fonds 1190")、《笠翁传奇十二种曲》("Nouveau fonds 1183—1189，1191—1195")、《绘风亭评第七才子书》("Nouveau fonds 1248—1249")、《绣像牡丹亭还魂》("Nouveau fonds 1321A")、《元曲选》("Nouveau fonds 1618—1623")	5
1860—1902	《韩朋十义大全记》("Nouveau fonds 2395")、《全本康汉玉三凤鸾》("Nouveau fonds 3408")、《六十种曲》("Nouveau fonds 5090—5103")	3

显然，在1818至1848年间，巴黎王家图书馆的戏曲藏书出现了相当明显的增长。从1668年巴黎王家图书馆得到第一批中文图书到1902年古兰中文书目第一卷出版这234年中，王家图书馆所获得的戏曲图书[①]不过34种，其中却有22种，即64%集中购买于这个时期。这无疑已经超出了常规图书增长速度，只能源于图书馆方面有目的、有意识的采购。

三、法国汉学家与王家图书馆的图书采购

上文我们曾提到，巴黎王家图书馆的核心部分是手稿部。在19世纪上半期，这个部门是由三个部分组成的：希腊罗马手稿部（manuscrits grecs et latins），法语及其他现代西方语种手稿部（manuscrits français et en langue moderne），东方手稿部（manuscrits orientaux），各由一名管理员负责掌管。[②] 在历任管理员更替名单中，赫然写着法国汉学家雷慕沙和儒莲的名字。雷慕沙自1824年7月15日起担任东方手稿部负责人，直至1832年因病去世；儒莲于1839年2月25日上任，同样被安排掌管以中文图书为主的东方手稿，担任这一职务直至1873年去世。这表明：在19世纪中前期的绝大多数时间里，王家图书馆的中文藏书管理员是汉学家。而考虑到早在1818年，尚未任职于王家图书馆的雷慕沙已经开始

---

① 我们在这一统计中未将误入戏剧类的弹词排除在外，是考虑到当时的法国汉学家是将这些作品视为戏剧的。同理，这一统计也未将混入小说的传奇等补充在内。

② 参阅 Jean-François Foucaud, *La bibliothèque royale sous la monarchie de Juillet (1830-1848)*, p. 129.

受命整理馆藏中文图书,汉学家与这些藏书发生关联的时间显然还要更长。

当年的管理员在承担整理与编目工作外,是否兼管采购呢?从笔者在国家图书馆所藏儒莲人事档案中找到的一份手写账目来看,答案是肯定的:

> 以下是由斯塔尼斯拉斯·儒莲先生经手为皇家图书馆购买的中文图书的账目:
> 1840 年 6 月,17364(法郎[①])
> 1845 年 1 月,6098(法郎)
> 1845 年 2 月,6123(法郎)
> 1846 年 5 月,1476(法郎)
> 1847 年 10 月,2169(法郎)
> 共计 33230(法郎)
> 巴黎 1858 年 12 月 13 日[②]

这只是一份便条性质的记录,或许并不完整,但它已足够说明:当年担任管理员的汉学家们是直接参与图书采购工作的。

19 世纪时,法国王家图书馆的预算并不宽裕,甚至可以说是捉襟见肘。尤其是手稿部,19 世纪初期其年度预算只有不足 5000 法郎,以致 1830 年时图书馆管理人员不得不联名向政府呈递报告,申请提高财政预算。[③] 此后渐有好转,1835 年后手稿部的预算才达到约 19000 法郎。[④] 在这样的财政状况下,接二连三地购入为数众多的中文图书,必然离不开汉学家的积极推动。由于史料中提及图书采购情况时,都是成批记录,因此难以看到关于戏曲图书购置的专门记载。不过,当时法国汉学家对戏曲图书的关注,还是可以从各种零星记载中得到旁证。

据记载,雷慕沙曾打算让王家图书馆购入马礼逊(Robert Morrison,

[①] 原文无价格单位,为笔者据当时情况所补。
[②] 法国国家图书馆行政档案,AAB Archives modernes 117, Stanislas Julien.
[③] 参阅 *Mémoire présenté au gouvernement et aux chambres par le conservatoire de la bibliothèque du roi et relatif à l'état et aux besoins de cet établissement*,Paris:Imprimerie royale, décembre 1830.
[④] 参阅 Jean-François Foucaud, *La bibliothèque royale sous la monarchie de Juillet (1830-1848)*, p. 131.

1782—1834)的中文藏书,当时报纸称,这批图书中有四分之三是戏曲小说类。① 从雷慕沙身后的物品拍卖清单可以看到,雷慕沙的私人藏书中,不仅有《西厢记》和《琵琶记》,更有全套的《六十种曲》与《缀白裘》。② 大巴赞在1841年《琵琶记》译本序中曾提到,他用以翻译《琵琶记》共有三个版本,其中两个来自王家图书馆,另一个来自儒莲藏书。③ 小安培④在他的《论中国戏剧》("Du théâtre chinois")中也谈到某些可以接连上演许多天的中国戏剧作品,并称"儒莲先生就拥有一套这类篇幅的戏剧作品丛书"。⑤

　　汉学家对于戏曲图书的关注,与他们当时所开展的戏曲译介与研究,是紧密相连的。直到19世纪初,欧洲对于中国戏曲作品的了解,仍然仅限于马若瑟节译的《赵氏孤儿》。然而随着英译本元杂剧《老生儿》(1817)、《汉宫秋》(1829)陆续传入法国,中国戏曲在法国汉学界再度成为一个被关注的话题。法国汉学家在对德庇时提出种种批评的同时,也开始意识到自身对于俗文学的忽视,而渐渐着眼于中国小说戏曲作品的译介工作。汉学家柯恒儒在1829年就曾提及雷慕沙有翻译《汉宫秋》的打算⑥,而儒莲的戏曲翻译工作看来也至少可以上溯到1829年。因为他在1834年出版的《赵氏孤儿》译本序言中,就说到他曾向1829年赴法的四个中国人之一李若瑟请教戏曲作品中的唱段,不过未能得到满意答复。⑦

---

① 参阅"Note sur le commerce des livres en Chine et sur leur prix de revient en Europe", extrait du *Journal de la librairie*, 27 mai 1843.

② 参阅"Ouvrage chinois, tartares, japonais, indiens, etc., en caractère originaux", *Catalogue des livres, imprimés et manuscrits, composant la bibliothèque de Feu M. J.-P. Abel-Rémusat*, ... Paris, Merlin, 1833, pp. 182-184.

③ 参阅 *Le pi-pa-ki, ou l'histoire du luth, drame chinois de Kao-tong-kia*, traduit sur le texte original par Bazin Aîné, Paris: Imprimerie royale, 1841, p. xix.

④ 即让-雅克·安培(Jean-Jacques Ampère, 1800-1864),法国物理学家安培之子,历史学家、作家。

⑤ J.-J. Ampère, "Du théâtre chinois", *Revue des Deux mondes*, quatrième série, Paris, 1838, p. 745.

⑥ 参阅 Klaproth, "Observations critiques sur la traduction anglaise d'un drame chinois, publiée par M. Davis", *Nouveau Journal asiatique*, Tome IV, Paris Imprimerie royale, 1829, p. 21.

⑦ 参阅 *Tchao-chi-kou-eul, ou l'orphelin de la Chine, drame en prose et en vers, accompagné des pièces historiques qui en ont fourni le sujet, de nouvelles et de poésies chinoises*, traduit du chinois par Stanislas Julien, Paris: Moutardier, 1834, p. x.

以上简单的历史勾勒,或许可以让我们对汉学家积极搜罗采购戏曲图书获得更好的理解。尤其是,如果循着这一思路,将德庇时的英译本《老生儿》《汉宫秋》纳入考察视野,更可以清晰地看到王家图书馆的戏曲图书采购与当时汉学界的关注之间存在着某种关联与互动。

德庇时在1829年的《汉宫秋》译本序言中,曾列举了数十种戏曲书籍,详见下表①:

表二 德庇时《汉宫秋》译本序所列戏曲书目

中文书名	音译书名	卷数
《长生殿》	Changseng teën	4 volumes
《缀白裘》②	Chue peh kew	24 volumes
《春灯谜》	Chun tang me	4 volumes
《凤求凰》	Foong kew hwong	16 volumes
《寒香亭》	Hanheang ting	4 volumes
《虎口余生》	Hookow yu seng	4 volumes
《红楼梦传奇》	Hoong low moong chuen ke	6 volumes
《黄鹤楼》	Hwang ho low	2 volumes
《绘真记》	Hwuy chin ke	6 volumes
《巧团圆》	Keaou twan yuen	2 volumes
《九度》	Kew too	2 volumes
《九种曲》	Kew chungkeo	9 volumes
《梦里缘》	Moong le yuen	2 volumes
《奈何天》	Nae ho teën	10 volumes
《八美图》	Pa mei too	10 volumes
《比目鱼》	Pemuh yu	2 volumes

---

① 德庇时原书中采用的是书名音译,并为每个汉字附上了马礼逊《英汉字典》中该字的编号,笔者所列表格中的中文书名系根据这两项内容查对所得。

② 《英汉字典》中"裘"字编号为6295,但德庇时书中标注为8295,当为排版错误。

续表

中文书名	音译书名	卷数
《碧玉狮》	Peih yu sze	6 volumes
《西江祝嘏》	Sekeang chuh kea	4 volumes
《西厢》	Seseang	6 volumes
《珊瑚玦》	Shan hookeue	2 volumes
《诗扇记》	She shen ke	2 volumes
《石榴记》	Shih lew ke	2 volumes
《双翠园》	Shwong tsuy yuen	4 volumes
《双忠庙》	Shwong chung meaou	2 volumes
《滕王阁》	Teng wongkeh	2 volumes
《桃花扇》	Taou hwa shen	4 volumes
《一箭缘》	Yih tseën yuen	4 volumes
《乐府红珊》	Yofoo hoong shan	6 volumes
《鱼水缘》	Yushwuy yuen	4 volumes
《元宝媒》	Yuen haou mei	2 volumes
《玉搔头》	Yusaou tow	2 volumes
《元人百种曲》①	Yuen jin pih chung keo	40 volumes

此书目共有 32 条,其中《巧团圆》《奈何天》《比目鱼》《玉搔头》是《笠翁十种曲》的其中四种,《梦里缘》《诗扇记》即《砥石斋二种曲》,《九种曲》即《藏园九种曲》,实得 28 种。

将这 28 种图书与上文所列巴黎王家图书馆的戏曲图书相对比,我们发现,在 1818 至 1848 年间进入王家图书馆的 22 种图书中,有 11 种见于这份德庇时目录,占到了 50%。如果说《长生殿》《桃花扇》《缀白裘》这样的经典剧作及作品集的重合,还可能是偶然巧合;那么《西江祝嘏》《石榴记》《寒香亭》这样相对冷僻的作品,甚至弹词文本《绘真记》的重合,显然已无法简单地用偶然性来解释。因此,有理由认为,这些重合在证明这两份书目间存在着相互关联的同时,也可以进一步证明王家图书馆在 19 世纪中前期所获得的这些戏曲图书,乃是有意寻觅搜罗的结果;而德庇时的

---

① 《英汉字典》中"百"字编号为 8536,但德庇时书中标为 8526,当为排版错误。

这份书目很可能正是当时法国汉学家制定采购书单的重要参考之一。这一推想可以在1829年雷慕沙发表的《汉宫秋译本书评》(Notice sur *Han Koong tsew, or the sorrows of Han*)一文中得到佐证。在这篇书评中,雷慕沙专门提到了德庇时的这份书单,并说,人们如"试图开掘这一宝藏",或可"向广东的书商求购其中的书籍",说明他当时已产生根据此书单在中国采购图书的初步设想。① 事实上,当汉学家开始有针对性地寻找某一类甚至某一本图书时,仅依赖欧洲本土已有的中文图书的再流通显然是远远不够的,更难在短期内获得明显收效。而目前已发现的资料也证明,即便在中法交流相对冷落的19世纪中前期,这种跨国图书贸易也仍然存在,且具有一定规模。② 这些戏曲图书的成功购置,显然为后来儒莲、大巴赞戏曲翻译、研究工作的开展,完成了资料上的准备。

综上所述,在18世纪耶稣会士的努力之下,中国戏曲的古老、繁荣、重道德的形象,与中国作为一个历史悠久、政治开明、道德高尚国度的形象同时得到了树立,两者间形成了一种相辅相成、彼此印证的关系。然而对这些形象提出质疑和反对的声音也始终存在,在对华交流模式明显有别于法国的英国尤为突出。这些质疑随着马戛尔尼使团访华,逐渐发展到了一个高峰。因而,诞生于19世纪初期的法国汉学从一开始就不得不面对来自英国的有力挑战。一方面,18世纪中国热之下形成的中国戏曲形象和与之相关联的中国形象仍在法国延续;但另一方面,这些传统的看法也开始面临严峻的危机。这就是18、19世纪之交,中国戏曲的在法形象所置身的处境,也是促成戏曲翻译在19世纪初的法国出现的背景。

---

① 参阅 Abel-Rémusat, "Notice sur *Han Koong tsew, or the sorrows of Han*, a chinese tragedy, translated from the original by J. F. Davis, London, 1829", *Journal des savants*, pp. 78-89.

② 关于19世纪中前期中法图书贸易渠道的大致状况,参阅附录七。

第二章　儒莲的戏曲翻译及其对语言的关注

虽然直至雷慕沙去世,酝酿了数年之久的戏曲翻译仍未能实现,不过,在儒莲接替雷慕沙就任汉学讲席教授的同一年,法国汉学家筹划的戏曲翻译工作最终正式拉开帷幕。1832 年,儒莲出版了《灰阑记》全译本,两年后又出版了《赵氏孤儿》全译本。儒莲的学生大巴赞也在不久后踏入这一领域,并凭借其在翻译与研究两方面的成就成为该领域内的专家。本书二、三两章将以这两位译者为中心展开,在呈现 19 世纪法国汉学在戏曲领域内所获得成就的同时,也就译者的翻译策略、剧目选择及其背后的思路进行一些探讨。

第一节　儒莲戏曲翻译活动概述

儒莲 1793 年出生于法国奥尔良。1819 至 1820 年间,他来到巴黎,在法兰西学院学习古希腊语,很快得到讲席教授让-巴迪斯特·加耶(Jean-Baptiste Gail, 1755—1829)的赏识,被任命为希腊学讲席助理。之后不久,儒莲为汉语艰深难懂的说法所吸引,开始进入汉学教授雷慕沙的课堂学习。凭借极高的语言天赋,在两三年之后,他就借助满文本完成了《孟子》的拉丁文译本。除了汉语、古希腊语、现代希腊语和拉丁语外,儒莲还懂德、英、意大利、西班牙、满、蒙、梵各种语言文字。1832 年雷慕沙去世后,儒莲接替其职位,成为法兰西学院汉语讲席教授,直至 1873 年去世。1863 年他的学生大巴赞去世后,儒莲还兼任了法国东方语言学院汉语讲席教授一职,直至 1871 年。儒莲的研究虽涉及多个领域,但其着力最多的始终是语言文字方面,留有大量译著以及若干语言学论著。① 在他为数众多的译作中,不仅有蒙学教材《三字经》《千字文》,哲学宗教类著

---

① 儒莲生平主要参阅 André Magnin, "Stanislas Julien, orientaliste et sinologue orléanais", *Bulletin de la Société Archéologique et Historique de l'Orléanais*, Tome XVIII, N 143, 1er trimestre 2005; "JULIEN Stanislas", François Pouillon (éd.), *Dictionnaire des orientalistes de langue française*, Paris: KARTHALA, 2008, pp. 529-530.

述《道德经》《太上感应篇》《大慈恩寺三藏法师传》,地理类著作《大唐西域记》,科技类著作《天工开物》《景德镇陶录》等,更有相当数量的戏曲小说作品。其中,《平山冷燕》《玉娇梨》《白蛇精记》等小说译作较为中国读者所了解,而对于他的戏曲翻译,人们则知之甚少。即便偶然提及,也只是举作 19 世纪汉学家关注中国俗文学的例证,且仅限于《灰阑记》《赵氏孤儿》两种单行本。故本节拟先对儒莲的戏曲译作做一次较为全面的清点,并尝试勾勒其戏曲翻译活动的大致时间阶段。

一、儒莲戏曲译本梳理

从译本的发表与存留情况来看,儒莲的戏曲译作大致包含以下四类:其一是以单行本形式出版的译作;其二是零星刊载于期刊、著述中的译作;其三是尚有手稿留存的未刊稿[1];其四是未见发表、也无手稿留存,仅见于记载的译作。四类译作共涉及九个剧目。

1.《灰阑记》[2]

全译本,译名为《灰阑记,或灰圈的故事:韵散体正剧》(*Hoeï-lan-ki, l'histoire du cercle de craie, drame en prose et vers*)[3],获东方翻译基金资助,1832 年出版于伦敦。[4]

2.《赵氏孤儿》

全译本,译名为《赵氏孤儿,或中国孤儿:韵散体正剧》(*Tchao-chi-kou-eul, ou l'orphelin de la Chine, drame en prose et en vers*),1834 年出版于巴黎,另有早期译稿残本留存。

3.《西厢记》

译名为《西厢记,或西侧楼阁的故事》(*Si-siang-ki, ou l'histoire du pavillon d'occident*)。最初发表于 1833 年 5 月 17 日的《文学欧洲报》

---

① 儒莲生前,其女、其孙女、其妻均已先后去世,故儒莲去世时,已无亲人,其手稿留赠给他的学生汉学家德理文。1892 年德理文去世,1894 年 3 月儒莲的手稿随德理文藏书一同被拍卖,遂散落各处。其中有一部分被爱德华·斯派奇(Edouard Specht)购得并捐赠给法兰西研究院(Institut de France),成为法兰西研究院图书馆的馆藏。

② 19 世纪法国汉学家所译元杂剧,除《西厢记》外,均出自《元曲选》,以下不再一一注明。

③ 19 世纪大部分中文书籍标题的法译均由两部分构成,前一部分为书名音译,后一部分为书名意译。

④ 出版信息详见附表。

(l'Europe Littéraire, journal de la littérature nationale et étrangère)，包括简短的故事梗概与第一折译文，儒莲在引言中称，当时他已经完成了《西厢记》前九折的翻译。① 但完整的《西厢记》译本直至儒莲身后方经他人整理于 1872 至 1880 年在瑞士日内瓦出版。此单行本收入了全剧的前 16 折，砍去了最后四折。

儒莲手稿中现有两份不同时期的《西厢记》译稿留存，均为残本。一份近于 1833 年译文，现存一至六折。另一份近于 1872—1880 年刊印本译文，现存第一折一至四幕。

4.《看钱奴》

译名为《看钱奴，或看守财富的奴隶，或吝啬鬼》(Khan-tsien-nou, l'esclave qui garde les richesses, ou L'Avare)。其故事梗概及译文片段最初刊载于 1833 年出版的《普劳图斯戏剧集》(Théâtre de Plaute)注解中。该戏剧集的译者约瑟夫·诺代(Joseph Naudet, 1786—1878)在书中列举各国文学中的吝啬鬼形象，作为与普劳图斯作品的对比，其中就收录了长达十数页的《看钱奴》故事梗概及译文片段，并特别指明，该简介及译文是儒莲所提供。② 1837 年大巴赞将其中的第四折梗概连同译文片段一同收入他编辑的德庇时《中国人》(The Chinese: a general description of the empire of China and its inhabitants)法译本附录。③

儒莲手稿中现有两份译稿留存，页码完整。一份是剧情梗概，夹有片段译文。另一份似为剧本全译。

5.《货郎旦》

译名为《货郎旦，或女歌手》(Ho-lang-tan, ou la chanteuse)。儒莲

---

① 关于 1833 年连载的《西厢记》究竟发表了几折，说法不一。据批评家马念(Charles Magnin, 1793—1862)发表于 1842 年《博学者杂志》(Journal des savants)上的评论，儒莲仅发表了第一折的译文，但大巴赞在《现代中国》(Chine moderne)中却称儒莲发表了该剧译作的前七折。鉴于笔者目前并未发现第一折外其他译文，故大巴赞的说法暂存疑。

② "Je dois la connaissance de cet ouvrage à mon jeune et savant confrère, M. Stanislas Julien, qui a bien voulu m'en faire une traduction." (引自 Théâtre de Plaute, traduction nouvelle accompagnée de notes, par J. Naudet, Tome deuxième, Paris: Panckoucke, 1833, p. 375)

③ 此书法译本出版信息如下：J. F. Davis, La Chine, ou description générale des mœurs et des coutumes, du gouvernement, des lois, des religions, des sciences, de la littérature, des productions naturelles, des arts, des manufactures et du commerce de l'empire chinois, traduction française par A. Pichard, revu et augmenté d'un appendice par Bazin Aîné, Paris: Paulin, 1837.

手稿中有此剧译稿留存,页码完整。为全剧译稿,但其中大部分唱段尚空缺待译。

6.《合汗衫》

译名为《被比对的衬衫》(*La Chemise confrontée*)。据儒莲《灰阑记》前言,他在1832年已经完成此剧翻译,曾有出版设想。①此剧未见发表,也未见手稿留存。

7.《冯玉兰》

译名为《冯玉兰》(*Pheng-iu-lan*),情况同《合汗衫》。

8.《窦娥冤》

译名为《窦娥的怨恨》(*Le Ressentiment de Teou-ngo*),情况同《合汗衫》。

9.《汉宫秋》

译名为《汉宫的忧伤》(*Le chagrin des Palais des Han*)。1867年儒莲在为世界博览会所写的中国语言文学研究进展报告②中称近期已完成翻译的三部剧作中就包括了这部剧作。爱德华·斯派奇(Edouard Specht)将所购得的儒莲手稿赠予法兰西学院图书馆时,也曾特别提到手稿中的两个戏曲译本,其一便是《汉宫秋》:

> 在这些可能值得出版的手稿中,有剧本《看钱奴》,1867年国际博览会时发表的东方学研究进展报告就提及这部译作已经完成,然而它仍是未刊稿。此外我还要谈到的是,另外一部剧作《汉宫秋》的翻译同样也已完成。③

---

① 在1832年出版的《灰阑记》前言中,儒莲提及他已完成另外四部剧作的翻译,即将付梓:"我们希望很快能出版这些剧作中已经完成翻译的这四种:《看钱奴》(*L'Avare*(91))、《冯玉兰》(*Pheng-iu-lan*(100))、《窦娥冤》(*Le Ressentiment de Teou-ngo*(86))、《合汗衫》(*La Chemise confrontée*(8))。"(*Hoëi-lan-ki*, *l'histoire du cercle de craie*, drame en prose et en vers, traduit du chinois et accompagné de notes, par Stanislas Julien, London: John Murray, 1832, p. ix, note.)

② 参阅 Stanislas Julien, "Langue et littérature chinoises", *Recueil de rapports sur les progrès des lettres et des sciences en France*, sciences historiques et philosophiques, progrès des études relatives à l'Egypte et à l'Orient, pp. 177-189.

③ Edouard Specht, *Les Papiers de Stanislas Julien*, extrait des comptes rendus de l'académie des inscriptions et belles-lettres, Paris: Imprimerie nationale, 1894, p. 5.

可知儒莲在晚年曾完整翻译了《汉宫秋》一剧,而直至儒莲手稿拍卖时,这份译稿仍然存在。但笔者遍览法兰西学院图书馆现存儒莲手稿,却未发现此译稿,是入馆后不慎遗失或流落至他处则不得而知。

儒莲所译上述戏曲作品中,元杂剧作品的中文底本均为《元曲选》。《西厢记》采用的版本则有多种,据各种零星材料显示,至少包括以下几种:

(1)《六十种曲》本

儒莲在简介中称这一剧作出自"一套由102册构成的戏剧丛书 *Lou-Chi-Tchong-Kio*",这显然指的是《六十种曲》。尽管《六十种曲》中同时收录有《南西厢》和《北西厢》,但从译文可以清楚地判断儒莲所译是《北西厢》。

(2)李卓吾评《西厢琵琶合刻》本

《六十种曲》中所收《北西厢》并非点评本,而儒莲在简介中误称李卓吾(Li-Tcho-Ngou)①为剧作者,又说此剧版本众多,人们经常将这一剧本与《琵琶记》合印在一起,可知他翻译时所依据的《西厢记》至少还包括收录于《西厢琵琶合刻》内的李卓吾评本。

(3)满文本

为说明《西厢记》一剧在中国备受推崇,儒莲在简介中还写道:"这是到目前为止唯一一个有幸拥有满文翻译的剧本"②,可知他当时还见到了《西厢记》的满文译本。③

经笔者查阅证实,当时法国王家图书馆的确收藏有以上三个版本的《西厢记》,具体编号为:《六十种曲》(Chinois 4359—4375)、《西厢琵琶合刻》(Chinois 4329)、《满汉西厢记》(Nouveau 1338),可见儒莲翻译时至少参考过这三种《西厢记》。此外,鉴于在儒莲身后以单行本出版的《西厢记》译本仅包括了前十六折,砍去了最后四折。这表明他很可能受到了主张《西厢记》当至十六折结束的金圣叹批本影响。则儒莲的参考文献中,或许也包括某个金圣叹评本,具体版本尚有待查考。

---

① 他事后很快意识到自己的理解错误,遂在下一期《文学欧洲报》上作了更正。
② *L'Europe littéraire*, le 17 mai 1833.
③ 对于欧洲汉学家来说,满文由于较中文更易于理解,所以常常成为他们阅读中文书籍的辅助。戴密微曾说:"对于习惯于多音节的屈折语言的欧洲人来说,更容易接受满语。满语曾经常被18世纪耶稣会士们广泛地用于掌握对汉文原著的诠释。"(见 Paul Demiéville, "Aperçu historique des études sinologiques en France", *Choix d'études sinologiques (1921-1970)*, Leiden: Brill, 1973.)

二、儒莲戏曲翻译活动的起始与分期

关于儒莲戏曲翻译的具体起始时间,此前尚无学者探讨。根据笔者找到的几种材料,至少可上溯至 1829—1830 年间。1829 年 5 月,四名年轻的中国基督徒辗转抵达巴黎,在遣使会修会学习,以备回国接受神职。他们原定要在巴黎居住六七年,但因"七月革命"爆发,法国政局动荡,被提前遣送回国,于 1830 年 11 月离开巴黎。儒莲从一开始就与四人有所接触,在他们旅法的一年多内,曾多次向四人中知识水平相对较高的李若瑟请教。在他们回国之后,儒莲与李若瑟也保持了长久的书信往来。① 儒莲著作中也曾零星提及与李若瑟的交往,其中有两处与戏曲翻译有关。其一见于 1834 年《赵氏孤儿》译本序言的注解:

> 我经常有机会去咨询 1829 年来巴黎的四个中国人中最机灵的一个,李若瑟先生。不过我从未在他那里得到过哪怕对一行诗句的解释。②

在 1867 年关于中国语言文学研究的总结报告中,儒莲又一次谈及他 1829 年与李若瑟的交往:

> 1829 年,有几个中国基督徒来到巴黎,儒莲先生和他们中一人建立了长久的联系。他名叫李若瑟,比他的同伴们受过更多的教育,而且能流利地说拉丁语。儒莲起先想和他一同阅读一个中国喜剧,但他发现这个年轻人不能读懂夹杂在对话中的那些唱段,并得知在他家乡,只有一两个读书人能理解中国诗歌。③

从《赵氏孤儿》序言上下文可知,注释中所提及的"诗句"实为剧本中的唱段。而 1867 年报告中的文字也进一步证实了这一点。显然,儒莲戏曲翻译活动的开端至少不晚于李若瑟等人旅法时期,即 1829 年。

事实上,在存留至今的大量儒莲亲笔书信中,也可看到若干与戏曲翻

---

① 关于这四名中国青年旅法始末及其与汉学家交往情况,详见附录六。
② *Tchao-chi-kou-eul, ou l'orphelin de la Chine*, drame en prose et en vers, ... traduit du chinois par Stanislas Julien, p. x.
③ Stanislas Julien, "Langue et littérature chinoises", *Recueil de rapports sur les progrès des lettres et des sciences en France, sciences historiques et philosophiques, progrès des études relatives à l'Egypte et à l'Orient*, pp. 177-189.

译相关的记载。例如，在笔者所见儒莲写给其同事，东方学家朱尔·莫勒（Jules Mohl, 1800—1876）的信件中，至少就有两封直接谈及此事。其一写于1831年11月17日。信上写道：

> 我亲爱的朋友：
> 　　我冒昧地将我们昨天一起读过中文版的这第二个剧本[①]寄给你。如果它并未令福礼埃（Fauriel）先生不悦的话，我会抽空将同一集子里的剧本翻译出三十部来。
>
> 你无比忠诚的
斯塔尼斯拉斯·儒莲
>
> 本周四在学院见。[②]

另一封相关书信因邮戳模糊，无法确认具体日期，但根据前后信件，大致可判定写于1832年初。[③] 信中谈及他近日正在生病，而"雪上加霜的是，我还有两部分要修改（我那部中国正剧的最后两部分）"[④]。在正文结束之后，儒莲在附言中又补充道：

> 我从上周六以来在动手翻译一个非常有趣的剧本，等它到了能对阁下拿得出手的程度，我会给您看的。[⑤]

从时间上看，第二封信中所说的"中国正剧"当指出版于1832年的《灰阑记》译本。显然，写信的1831—1832年间，儒莲正对戏曲翻译热情高涨，他兴致勃勃地与朋友分享他正在阅读的戏曲作品，并积极开展着翻译工作。他不仅在病中也惦记着要将译本改定出版，手头还同时兴致高昂地翻着另一个"非常有趣的剧本"。结合上文所整理的译本发表情况来看，1831—1834年间当是儒莲戏曲翻译较为密集的一个时期。此后，因种种

---

　　① 当时儒莲、大巴赞等汉学家常以《元曲选》中剧目的排序来指代相应剧目，故此处的"第二个剧本"当指书中排在第二部的《金钱记》。

　　② Bibliothèque de l'Institut de France（法兰西研究院图书馆）Ms 2980 Papiers de Jules Mohl-correspondance-Julien, pièce 2. 文中"学院"指法兰西学院。

　　③ 莫勒所藏儒莲书信，是按照年份粘贴成册的，此信虽然没有明确署上日期，邮戳也模糊难辨，但根据前后信件的日期，仍可判定大致时段。

　　④ Bibliothèque de l'Institut de France Ms 2980 Papiers de Jules Mohl-correspondance-Julien, pièce 4. "两部分"当指剧中两折。

　　⑤ Bibliothèque de l'Institut de France Ms 2980 Papiers de Jules Mohl-correspondance-Julien, pièce 4.

原因,他暂时放下了戏曲翻译,"将这种艰涩文体的理解方法教授给了他最出色的学生之一巴赞先生"①。大巴赞最初的戏曲译作《㑇梅香》译本于1835年问世,时间上与此也相当吻合。

儒莲在书信中提到的"翻译出三十部来",看似随口一说的玩笑话,其实不然。据笔者在儒莲手稿中发现了一份戏曲清单来看,他很可能的确曾有过一个较为庞大的戏曲翻译计划。该清单中法文并用,剧名后多附有简短点评:②

youen-jin-pe-tchong 元人百种

2e. 金钱记

4e. 鸳鸯被 la couverture du lit nuptial

5e. Tchan-kouaï-thong, Le Trompeur trompé 赚蒯通

8e. La tunique confrontée 合汗衫 (traduit par Bazin 巴赞已译)

9e. Sie-thien-siang-la courtisane savante 谢天香——博学的妓女 (charmante comédie-Bazin 可爱的喜剧——巴赞)

13e. l'enfant prodigue Tong-thang-lao 东堂老 (pièce excellente-Bazin 出色的剧作—巴赞)

21e. pièce Ou-thong-yu 梧桐雨 (C'est le monument du youen-jin-pe-tchong 这是《元人百种》中的经典之作)

22e. 老生儿 (traduit 已译)

45e. Liu-thong-pin 黄粱梦 (le meilleur des drame Tao-sse 道教正剧中最好的一部)

91e. 青衫泪 Les amours de Pelothien (pendant de la soubrette accompagnée③)

67e. Tan-pien-to-so 单鞭夺槊 (pièce à traduire 待译剧目)

84e. La boîte mystérieuse 抱妆盒 (excellent pièce dans le genre de l'orphelin de la Chine 与《赵氏孤儿》同一类别的出色剧作)

---

① Stanislas Julien, "Langue et littérature chinoises", *Recueil de rapports sur les progrès des lettres et des sciences en France, sciences historiques et philosophiques, progrès des études relatives à l'Egypte et à l'Orient*, pp. 177-189.

② 为便于阅读,笔者根据法文补上了若干空缺的中文剧名,并将其点评译为中文,为与儒莲手稿中原有的中文字相区分,笔者的译文均加有下划线。清单中的序列号为原稿所有,指该剧在《元曲选》中的排序。

③ 此句点评不解何意。

剧目后的各种赞誉之词以及对翻译状况的说明,都显示这份清单很可能列举的是儒莲翻译计划中的部分备选篇目。而《单鞭夺槊》后明确标的"待译"字样更清晰地点出这份清单与翻译构想的紧密关联。

不过,从种种细节分析,该清单所撰写的时期已相对较晚。首先,清单中出现了"道教正剧中最好的一部""《元人百种》中经典之作"这样的用语,与1831年书信中泛泛而言"有趣"截然不同。显然,儒莲此时已经经过大量的阅读和比对,对剧目的定位开始建立在一种更为全面掌握的基础之上。其次,清单称《合汗衫》已由大巴赞翻译,而大巴赞的《合汗衫》译本要迟至1848年才刚刚问世;清单中出现的剧名意译①均与大巴赞在《元朝的时代》(Le siècle de Youen)中所采用的译法相同,而此书是在1850—1852年间陆续发表的。可知,此表撰写的时间应当不会早于50年代。这表明,1834年之后,儒莲虽暂时停止了戏曲翻译,但他对中国戏曲仍然保持着相当的兴趣,而进入50年代后,他在多年阅读与积累的基础上,开始考虑开展新一轮的戏曲翻译工作。1867年报告所谈到的《西厢记》《看钱奴》和《汉宫秋》等译作,应当就是这一构想的成果。三部译作中,只有《西厢记》在儒莲去世后,经整理于1872至1880年间出版。比对1872年的《西厢记》译本与1833年的第一折译本,不论从译作语言还是译本注释上,都有着显而易见的提高。可见,后一时期的戏曲翻译,有别于前期的随读随译,遍地开花,而开始集中着力于少数经典之作,精雕细琢。如果说前一时期属于儒莲在戏曲翻译中的开拓阶段,后一时期则是在多年的经验积累之后,对戏曲翻译的总结与完善阶段。

鉴于儒莲后期的译作大多已散佚,唯一留存的《西厢记》也迟至1870年方才问世,它在法国读者中产生影响的时段显然已越出本书的时间框架之外,故笔者对儒莲戏曲翻译的讨论将基本集中于前一时期。

第二节　儒莲戏曲翻译的开端与马若瑟
——《汉语札记》及其语言学习观对儒莲的影响

从前文的论述可以看到:儒莲的戏曲翻译活动始于1829年前后。这是他进入汉学领域的初始阶段。而其早期译作不仅数量较多,且为随读随译,显然有语言学习的背景。虽不难想象作为通俗文学的戏曲小说较

---

① 前文已提过,当时标题的译法往往由音译意译两部分构成。

之儒家经典更宜作为中文入门读物,但儒莲当时的选择是否还有更深一层的原因与考虑呢?本节将通过对儒莲《赵氏孤儿》早期手稿的分析作进一步探讨。

一、马若瑟的《汉语札记》与其《赵氏孤儿》译本的关联

马若瑟是法国耶稣会传教士。1698 年与白晋等人一同来到中国,被指派在江西教区。期间曾被召往北京工作过两年。1724 年雍正禁教之后,他与其他传教士一同被逐往广州。1733 年,清廷再次驱逐传教士,马若瑟又从广州迁往澳门,最终于 1736 年在澳门逝世。① 在众多耶稣会传教士中,马若瑟的重要性并非来自显赫的地位或传教上的功绩,而主要源于他在汉语研究方面所做出的贡献。据龙伯格研究,马若瑟来华后,为了研究中国语言文字的奥秘,"把大部分甚至差不多全部时间都用在了学习汉语和中国文学上",甚至将传教工作"全扔给了当地的助手"。② 在其所写的《〈经传议论〉自序》③中,马若瑟曾这样记述他来华后学习中文的情况:

> 瑟于十三经、廿一史,先儒传集,百家杂书,无所不购,废食忘寝,诵读不辍,已十余年矣。今须发交白,老之冉冉将至而不知之,果何为哉?有能度吾之心者,必知其故也。④

马若瑟的用心当然并不在于中国语言文字本身,而在于如何更好地说服中国人接受基督教。基于其索隐派观点,马若瑟认为中国的典籍中隐含着基督降临的预言,如果能从中文中挖掘出这些信息,必然会对中国的传教事业有极大的推动。⑤ 不过由于长年潜心苦读,他的中文程度在耶稣

---

① 马若瑟生平史实均参阅[法]费赖之著,冯承钧译:《在华耶稣会士列传及书目》,北京:中华书局,1995 年;Knud Lundbaek, *Joseph de Prémare (1666-1736), S. J. Chinese Philology and Figurism*, Aarhus: Aarhus University Press, 1991.(此书已有中译本,即[丹麦]龙伯格著,李真、骆洁译:《清代来华传教士马若瑟研究》,郑州:大象出版社,2009 年。)
② 译文引自[丹麦]龙伯格著,李真、骆洁译:《清代来华传教士马若瑟研究》,第 16 页。
③ 《经传议论》为马若瑟以中文所写的一部书稿,据《〈经传议论〉自序》中说,此书包含十二论:"曰六书论。曰六经总论。曰易论。曰书论。曰诗论。曰春秋论。曰礼乐论。曰四书论。曰诸子杂书论。曰汉儒论。曰宋儒论。曰经学定论。"今仅存《春秋论》及《自序》手稿,藏于法国国家图书馆东方手稿部。
④ BNF Ms Chinois 7164.
⑤ 参阅 Lundbaek, *Joseph de Prémare, Chinese philogy and figurism*, Aarhus University Press, 1991.

会士中达到了前所未有的高度。马若瑟撰写的《汉语札记》,被法国著名汉学家戴密微称为"19世纪前欧洲最完美的汉语语法书"①。马若瑟翻译的元杂剧《赵氏孤儿》,是18世纪欧洲读到的第一部也是唯一一部中国戏曲作品,自从被杜哈德收入《中华帝国全志》后,即引起了广泛的关注,迅速被翻译为多种欧洲语言。此外,除《经传议论》外,马若瑟尚有中文著作三种,分别是《六书实义》《儒教实义》和《儒交信》。《六书实义》是一部以《说文解字》的六书分类为基础,阐述索隐派观点的对话体作品。②《儒教实义》是一部马若瑟对儒家种种观念及丧葬、祭祀等活动进行基督教化阐释的著作。③《儒交信》则是一部劝人皈依天主教的白话章回体小说,讲述"司马若瑟"如何劝化"李华"入教的故事。④ 以上列举的只是马若瑟的部分著述,但显然已足够证明马若瑟对中国语言文字的掌握程度。

马若瑟的作品中影响最大的当数《汉语札记》与《赵氏孤儿》。这两部著作虽然均得到研究者广泛的关注,但谈及它们之间关联性的却为数寥寥。不过,若从马若瑟晚年在华境遇以及他与傅尔蒙的交往来考察,当不难看到两者之间的紧密联系。马若瑟由于其索隐派观点而被教廷视为异端,他的著作因此被禁止发表。此时他已近晚年,又被流放到广东,生活及研究条件很差,因而,当他在1725年通过书信与巴黎东方学家傅尔蒙建立起联系之后,他一直对傅尔蒙寄以厚望,希望能让傅尔蒙接受并认可他的著作,以期通过傅尔蒙让他的著作得到发表和传播。在这样的期待下,他将自己最重要的著作《汉语札记》寄给了傅尔蒙。这份手稿于1730年2月11日抵达巴黎王家图书馆。⑤ 当时他并不知道,傅尔蒙也写了一本中文语法书,题为《中国官话》,希望藉此证明自己在中文研究上的权威地位。因而他将马若瑟视为竞争对手,不仅未帮助马若瑟出版《汉语札

---

① Paul Demiéville, "Aperçu historique des études sinologiques en France", *Choix d'études sinologiques (1921-1970)*.

② 据龙伯格研究,此书寄至法国时,原有法文译本一份,但已不幸遗失,现存此书中文抄本及不同笔迹副本一份,藏于法国国家图书馆。参阅 Lundbaek, *Joseph de Prémare, Chinese philogy and figurism*, Aarhus University Press, 1991.

③ 参阅于明华:《清代耶稣会士索隐释经之形态与意义——以马若瑟为中心》,台湾暨南国际大学硕士论文,2003年。

④ 《儒交信》书前署名为"无名先生",当今学界基本判定此书为马若瑟所作。此书收入郑安德编:《明末清初耶稣会思想文献汇编》第四卷,北京:北京大学宗教研究所,2003年。

⑤ 参阅 Henri Cordier, *Bibliotheca sinica, dictionnaire bibliographique des ouvrages relatifs à l'empire chinois*, Tome III, Paris: E. Guilmoto, 1906, col. 1664.

记》,反而故意将其束之高阁。不知就里的马若瑟为了再次敦促傅尔蒙出版《汉语札记》,在 1731 年寄去了《赵氏孤儿》译本及两封书信。正如鲁进在《马若瑟为什么翻译了〈赵氏孤儿〉》一文中所指出的那样:马若瑟的《赵氏孤儿》译本并不是,至少不主要是出于文学或戏剧的考虑而作,它实际上是为了敦促傅尔蒙出版《汉语札记》而创作的一个副产品。① 不过,鲁文对于该译本究竟如何起到敦促作用多少有些语焉不详。实际上,细读马若瑟当年的书信,不难得到更为清晰的解答。② 据书信所述,当时随《赵氏孤儿》译本一同寄往欧洲的是一盒毛笔、40 卷《元曲选》和两封致傅尔蒙的信。一封只是简单的寒暄,意在向傅尔蒙介绍两位寄信人的情况。另一封长达九页的信才是正文,信中用相当的篇幅对中国戏曲的艺术形式作了介绍。并介绍《元曲选》说:

  ……这是一部收录了一百部最优秀元代剧作的文集。不过为了便于你对它的理解,也为了让你有兴趣去阅读它,我尽这七八天的时间做了我所有能做的事。
  1. 我简略地为你介绍了所须了解的有关中国戏剧的情况。
  2. 我为你翻译了一篇急就之章。
  3. 我在中文原书中加注了若干我估计你会需要的说明。③

  第三条中提到的说明包括以下内容:在《元曲选》第一卷的目录上为全部 100 个剧目编了序号,在各卷卷首及剧目起始处标注了对应的序号;在《赵氏孤儿》一剧的文本上,用小圆圈对全文进行了断句;在原书上标注了该剧每页的页码,并在译文的相应位置注上了页码;在行与行之间加了一些简单的解释,在页眉处添加了一些注解;等等。如此细致的准备工作充分表明,马若瑟希望傅尔蒙阅读的并不仅仅是《赵氏孤儿》译本,而是这一剧作的中法文对照本。译作也好,马若瑟提供的戏曲概述和中文句读也好,都只是为傅尔蒙进行中文阅读所准备的辅助工具。因为,归根结底,马若瑟所关注的核心乃是他的《汉语札记》。正如他在信中所写:"如

---

 ① 参阅鲁进:《马若瑟为什么翻译了〈赵氏孤儿〉》。
 ② 1755 年出版的《赵氏孤儿》译本单行本(*Tchao-Chi-Cou-Eulh*, *ou l'Orphelin de la Maison de Tchao*, traduite par le P. de Prémare)收入了与译本一同寄回法国的马若瑟致傅尔蒙的书信。
 ③ *Tchao-Chi-Cou-Eulh*, *ou l'Orphelin de la Maison de Tchao*, traduite par le P. de Prémare, pp. 83-84.

果您愿意在上面说到的这部戏①,或者另外某篇上练习一下的话,您会觉得我的《札记》对您不是没有用的。"②就在这封信中,马若瑟再度强调了《札记》中的知识对于说好汉语和理解中文作品都是必不可少的,并向傅尔蒙保证,对于他的上述论断,"您只需读一部我三四年前寄给您的戏剧或小说就会信服的"③。这就是说:翻译是一种语言练习,《赵氏孤儿》译本是他提供的一个样本和范例。而让傅尔蒙通过对照阅读,进而以翻译为练习进入中文学习,同时了解和认识到《札记》的价值,这才是马若瑟真正关注的中心。

事实上,马若瑟信中所推荐的这一语言学习方法与《汉语札记》所传达的观念是一脉相承的。《汉语札记》共包含三个部分,导言部分是对中文的语音语调汉字等的概述。正文部分将中文分为口头语体和书面语体,分别进行了词法和句法的总结和举例。值得注意的是,马若瑟将口头语体的部分放在了前面,而他用以佐证的文本材料正是戏曲与小说。

在"口语及通俗语体"的导论中马若瑟这样写道:

> 中国的语言,不论是存留在古书中的,还是应用于日常生活的,都有着它恰如其分的独特的美。对此,绝大多数的传教士都没有予以充分的关注。因而,他们中的少数人,且不说写作,甚至都不能大致正确地说这种语言。那么,既然我现在着手来阐述汉语的独特的气质及其内在的美感,并且将第一部分限于对这种高雅方言(译者注:指官话)的探讨——例如那些出身高贵受过良好教育的人所说的那种语言——那么,我认为合宜的做法是首先指出我用以归纳总结出下文这些结论的某些作品;不过,有必要提到的只是其中最重要的那些。这些作品一言以蔽之,就是戏剧,和某些叫做小说的短小文章。首先要提到的是《元人百种》,这部文集收录了一百种戏剧作品,他们最初出版于元代,每篇都不超过四至五场。④

---

① 指《元曲选》中排在《赵氏孤儿》之前的《抱妆盒》一剧。

② *Tchao-Chi-Cou-Eulh, ou l'Orphelin de la Maison de Tchao*, traduite par le P. de Prémare, p. 89.

③ Ibid.

④ *The Notitia Linguae Sinicae of Prémare*, translated into English by J. G. Bridgman, Canton: printed at the office of the Chinese repository,1847, p. 26. (马若瑟的《汉语札记》原文为拉丁文,因笔者的拉丁文水平力不能逮,故此处参引的是一个早期的英译本。)

可见马若瑟对于通俗语体的总结,并非来自日常生活,而源于口语体的文学经典,因为在他看来,编写这部语言教程的目的在于让法国读者学到中国"上流社会"的口语表达方式。正因如此,在他所选的语料和范本中,《元人百种》处在一个特殊的地位上。综合起来看,导论中的语言学习观,正文中选用的例句,让傅尔蒙借翻译《元曲选》来进行中文学习的建议,与他以经典文本,尤其是戏剧文本为典范,开展语言学习的基本观点都是一致的。

二、耶稣会对戏剧的看法与马若瑟的汉语教学观

马若瑟的这种观念可以上溯到耶稣会的教学观与戏剧观。作为一个建立于 16 世纪的以对抗宗教改革为目标的教会组织,耶稣会对于教育非常重视,把教育视为争取青年、巩固天主教会影响的主要手段,因而其教育事业发展相当繁荣。1761—1762 年法国议会下令关闭耶稣会学校时,竟致使全国将近 80% 的男子中学被关闭,可见耶稣会在当时欧洲中等教育领域影响面之大。① 在教育上,耶稣会有两方面举措非常突出。其一是对于古典文化教育的重视,其二就是戏剧教育:

> 耶稣会把戏剧作为一种教育手段系统地纳入到学校的教育中,同时也借助它进行牧灵工作,为天主教信仰赢得更多的信众。戏剧也因此受到特别推崇。②

在耶稣会学校对戏剧的重视与支持下,校园戏剧非常兴盛。

> 它(译者注:指耶稣会戏剧)的作者是杰出的教师或有经验的作家,它的演员是来自这个国家里一流家族里的年轻人、学修辞学或是哲学的中学生,它的观众是那些在宫廷或是城市里的高雅人群:高级教士、亲王甚至国王……所有欧洲主要的城市里都有他们(指耶稣会)的学校和剧场。③

尽管教会在很长时间内对戏剧所持的态度都是否定的,有关戏剧利弊问题的争论在耶稣会内部也时有发生,但就整体而言,耶稣会认为戏剧的问

---

① 参阅[德]彼得·克劳斯·哈特曼著,谷裕译:《耶稣会简史》,北京:宗教文化出版社,2003 年。
② 同上书,第 57 页。
③ Ernest Boysse, *Le théâtre des Jésuites*, Paris: Henri vaton, 1880, p. ii.

题并非来自其本身,而在于人们对它的利用正当与否。如果善加利用,戏剧也可以成为道德教化的利器。他们对戏剧的宽容及鼓励,以及在教育中对戏剧的运用,除了出于对戏剧所具备的道德教化作用的重视外,也因为这种艺术形式非常有助于学生学习古典语言及修辞:

> 文字的学习藉此得到了一种强烈的鼓舞,要令年轻人熟知拉丁语所有的奥秘,很难有比这更好的方法了。①

因而,对耶稣会而言,"戏剧不仅仅是一种娱乐,而是一套真正的机制,是教育中非常重要的一部分"②。

了解到耶稣会的戏剧观及其将戏剧与古典语文教学相结合的传统,再看马若瑟的《汉语札记》与《赵氏孤儿》译本,对于其推崇《元曲选》,视戏曲翻译为语言学习辅助手段等想法也就不难理解了。

三、《汉语札记》及其语言教学观对儒莲的影响

《汉语札记》由于傅尔蒙的有意压制,长年尘封,无人知晓。当马若瑟最终觉察到傅尔蒙的用心时,他在 1733 年 10 月 5 日痛心地致信傅尔蒙:"我把这部作品寄给您,清楚地知道托付的人是谁;但我从未想过您将是唯一的读者。"③我们无从得知傅尔蒙面对这样的指责有什么感受,不过此后,《汉语札记》就从人们的视线中消失了。时隔近百年,它才再度为世人发现。雷慕沙在王家图书馆的东方手稿部发现此书并抄录出一个副本。1825 年,尚在雷慕沙门下学习的儒莲根据此副本,又抄录出一份副本。以儒莲抄本为依据,马礼逊借助英国金斯博鲁勋爵的资助,最终于 1831 年将《汉语札记》在马六甲英华书院付梓出版。④

尽管由于傅尔蒙的有意压制,《汉语札记》在王家图书馆尘封近百年。但它自 19 世纪被汉学家发现后就备受重视,对当时的汉学研究产生了重要影响。1822 年雷慕沙出版的汉语语法研究《汉文启蒙》(*Eléments de la grammaire chinoise*)一书在材料及观点方法上都受到了马若瑟《汉语札记》的较大影响。不仅雷慕沙本人在前言中坦言马若瑟的这部未刊稿是

---

① Ernest Boysse, *Le théâtre des Jésuites*, p. 101.
② 同上。
③ 转引自[丹麦]龙伯格著,李真、骆洁译:《清代来华传教士马若瑟研究》,第 79 页。
④ 参阅 Henri Cordier, *Bibliotheca sinica, dictionnaire bibliographique des ouvrages relatifs à l'empire chinois*, volume III, col. 1664-1666.

令他受益最多的①,甚至当时还有汉学家认为此书只是对马若瑟《汉语札记》的摘录②。作为雷慕沙学生的儒莲,或许透过这部《汉文启蒙》已经间接受到了马若瑟观念的影响。不过,儒莲与《汉语札记》更为明确和直接的关联可能源于他在1825年左右全文抄录《汉语札记》的经历。是年,马礼逊为出版此书,找人抄录一份手稿副本,接下这一任务的便是儒莲。在1832年的《灰阑记》译本前言中,儒莲曾亲口确认此事:"……这部语法(指《汉语札记》)已在马六甲出版,依据的正是笔者在1825年所抄录的副本……"③汉学家戴密微与高第也都留意到儒莲抄录《汉语札记》这一史实,并分别提供了一些补充信息。戴密微称,儒莲当时接下这一工作是出于经济原因。④ 这与他当时作为学生的经济状况看来也是吻合的。高第则指出儒莲抄录的副本有两份,其一见于英国汉学家伟烈亚力(Alexandre Wylie, 1815—1887)藏书,其二则为儒莲的学生德理文所有。⑤众所周知,儒莲去世后,其手稿和藏书都留给了他的学生汉学家德理文。换言之,德理文所藏的这份《汉语札记》抄本很可能原为儒莲本人所有。据高第的说法,儒莲为马礼逊抄录的副本共花费了600个小时,若以每天工作八小时计,意味着两个半月的时间。如果为马礼逊抄录此书更多是出于经济原因的话,之后儒莲愿意再度花费数月时间抄录第二个副本,无疑表明他对这部著作怀有浓厚的兴趣。对于当时刚刚踏入汉学领域的儒莲而言,马若瑟所提供的现成学习方法与他提高汉语水平的需求显然一拍即合。这正可以解释,为何在儒莲存世的戏曲翻译手稿中,从各种特征来看年代最早的一份恰恰是马若瑟曾翻译过的《赵氏孤儿》。

本章第一节曾谈到儒莲现存的若干种戏曲翻译手稿。这批手稿从形式上看,大致有四种情况。第一种为法汉对照型,每段译文均先抄录中文原文,然后在每个汉字旁标注有读音、释义,然后依据这些释义连缀成句。

---

① 参阅 Abel-Rémusat, *Elémens de la grammaire chinoise, ou principes généraux du Kou-wen ou style antique, et du Kouan-hoa, c'est-à-dire, de la langue commune généralement usitée dans l'empire chinois*, Paris: Imprimerie royale, 1822.

② 参阅张国光等:《明清传教士与欧洲汉学》,北京:中国社会科学出版社,2001年。

③ *Hoëi-lan-ki, l'histoire du cercle de craie*, drame en prose et en vers, traduit du chinois et accompagné de notes, par Stanislas Julien, p. viii, note.

④ 参阅 Paul Demiéville, "Aperçu historique des études sinologiques en France", *Choix d'études sinologiques (1921-1970)*, p. 80.

⑤ 参阅 Henri Cordier, *Bibliotheca sinica, dictionnaire bibliographique des ouvrages relatifs à l'empire chinois*, volume III, col. 1664-1666.

第二种为剧情梗概夹杂片段译文,以第三人称叙述剧情,然后在某些段落暂停第三人称叙事,加入原作的译文片段。第三种对白译文已基本完整,仅空缺唱段。第四种为完整翻译,译文包含了全部唱段及念白,且附有较多注释。很显然,这些不同的手稿,产生于不同的时期,反映了儒莲的戏曲翻译实践随语言能力提高而推进的过程。而存留的《赵氏孤儿》译本残稿就属于第一种情况。这份残本从楔子开始,到第一折后半部分"奈灵公听信谗言,任屠贼横行独步"结束。它虽然被图书馆列入儒莲手稿"已刊稿"部分,但经笔者比对,此残稿与1834年出版的《赵氏孤儿》译本差距甚大,可见它并非1834年单行本的底稿,而是儒莲戏曲翻译初期留存的另一版本。此处试摘举其中一句为例:

¹俺²主³灵⁴公⁵在⁶位。⁷文⁸武⁹千¹⁰员。¹¹其¹²信¹³任¹⁴的。¹⁵只¹⁶有¹⁷一¹⁸文¹⁹一²⁰武。²¹文²²者①²⁴赵²⁵盾。²⁶武²⁷者²⁸即²⁹某³⁰矣。

(depuis que) ¹ngan notre, ²tchou, maître, roi, ³ling-⁴kong ⁵tsaï-⁶weï, est sur le trône, ⁹thsien (parmi) les mille, ¹⁰youen officiers, ⁷wen civils, ⁸wou et militaires, ¹⁴ti, ceux auxquels, ¹¹khi il, ¹²sin-¹³jin, donne sa confiance, ¹⁵tchi seulement, ¹⁶yeou il y a, ¹⁷iun, ¹⁸wen (officier) civil, ¹⁹i un, ²⁰wou (officier) militaire. ²²tche le, ²¹wen civil (officier civil), ²³chi c'est, ²⁴Tchao-²⁵tun, ²⁷tche le, ²⁶wou militaire (officier militaire), ²⁸tsi-²⁹meou, c'est moi; ³⁰i particule finale.

中文回译如下:

(自从)¹俺我们的,²主,主人,国王,³灵⁴公⁵在⁶位 在王位上,⁹千(在……中)上千,¹⁰员官员,⁷文文职的,⁸武和武职的。¹⁴的,那些,¹¹其他,¹²信¹³任,给予信任的。¹⁵只只,¹⁶有有,¹⁷一一,¹⁸文文职的(官员),¹⁹一一,²⁰武武职的(官员)。²²者那,²¹文文职的(文职的官员),²³是是,²⁴赵²⁵盾,²⁷者那,²⁶武武职的(武职的官员),²⁸即²⁹某,就是我;³⁰矣句末词缀。

这种法汉对照,字对字翻译再连缀成句的形式构成,显然是语言初学者以字典为辅助,组词成句的模式。可见,此残稿是儒莲戏曲翻译最初阶段的

---

① 此处有一表插入的标记。页边标有编号23,补一"是"字。

产物,译本的形态有力地证明了它与语言学习的紧密关联。而选择的剧目,也正是马若瑟曾翻译过的《赵氏孤儿》。这充分证明,儒莲正是在马若瑟《汉语札记》和《赵氏孤儿》译本的指引下,带着语言学习的初衷,开始了他最初的戏曲翻译历程。这样的出发点和背景显然会对儒莲之后的戏曲翻译风格产生不可避免的影响。

第三节　从节译到全译的转变
——"观念"或"能力"?

作为中国戏曲在西方的第一位译者,马若瑟在为后人反复提及的同时,也被人们与其后继者一再对比。自19世纪以来,欧洲对儒莲的赞扬常常伴随着对马若瑟含蓄的批评,其焦点集中于译本的完整性,即马若瑟的《赵氏孤儿》①是"节译",而儒莲的《赵氏孤儿》是"全译"。这种差异更被进一步与译者的能力相挂钩,法国读者认为儒莲虽未踏上中国土地却完成了连马若瑟都没能实现的目标,因而对其大加赞誉。然而,节译与全译难道必然源于"能力"而非"观念"吗?在儒莲之前翻译过中国戏曲作品的马若瑟、德庇时等人,是否的确因无法读懂才将剧作中的曲文付诸阙如呢?研究表明,问题并不如此简单。本节将从马若瑟、德庇时等人对于诗体文字的掌握情况入手,探讨隐藏于译本完整性问题背后两种不同的翻译观。

一、马若瑟与德庇时能否读懂元杂剧中的唱段

在18世纪来华的耶稣会士中,马若瑟的中文水平非常突出。雷慕沙曾写有专文,高度评价他的汉语水平:

---

① 马若瑟版译文共刊行过三个版本。其一收录于杜哈德《中华帝国全志》第三卷,出版于1735年。该版本在时间上虽然最早,但经过了杜哈德的修改。引言部分有关中国戏曲的介绍,来自马若瑟致傅尔蒙书信,也同样经过了杜哈德的砍削改动。其二为单行本,出版于1755年。该版本中除译文外还收录了与此译本相关的各种资料,包括马若瑟致杜哈德的书信,与《赵氏孤儿》剧情相关的史实记载,杜哈德与傅尔蒙为此译本打笔墨官司的文章及出版者对此事前后情由的概述。从它出版的情况看,此版本应当更接近马若瑟原稿。其三是收录于世界戏剧丛书中的版本,出版于1784年,仅包含译文,采用的是1755年单行本的译文。可见在单行本问世以后,1755年版本在一定程度上被视为马若瑟《赵氏孤儿》译本的定本。故下文讨论中,涉及马若瑟译本的引文均采用1755年版。

在这批以他们的工作为在华传教事业带来荣耀的人之中,有两位尤其应当在文学之友的记忆中占据显赫的位置,一位是语法学家兼文字学家,另一位是天文学家兼历史学家。前一位是马若瑟,后一位是宋君荣。不论是前一批传教士中的柏应理(Philippe Couplet, 1623—1693)、卫方济(François Noël, 1651—1729)、巴多明(Dominique Parrenin, 1665—1741),还是稍晚一个时代的钱德明和韩国英,在对汉语的深入了解上,与对(中国)文学大家的广泛阅读上,都无法与马若瑟比肩。①

本章第二节曾介绍过马若瑟的生平,并列举了数种马若瑟以中文撰写的著作。其中,既有探讨中国古代经典的研究著述,也有宣传基督教的白话小说。如果说《汉语札记》代表了马若瑟在理论层面对汉语语言的把握,这些以中文写成的小说和研究著作则提供了他在汉语实践方面的成功例证。雷慕沙的评价显然便是建立在以上诸多确凿的史实依据之上。这样一位苦心研读中国典籍十多年,甚至能以中文撰写著述的博学之士,难道真的会因无法读懂元杂剧而将曲文尽数省略吗?

笔者仔细比对译本与原文后发现,其实马若瑟并未如一般记述所说,删去剧中"所有的"唱段。事实上,他还是选择性地翻译了某些他认为必要的段落。

例如在《赵氏孤儿》第一折中,韩厥在公主府门前拦住程婴时,有一支【河西后庭花】:

你本是赵盾家堂上宾,我须是屠岸贾门下人。你便藏着那未满月麒麟种,怎出的这不通风虎豹屯。我不是下将军,也不将你来盘问。你道是既知恩合报恩,只怕你要脱身难脱身。前和后把住门,地和天哪处奔。若拿回审个真,将孤儿往报闻。生不能,死有准。

这支曲子在马若瑟的译本中就被保留了下来,译文如下:

Tu es de la Maison Tchao, je suis soumis à Tou-ngan-cou. Il faut nécessairement que tu emportes ce jeune Kilin, qui n'a pas

---

① Abel-Rémusat, "le P. J. Prémare, missionnaire à la Chine", *Nouveaux mélanges asiatiques, ou recueil de morceaux de critique et de mémoires relatifs aux religions, aux sciences, aux coutumes, à l'histoire et à la géographie des nations orientales*, Tome second, Paris: Schubart et Heideloff, 1829, p. 263.

encore un mois. Comment pourras-tu sortir de cet antre du Tigre ? ne suis-je pas le second Général après Tou-ngan-cou ? te laisserai-je aller ainsi sans te rien demander ? Tu dis que tu veux répondre aux bienfaits que tu as reçus. Mais je crains que tu ne puisses te sauver.①

翻译的是此曲从"你本是赵盾家堂上宾"到"只怕你要脱身难脱身"的部分,虽省去了最后三句,但大致的内容已得到体现。在本章第一节中,笔者曾提及儒莲手稿中留有他初期的《赵氏孤儿》译本残稿,同样是一个以对白为主的节译本。若将马若瑟的译本与儒莲该手稿本作比照,会发现无独有偶,两个节译本均保留了这支【河西后庭花】。② 只不过儒莲是从"你本是赵盾家堂上宾"翻译到了"也不将你来盘问",比马若瑟少译了一句。儒莲翻译此曲的原因,可从手稿中附于译文旁的注解得到明确的解答:"我不得不提供这段唱的译文,以便能让人理解对话的下文。"③这句话很可能也同样适用于马若瑟。有理由认为,两个节译本对这一唱段的保留是出于同一个原因,即此段一旦删去,剧情就会出现断裂,读者将无法把上下文连贯起来。因此,虽然在唱段保留的长度上两人略有差异,但他们总的处理思路却是一致的。

以上例证表明,马若瑟在节译中对唱段存留的选择,并不取决于该段落解读的难易,而源于他对该唱段在剧中功能的判定。而能够作出这一取舍的前提,显然是他具有读懂所有唱段的能力。因为若非如此,他不可能分辨出各唱段与情节的关联紧密程度。且他既能对择定的重要段落进行翻译,也表明他的取舍并未受到唱段难易的约束。换言之,如果他打算翻译其他唱段,并非无法实现。加之马若瑟当时身在中国,即便当真遇到个别难解的词句,也完全有可能通过查阅中文书籍或咨询中国人得到解答。因而,将马若瑟删节《赵氏孤儿》归因于他读不懂唱段,无疑是缺乏足够说服力的。

---

① *Tchao-Chi-Cou-Eulh, ou l'Orphelin la Maison de Tchao*, traduite par le P. de Prémare, p. 37.

② 儒莲译文如下:Tu es un ancien hôte de la maison de Tchao. moi, je suis attaché au service de Tou-an-kou. Je pense que tu as caché ce rejeton de Ki-lin qui n'a pas encore un mois. Si je n'étais pas un général soumis à Tou-an-kou, Je ne t'interrogerais pas d'une manière pressante. BIF Ms 2299-Stanislas Julien, c. 1, f. 46.

③ 法兰西研究院图书馆 Ms 2299, c. 1, f. 46.

事实上,对于删节这一做法,马若瑟在其致傅尔蒙的书信中早有过明确解释,只不过人们一直受偏见所囿,始终未抱以重视而已:

>……有一些剧作中的唱段比较难懂——尤其是对欧洲人来说——因为它们充满了并非为我们准备的典故与修饰。中国人有他们的诗歌,正如我们有我们的。要是我们对中国人说,有四位美德女神、两位维纳斯、十位缪斯,她们总的来说是一位美德女神、一位维纳斯、一位缪斯,中国人就会一头雾水。我们面对他们这些诗体的精巧唱段时也同样如此……①

显然,马若瑟由于长年客居中国,又熟读各类中文书籍,深深理解中国与欧洲之间各有属于自己的文化传统。这些差异具体到诗歌中体现为迥异的典故和修辞手法,其中固然有相通的,易于理解的,但必也不乏诸多难以被传达的。在中西交流尚未普遍化的18世纪,这一看法无疑有其现实依据。或许对儒莲等19世纪的欧洲读者眼中,文中所言"对欧洲人来说难于理解"指的是马若瑟本人的理解困难,但若设身处地考虑,对历经三十多年中国生活、中文早熟稔于心的马若瑟来说,这句话指向的应当是他心目中拟想的欧洲读者。换言之,马若瑟对《赵氏孤儿》作出删节,省略了大多数唱段,并非由于无法解读中文原文,而是从欧洲读者的文化储备出发,删去了他认为可能无助于他们理解,甚至会妨碍他们阅读这部剧作的内容。

事实上,马若瑟译本不仅对唱段作了选择性的翻译,在对白与舞台说明的翻译中也有许多基于相同思路的处理,此处试举几例。为更清晰地凸显马若瑟这一翻译策略,以下例证均以儒莲《赵氏孤儿》全译本的处理为对照。

《赵氏孤儿》楔子部分,讲述屠岸贾为害赵盾,训练恶狗每日袭击草人,对草人有一段这样的描写:

>于后花园中扎下一个草人。紫袍玉带。象笏乌靴。与赵盾一般打扮。

儒莲全译本逐字逐句翻译了草人的一身穿戴,译文如下:

---

① *Tchao-Chi-Cou-Eulh, ou l'Orphelin de la Maison de Tchao*, traduite par le P. de Prémare, pp. 86-87.

> Je suspendis dans le jardin qui est derrière ma maison un homme de paille, habillé comme Tchao-tun, et portant un manteau violet, une ceinture ornée de jade, une tablette d'ivoire, et des bottes noire. ①

马若瑟译本则将"紫袍玉带。象笏乌靴"两句完全省略,只说草人与赵盾同样穿着。译文如下:

> J'avois préparé à l'extrimité de mon jardin, un homme de paille de la taille de Tchao, et habillé de la même manière. ②

从理解剧情的角度看,"紫袍玉带。象笏乌靴"只是对穿着的简单罗列,而其服饰与赵盾完全相同才是问题的关键所在。如果保留草人具体穿戴的信息,看似周全,却可能因这些信息带给欧洲读者的陌生感而令读者注意力有所分散,反而妨碍读者在第一时间抓住问题的核心。马若瑟将其删去不译,显然是出于对读者接受状况的考虑。

类似的例子也出现在此剧第一折。韩厥拦住程婴,盘问他药箱里放着什么药时,程婴回答道:

> 桔梗甘草薄荷。

儒莲译文对三种草药采用了音译,并在注解中提供了前两种药对应的拉丁名称。译文如下:

> Les herbes appelées Kieï-keng, kan-tsao et po-ho. ③(中文回译:名叫桔梗、甘草、薄荷的草。)

而马若瑟版的译文采用了意译,并未列举这些草药的名称:

> Les remèdes ordinaires. ④(中文回译:寻常药物。)

---

① *Tchao-chi-kou-eul, ou l'orphelin de la Chine*, drame en prose et en vers, ... traduit du chinois par Stanislas Julien, p. 5.
② *Tchao-Chi-Cou-Eulh, ou l'Orphelin de la Maison de Tchao*, traduite par le P. de Prémare, p. 24.
③ *Tchao-chi-kou-eul, ou l'orphelin de la Chine*, drame en prose et en vers, ... traduit du chinois par Stanislas Julien, p. 29.
④ *Tchao-Chi-Cou-Eulh, ou l'Orphelin de la Maison de Tchao*, traduite par le P. de Prémare, p. 36.

显然，对西方读者而言，儒莲以音译与注释处理的做法看似准确详尽，却未必有助于他们理解剧情。而马若瑟清楚地知道这些草药是中国医生常用的普通药物，程婴回答这些药名，是以此敷衍韩厥。因而选择了意译的做法，舍弃了具体药名。两相比较，马若瑟仍然是站在西方读者的立场上，以读者理解的便利为准绳，对较难传达的文化背景信息作出了删减。

在上下文需要时，马若瑟的这一翻译策略也可能体现为信息的补足。例如楔子中，有这样一段讲述屠岸贾派人刺杀赵盾的文字：

某也曾遣一勇士鉏麑。仗着短刀越墙而过。要刺杀赵盾。谁想鉏麑触树而死。

马若瑟译文如下：

J'avois donné ordre à un assassin de prendre un poignard, d'escalader le Palais de Tchao-tune, et de le tuer. Au lieu de m'obéir, il se tua lui-même en se frappant la tête contre un arbre.① （中文回译：我曾命一杀手带着匕首翻进赵府中去刺杀赵盾。他却没有服从我的命令，以头撞树自杀而死。）

儒莲版本翻译如下：

J'avais ordonné à un soldat intrépide, nommé Tsou-ni, de s'armer d'un poignard, et escalader les murs du palais, pour aller assassiner Tchao-tun; mais Tsou-ni s'est tué lui-même en se brisant la tête contre un cannelier.②（中文回译：我曾命一个名叫鉏麑的勇敢士兵怀揣匕首翻越院墙去刺杀赵盾。但鉏麑却在一棵桂树上撞破头颅，自杀而死。）

马若瑟的译文一方面一如既往删去了"鉏麑"这一专有名词，因为它并不能为法国读者理解剧情带来有用信息。另一方面却补充了鉏麑自杀的原因。这表明，马若瑟不仅了解在中国文化中，这一自杀行为是对屠岸贾暗杀命令的无言拒绝与反抗，更清楚如果不加以必要的说明，并无类似文化

---

① *Tchao-Chi-Cou-Eulh, ou l'Orphelin de la Maison de Tchao*, traduite par le P. de Prémare, p. 24.

② *Tchao-chi-kou-eul, ou l'orphelin de la Chine*, drame en prose et en vers, ... traduit du chinois par Stanislas Julien, p. 4.

传统的法国读者可能对该行为茫然不解。因而他在译文中补充了"没有服从我的命令"一句,以凸现这一自杀行为的指向是屠岸贾,使得上下文逻辑显得更为连贯,更易理解。

有必要申明的是,对以上文字作出不同处理的儒莲并非不了解鉏麑自杀的原因。在其全译本的正文前附有摘引自《通鉴纲目》法译本的相关史料,其中就有关于鉏麑的段落:

> Ling-kong, fatigué des reproches qu'il recevait tous les jours, ordonna à un homme nommé Tsuo-ni d'aller assassiner Tchao-tun. Il arriva de grand matin et trouva la porte de sa chambre ouverte. Tchao-tun avait déjà mis son costume de cérémonie pour aller à la cour; mais comme il était encore trop tôt, il s'assit sur un fauteuil et s'endormit tout habillé. Tsuo-ni a dit en soupirant: « Ce serait commettre un crime que de tuer ce ministre vertueux, ou de ne pas exécuter l'ordre du roi. » A ces mots, il sortit, et se donna la mort en se brisant la tête contre un cannelier.①(中文原文:公患之,使鉏麑贼之。晨往,寝门辟矣,盛服将朝,尚早,坐而假寐。麑退,叹而言曰:"不忘恭敬,民之主也。贼民之主,不忠。弃君之命,不信。有一于此,不如死也。"触槐而死。)

这段记载,将鉏麑如何受命,如何前去行刺,如何发生思想转变,最后自杀讲得一清二楚。且儒莲译文中将"触树而死"的"树"译为"桂树",正源于这段史料。因为其法文译本中"触槐而死"的"槐"被翻译成了"桂树"(cannelier)。可见儒莲同样了解鉏麑自杀的情由。

以上数例进一步表明,马若瑟"节译"的做法并非由于语言能力的局限,他对唱段的处理与其对剧作其他部分的增删,均源于他所选择的翻译策略。

其实,儒莲本人在其戏曲翻译之初,并未质疑马若瑟与德庇时节译的做法源于语言能力:

> ……我丝毫不打算指责说这两位学者是略过了他们所不懂的内容。(因为)他们都为自己提供了明证。德庇时先生一字不差地翻

---

① *Tchao-chi-kou-eul*, *ou l'orphelin de la Chine*, drame en prose et en vers, ... traduit du chinois par Stanislas Julien, pp. xviii-xix.

译了小说《好逑传》中的诗句……马若瑟神父则在《汉语札记》一书中撰写了一份宏大的语法目录,其中包含了"一万两千条句子的翻译以及五万汉字"……①

这样的表述并非客套。的确,且不说马若瑟,即便中文造诣远逊于马若瑟的德庇时,也并非完全读不懂戏曲唱段。他在其《汉宫秋》节译本问世的当年,就出版了《汉文诗解》(*Poeseos Sinensis Commentarii*, *On the Poetry of the Chinese*)一书。② 此书不仅讲解了中国诗歌韵律对仗等形式上的要求,并参照欧洲的诗歌类别介绍了中国各类诗歌的情况,而且还引用了数十首完整的诗歌作为例证。其中不仅有此前传教士翻译过的《诗经》选篇,也有各朝代的律诗、小说戏曲中出现的词曲等等。每首诗歌均有中文原文及英文翻译。其中,除《诗经》中的篇章曾有传教士译本,可以为德庇时提供参考外,其他各类诗篇如杜甫的《春夜喜雨》、欧阳修的《远山》《红楼梦》中描写贾宝玉的《西江月》词、《长生殿·闻铃》中的《武陵花》曲等等,此前均未被翻译成西文,当完全出于德庇时之手。足见他对中国诗歌并非完全无法理解。

既然儒莲与前人的差异主要并不在于语言能力上,那么在探讨儒莲译文之前,似乎有必要重新思考这种差异所产生的根源。换言之,为何同样具备翻译唱段能力,甚至有着更优越条件的马若瑟与德庇时均选择了放弃,而儒莲却坚持以"全译"的方式来进行戏曲翻译。

二、两种翻译策略后不同的着眼点

当然,两位译者虽然都选择进行节译,但彼此的经历与背景不同,选择翻译策略的原因也有所差异。例如,马若瑟主要研读的是古代儒家经典,戏曲小说不过是他广泛涉猎的各类著作之一;而德庇时的阅读似乎主

---

① *Hoëi-lan-ki*, *l'histoire du cercle de craie*, drame en prose et en vers, traduit du chinois et accompagné de notes, par Stanislas Julien, p. viii, note. 儒莲的说法随时间的推移有所改变,详见后文。

② 《汉文诗解》的内容最初全文发表于 1829 年《英国王家亚洲学会会刊》(*Transactions of the Royal Asiatic Society of Great Britain and Ireland*)第二卷,同年在伦敦出版单行本(Printed by J. L. COX, printer to the royal asiatic society, 1829),1834 年,澳门东印度公司出版社将此书再版。1870 年伦敦阿谢尔出版公司出版增订本,改名 *The Poetry of the Chinese*。(参阅王燕、房燕:《〈汉文诗解〉与中国古典诗歌的早期海外传播》,《文艺理论研究》2012 年第 3 期,第 45—52 页。)笔者正文所依据的版本是 1829 年伦敦的单行本。

要侧重于通俗文学著作,①因而两人在理解和感受一部戏曲作品时,考虑到的层面显然有会不尽相同。再者,马若瑟能以中文撰写著述,而德庇时只能以英文写作,表明两人对中文的熟悉和掌握程度也有高下之别。或许正因如此,两人对中国戏曲的评价也较为不同。马若瑟对中国戏曲的思想层面与艺术层面都给予了高度评价;而德庇时仅将其视为一种有别于西方的新奇事物。而具体到删节唱段的问题,如前文所述,马若瑟舍弃唱段是因为觉得西方人难以理解有着独特文化传统的中国诗歌,但德庇时则是觉得唱段存在的价值只在于悦耳,在文辞上则不免过于晦涩,因而不值得翻译。②

马若瑟的翻译策略是基于同时代法国一般读者的理解与接受水平的,他根据自己对中西文化差异的了解,根据作品可能被理解的难易不同,作出删减、修改、增补的不同处理,尽量使读者可以轻松、顺畅地把握到作品的基本信息。在这个层面上,德庇时的处理的确是在尝试沿用马若瑟的做法。这一点,从雷慕沙撰写的《老生儿》英译本的书评中也可得到证实:

   ……通过这些删减,他实际上令这部剧作推进更快,也令他的译文更合乎我们的阅读习惯,但与此同时,他使作品丢失了首先应当保留的自然色彩与中国人的口味。③

由此看来,虽然德庇时与马若瑟在删改时的出发点不尽相同,德庇时的改动篇幅也比马若瑟更大,但就原则而言,仍然不外乎以欧洲普通读者为归依,为方便他们的理解与接受而对文本加以处理。这是一种更偏重于读者而非文本的翻译策略。

因而,以翻译策略为鉴别标准的话,马若瑟与德庇时是一个阵营,而雷慕沙、儒莲这两位汉学家则属于另一阵营。雷慕沙本人虽然直至其英年早逝,仍未能完成任何一部戏曲作品的翻译,但在翻译策略的选择上,他的态度从一开始就相当旗帜鲜明:"在我们看来,德庇时先生有点太过

---

  ① 用雷慕沙的话来说是"消遣之作"(production légère)。
  ② 参阅 *Laou-seng-urh*, *or*, "*an heir in his old age*", a Chinese drama, traduit par J. F. Davis, p. xlii.
  ③ Abel-Rémusat, "Sur *Laou-seng-urh*, *or*, *an heir in his old age*, a chinese drama, London, 1817", *Journal des savants*, Paris: Imprimerie royale, 1818, janv. p. 31.

滥用他赋予自己的特权。"①在1830年的《汉宫秋》译本书评中,雷慕沙再次态度鲜明地重申了这一观点:

  ……如果我们想要真正了解中国戏剧,必须由一位深入通晓这门语言精髓的文学之士,精心挑选那些获得最高评价的作品,坚持将它们完整地、毫无删减地翻译出来,并且在必要时,添加注释以帮助理解……②

在这一问题上,儒莲与雷慕沙的看法是一致的。在《灰阑记》译本前言中,他虽然声称自己无权对居住中国长达二十年的德庇时作出评判,不过他原文引用了雷慕沙1830年书评中的这段话,并说:

  ……因而,我们将托付给教养有素的公众,让他们来判断这些时常作为对话一部分出现的抒情片断是否当如冗赘之语般被略去,而读者又是否有可能根据上下文来自行填补它们被砍削后造成的空缺……③

  值得留意的是,持不同观点的两方都对"读者"的重要性给予了突出和强调。同样关注"读者",却在最终的处理上产生如此大的差异与分歧,这显然要归因于两方不同的身份与经历。马若瑟与德庇时虽然一为传教士,一为商人,但他们都曾有在华的生活经历,与中国人有直接的交往,因此,中国在他们眼中是一个当下的、现实的、可直接交流的对象。因此,他们的翻译都是希望达成与中国文化的交流沟通,他们眼中的读者也就是每一个愿意了解和认识中国的普通欧洲人。而雷慕沙、儒莲等学院汉学家的情况则截然不同。新生的法国汉学是作为东方学的一个分支建立的,受其殖民背景影响,东方学将其研究对象视为一种由自身的文献、语言、文明所构成的物质存在。学者的工作是以各种文本资料为基础,将经验性的碎片转化为普遍的特征,进而描绘这些文明的特征。"东方"被视为一种已死的古代文明,与现实是相互割裂的。因此,雷慕沙、儒莲这一

---

  ① Abel-Rémusat, "Sur *Laou-seng-urh*, or, *an heir in his old age*, a chinese drama, London, 1817", *Journal des savants*, p. 31.
  ② Abel-Rémusat, "Notice sur *Han Koong tsew*, *or the sorrows of Han*, a chinese tragedy, translated from the original by J. F. Davis, London, 1829", p. 89.
  ③ *Hoëi-lan-ki*, *l'histoire du cercle de craie*, drame en prose et en vers, traduit du chinois et accompagné de notes, par Stanislas Julien, p. ix.

代汉学家,不仅因时代原因从未踏上过中国的国土,而且也并不认为与现实的中国相沟通和交流有足够必要性。这种对当下的交流兴趣的缺失,应当是汉学家译作的目标读者设定为"有学识的人们",而非"肤浅的读者"的原因所在;①也是促使他们将小说戏曲视为解读中国的工具,而忽略了它们作为通俗文学的娱乐功能的重要因素之一。在当时的状况下,汉学家将理想读者限定在知识阶层虽然有可能使作品内的他者信息得到尽可能充分的传达,但这一选择也不免令原为娱乐消遣之作的戏曲小说未能更好地发挥出它们轻松、通俗的优势,而显得沉重而呆板。

第四节　解密中国诗歌
——儒莲戏曲翻译的关注重心

儒莲对马若瑟究竟能否读懂戏曲在不同时期曾有过不同的表述。但不论他实际上如何判定马若瑟的语言能力,这些评论中对语言能力的反复提及已表明:在他的理解中,语言问题是戏曲翻译中的首要和关键问题。本节将从儒莲如何"解码"诗歌语言入手,探讨他推进戏曲翻译的尝试,以及这一翻译策略的选择给译文带来的影响。

一、为诗歌语言"解码"——儒莲对戏曲翻译的解决之道

儒莲的戏曲翻译始于抄写《汉语札记》的契机,最初可能仅仅是他学习中文的一种辅助手段。不过,随着其中文水平的逐步提高,大约在1829年左右,儒莲似乎渐渐以雷慕沙提出的"完整的毫无删减的翻译"为努力方向,开始真正意义上的戏曲翻译工作。鉴于中国戏曲以韵散夹杂为基本特征,而以往马若瑟、德庇时的删节正集中于唱段部分,因此,剧作中以韵文形式存在的唱段也就自然而然成为儒莲试图攻克的主要难关。在发表于1867年的一份汉学工作回顾报告中,儒莲曾这样写道:

> ……1829年,若干名中国基督徒来到巴黎,儒莲先生与其中之一建立起了持久的联系。他名叫李若瑟,学识比他的同伴们更高,并且能说一口流利的拉丁语。儒莲尝试与他一起阅读一部中国喜剧,

---

① Abel-Rémusat, "Sur *Laou-seng-urh*, or, an heir in his old age, a chinese drama, London, 1817", *Journal des savants*, p. 31.

却发现这个年轻人不理解夹杂在散文中的诗行,并证实在他的家乡,只有不到一两个读书人能达到理解中国诗歌的水平。儒莲先生于是想起马若瑟神父,这位从前耶稣会传教士中最出色的汉学家也由于未能理解,而省略了《赵氏孤儿》中所有的诗句。还有德庇时先生,尽管得到若干名读书人的帮助,仍然放弃了翻译悲剧《汉宫秋》中的诗体片段。儒莲先生被这种困难本身所吸引,决心要读懂中国诗歌,并且取得了成功……①

尽管马若瑟与德庇时很可能并非因能力所限而在译作中舍弃唱段②,不过,应当承认,此前法国有关中国诗歌的翻译与研究的确相当有限。《诗经》虽曾受到部分来华传教士的关注,但仅仅是作为儒家经典被探讨,其文学性并非人们着眼所在。更何况作为一部上古诗集,《诗经》无论在词汇或格律上都与中古以降的诗体作品存在着巨大的差异。除此以外,当时的法国读者所能见到的仅有《中华帝国全志》中收录的若干位诗人生平,以及《好逑传》《玉娇梨》等小说中附带的诗歌。1829 年德庇时所著《汉文诗解》一书,很可能是此时欧洲仅有的中国诗歌概要,它虽使欧洲读者得以粗窥中国诗歌概貌,但不得不说,在 19 世纪二三十年代的法国,中国诗歌研究就总体而言仍是一片待开垦的土地。

解读中国诗歌的核心问题何在?儒莲认为,在于掌握一整套中国诗歌所固有的语汇。他在《灰阑记》译本前言中这样写道:

……向公众展示围绕中国诗歌的诸多障碍究竟是什么也许非常有意思。它们可以说构成了一种与散文截然不同的语言,它有自己的结构、自己特定的短语、自己的句法,以及,如果我可以这么说的话,自己的词汇……中国诗歌有着大量的多音节词,它们完全没有存

---

① 参阅 Stanislas Julien, "Langue et littérature chinoises", *Recueil de rapports sur les progrès des lettres et des sciences en France, sciences historiques et philosophiques, progrès des études relatives à l'Egypte et à l'Orient*, pp. 177-189.

② 对比三份写于不同时期的文本,笔者发现儒莲对马若瑟和德庇时删节的说法随时间的推移发生了微妙的变化。在 1832 年《灰阑记》译本中,他表示马若瑟和德庇时都具有翻译唱段的能力,并举出了例证;1834 年《赵氏孤儿》译本中,他虽然并未直斥马若瑟不懂中文,但已经改称他舍弃唱段是因为"似乎没有做过中国诗歌的专门研究"(参阅 *Tchao-chi-kou-eul, ou l'orphelin de la Chine*, drame en prose et en vers, ... traduit du chinois par Stanislas Julien, p. ix);到 1867 年所撰写的这份报告中,他已经言之凿凿地说马若瑟和德庇时都读不懂唱段。这显然只能视为儒莲因身份地位的改变而出现的心态变化。

在于我们的词典中。如果按照字面来翻译这些词的组成部分,是无法产生意义的……①

这就是说,在儒莲看来,中国的诗体作品与散文之间的巨大的差异建立在一整套诗歌所特有的"代码"基础之上。解读诗歌,就意味着要解密这套"代码"。而其中最为核心的是一系列诗歌专用词汇。既然唱段是戏曲翻译的难点所在,专属词汇又是解读诗歌的核心,那么,作为戏曲翻译的准备,儒莲首先进行的一项工作是整理诗歌语汇。用他本人的话来说,相当于编了一本"词典"。在《灰阑记》的前言中,儒莲刊出了该"词典"的局部,篇幅约为 15 页。这使我们得以大致了解到儒莲所编诗歌词汇的基本情况。

按照儒莲本人的分类,这份词汇表主要包括形象化短语(expressions figurées),常用比喻(des métaphores les plus fréquentes),与寓言或神话相关的故事(des faits relatifs à la fable et à la mythologie)以及主要的历史典故(des principales allusions historiques)。如果将其与中国习惯的分类相对应,大致涵盖的是诗歌中的常用比喻和修饰语;以及典故中的"事典"。词典固然一直充当着翻译的辅助工具,但将词汇的重要性提高到如此程度,希望能以一种完全"科学而系统"的方式来处理文化传递中的复杂情况,表明儒莲深受 19 世纪欧洲实证主义哲学的影响。当然,在文学领域中,作者或译者的思考与其写作实践往往未必完全一致。儒莲也不例外。尽管根据其构思与理解,他只是在制作一部诗歌语汇词典,但从《灰阑记》译本前言中所刊发的局部来看,该"词典"的内容似乎早已超出了他的预设。例如,这份汇总告诉人们:中国有一种茶叶名叫"龙井"(Jets de dragon: espèce de thé),"羊城"(La ville des brebis: Canton)是广州的别名,也记载了皇帝的外甥女婿叫作"郡马"(Cheval du distinct: celui qui épouse une nièce de l'empereur),道士服用的延年益寿之物叫"金丹"(L'or et le rouge, ou vermillon: le breuvage d'immortalité, composé par les sectateurs de Lao-tsee),扫墓活动叫作"踏青"(Fouler le vert: visiter les tombes, le six avril),婚俗中有"纳雁"的礼仪(Recevoir l'oie: recevoir les présents de mariage)。再如中国将世俗生活称为"红

---

① Hoëi-lan-ki, l'histoire du cercle de craie, drame en prose et en vers, traduit du chinois et accompagné de notes, par Stanislas Julien, p. xii.

尘"(La poussière rouge: les jouissances, les pompes monaines, le monde, par opposition à la vie religieuse),把妓院叫作"青楼"(L'étage bleu: en latin, fornix, lupanar),而皇族族谱称为"玉牒"(Le livre de jade: le livre généalogique de la famille impériale),等等。这些词如追根溯源,在构词上的确运用了借代、比喻等手法,但经过长期使用,这些引申义已经成为了它们的第一义项,对中国人来说,其中所包含的文学手法已不再具有新鲜感,因而它们并不被视为诗歌的专用语汇。然而,从欧洲人的角度来看,这些词语又的确包含了中国文化所特有的一些观念。

在这份词汇表中,儒莲分出了许多小类,并以简短的文字对各类别予以概括。这些总结同样超出了词汇层面,触及汉语词汇所蕴含的某些文化因素。例如,他在将包含"玉"字的词语归为一类时,就写道:

> 中国人对玉石的"玉"字使用相当频繁,甚至可以说到了滥用的程度。他们用这个字来表达珍稀、珍贵、出色、视觉上的愉悦、品味上的高雅,或是璀璨的白色等等特性。①

因此,与其说这是一份诗歌用语汇总,不如说这是一本中国文化常识小词典。35 年后,朱迪特·戈蒂耶(Judith Gautier,1845—1917)很可能正是从这条总结中得到灵感,而将其以中国诗歌为基础的作品集命名为"Livre de jade",该法语词组正是儒莲为"玉牒"一词提供的法文直译。虽然戈蒂耶将此书的中文名定为"白玉诗书",表明她感兴趣的并非"玉牒"的本义,而是该法语词组所传递的"玉书"这一富有诗意的意象,不过,该标题所显现出的对中国玉文化的关注与喜爱却很可能源于儒莲的"诗歌词典"。②

据儒莲本人的说法,这份词汇表是通过阅读大量诗体作品编制而成。从刊发部分的注解来看,他参阅的书籍除诗歌、戏曲、小说作品外,主要是德庇时的《汉文诗解》与马礼逊的《英华字典》。这是否表明儒莲在词条的选择与释义的撰写上,仅仅以上述著作为依托呢? 其实不然。从实际释义的情况来看,对儒莲的理解产生影响的,除了他直接参考的资料外,显然还包括 17、18 世纪诸多来华传教士的中国著述。例如,"雁塔题名"这

---

① *Hoëi-lan-ki, l'histoire du cercle de craie*, drame en prose et en vers, traduit du chinois et accompagné de notes, par Stanislas Julien, p. xiii.

② 朱迪特·戈蒂耶与儒莲是认识的,她以儒莲、大巴赞等人译作为基础进行的一些创作也表明她读过当时法国汉学家的各种译作。

个典故,在儒莲的词汇表中是这样呈现的:

"雁塔"

法文直译:La tour des oies(中文回译:雁①的塔)

法文意译:la liste de ceux qui ont obtenu le grade de docteur(中文回译:获得博士(指进士)级别人员的名单)

儒莲发现"雁塔"一词与科举上榜有着密切关联,显然是对的。但大雁塔作为一座著名的佛教建筑,所能引起的联想并非只有科举,因而须加"题名"二字限定,才能指向科举得中、金榜题名的含义。而儒莲将该词条定为"雁塔",认为可直接指代考取进士者的名单,显然缩小了该词的涵盖面。与之相似的一个更明显的例证是"青云之志"。

法文直译:Le désir des nuages bleus(中文回译:青色②云朵的愿望)

法文意译:le désir d'acquérir une grande réputation par les succès littéraires(希望通过科举考试来获得巨大声誉的愿望)

虽然科举的确是古人实现"青云之志"的重要途径,但汉语中"青云之志"仅指远大的志向,并未与具体的实现方式相挂钩。儒莲将其释为"通过科举成功而获得的巨大声誉",同样缩小了词义的内涵。有理由认为,这类情况的反复出现,是因为儒莲在潜移默化中受到了18世纪传教士的影响。对中国而言,科举并非一项贯穿始终的制度,它虽然在唐代便已出现,但真正推广并成为文人的主要上升渠道要晚至宋代。然而,由于耶稣会传教士长期以来对中国科举制度的大力宣传和高度赞美,欧洲不论在时间上、力度上或覆盖面上,都不免对科举在中国的影响有所高估。儒莲在释义中缩小语义场,正是由于受此影响,不自觉地夸大了科举考试在中国社会生活中的重要性。

尽管在儒莲看来,以词汇为核心,借助字典及文本的上下文解读,应当能获得一种足够"客观"的对应释义,然而今天人们已经认识到,文化是无法被完全"客观"解码的。正如以上例证所显示的那样,任何一种解读在"揭示"对象特征的同时,都会不可避免地受到解读者头脑中前理解的制约。

---

① oie 一般指鹅,不过法文中"雁"译为 oie sauvage,即野鹅。

② bleu 一般译为蓝色。由于法文中并没有中文那么细致的颜色区分,所以儒莲只能用 bleu 来涵盖青色。

二、信息的流失、增加与文化前理解——以《灰阑记》译文片段为例

儒莲本人对这一通过词汇归纳来解决唱段翻译问题的方案给予了高度评价，并在30年代初期将其应用于不同诗体作品的翻译实践。① 据笔者所见，除《灰阑记》《赵氏孤儿》等包含曲牌体唱段的作品外，儒莲尚译有民歌《木兰辞》(Romance de Mou-lan, ou la fille soldat)、《小尼姑思春》(Ni-kou-sse-fan, ou la religieuse qui pense au monde)、《鳏夫怨》(Kouan-fou-youan, élégie sur la mort d'une épouse)②以及杜甫的五言古诗《羌村三首》(Le village de Kiang)，均附录于1834年出版的《赵氏孤儿》译本中。很可能由于儒莲认为诗歌翻译的困难已得到根本性的解决，因此1834年之后，他暂停了文学翻译，将这一工作转交给他的学生大巴赞与德理文。

然而，文化因素的不自觉渗入终究有别于译者自觉的、有意识的关注。儒莲在词汇表中无意间带入的信息并不足以应对戏曲作品中广泛涉及的各类文化现象。这种完全依托于语言研究、脱离社会文化背景的翻译观念所带来的误读，在译作的不同层面均有所呈现。以下试以《灰阑记》第一折中的【点绛唇】【混江龙】两支曲子为例。③

【仙吕·点绛唇】：月户云窗，绣帏罗帐。谁承望。我如今弃贱从良，拜辞了这鸣珂巷。

【混江龙】毕罢了浅斟低唱，撇下了数行莺燕占排场。不是我攀高接贵，由他每说短论长。再不去卖笑追欢风月馆，再不去迎新送旧翠红乡。我可也再不怕官司勾唤，再不要门户承当，再不放宾朋出入，再不见邻里推抢，再不愁家私营运，再不管世事商量。每日价喜孜孜一双情意两相投，直睡到暖溶溶三竿日影在纱窗上。伴着个有疼热的夫主，更送着个会板障的亲娘。

演唱这两支曲牌的是女主角张海棠。她家祖上原是科第出身，但张海棠

---

① Stanislas Julien, "Langue et littérature chinoises", *Recueil de rapports sur les progrès des lettres et des sciences en France, sciences historiques et philosophiques, progrès des études relatives à l'Egypte et à l'Orient*, pp. 177-189.
② 该民歌中文原题不详，此处据儒莲法文标题中的音译部分转写。
③ 由于儒莲对这些诗体作品的翻译均为散文，也没有押韵，故以下分析不探讨形式层面的问题。

父亲去世后,家中失去经济来源。张海棠为赡养老母,不得已沦为娼妓。后幸遇马员外与她情意相投,愿纳她为妾,她才终于得以告别倚门卖笑的生涯。嫁入马家后,不久生下一子。这两支曲子便是张海棠在儿子五岁生日来临之际的心情写照,显现出这个善良而不幸的女子回望当年,对当下生活的无限满足感。

【点绛唇】一曲译文如下:De ma fenêtre, où pendent des rideaux de soie, ornés de riches broderies, je puis contempler l'éclat de la lune et les formes variées des nuages. Aurois-je espéré d'abandonner un jour cette avilissante profession, pour prendre un parti honorable, et dire adieu à cette rue qui est le séjour du vice?①

中文回译:我从那悬挂着纹饰华美的丝绸帘幕的窗口向外观望,能看到月亮的光芒与云朵纷繁的形状。我何曾想到有一天能抛弃这耻辱的职业,嫁一个体面的丈夫,永远告别那条为罪恶所流连的街道。

如果说,后三句译文尚与原文大致接近,那么,前两句在最表层就与中文原意出现了较大偏差。"绣帏罗帐"原本是对床的描绘,在儒莲的译文中却变成了窗帘。"月户云窗"这个描写环境的名词性词组更演化为叙述女主角行为的动词。这两个问题看来出自同一源头,即儒莲未能意识到"月户云窗"是一个指代"华美幽静居处"的典故。② 原词中"月户云窗""绣帏罗帐"是两个并列的名词短语,既是对女主角眼前景物的描绘,也是为下文的抒情部分做了铺垫。如前文所说,儒莲之所以认为所谓"诗歌词汇"需要进行专门整理,是因为他发现某些词是一个固定的搭配组合,其意义是经过引申的,无法通过单字意义的叠加来获得。然而,儒莲对这些词汇的发掘与判定首先就受到他所掌握的中国文化背景知识的限制,这使许多特殊词汇,尤其是相对生僻的典故难以被察觉。正是由于这一解读上的缺口,儒莲才将"绣帏罗帐"理解为绣着华美纹饰的窗帘,并由此构想出女主角从窗口向外望,看到了月亮与云朵的情景,以便将原文中提及

---

① Hoëi-lan-ki, l'histoire du cercle de craie, drame en prose et en vers, traduit du chinois et accompagné de notes, par Stanislas Julien, p. 12.

② 典出宋·向子諲《清平乐·奉酬韩叔夏》词:"薄情风雨,断送花何许。一夜清香无觅处。却返云窗月户。"

的"月""云""窗""帏"等事物连缀在一起。

其实,对典故的失察只是造成儒莲误读的一个触发点,译文中许多意义的偏移发生得更为细微而隐蔽,例如儒莲译文中对"弃贱从良"一词的处理。表面看来,妓女"弃贱从良"的确指的是以嫁人的方式告别卖笑生涯,但其包含的意义显然不只是"抛弃耻辱的职业,嫁一个体面的丈夫"。在中国的乐籍制度下,"贱"与"良"不仅仅是一种对品质的描摹,更是实实在在的社会等级上的现实。据学者研究,乐籍制度是从古代罪犯家属没籍为奴和奴隶世袭制度发展而来。① 汉代已有世袭乐户存在,北魏时以法律形式作出明确规定,自隋代起作为制度实施,此后历经唐宋元明各代,直到清雍正年间方被革除。张海棠这样的官妓便隶属乐籍,她们的社会身份类似"贱民",近于奴婢,而远远低于普通的平民。宋元明清历代法律都规定,乐籍之内的乐户只能与同为乐户的人婚配。而"从良"是妓女脱离乐籍的少数几种可能之一。因此,"弃贱"并不仅仅是丢弃一份不名誉的职业,"从良"也不仅仅是嫁得一个体面的丈夫,而是以婚嫁的方式改变自己所属的社会阶层。这种改变对张海棠而言的珍贵与不易,是这支曲牌所传递的复杂而百感交集的心情的基础。而儒莲由于背景知识的缺乏,未能准确把握到原文的这一感情基调。这使其译文除文义上的偏差之外,在人物感情的传达方面也与原作产生了较大差异。窗口观云赏月的闲情,将她的心情由今昔对比萌生出的满足与感慨,转变为一种简单的对富足雅致生活的惬意与欢乐。这种情绪上的偏差虽看似细微,却在不知不觉中改变了剧本对人物形象的塑造。

同样的情况在紧接着的【混江龙】中体现得更为明显。鉴于这支曲牌篇幅较长,以下仅以前两句为例。

中文原文:毕罢了浅斟低唱,撇下了数行莺燕占排场。不是我攀高接贵,由他每说短论长。

儒莲译文:

C'en est fait: plus d'orgies, plus de chansons licencieuses. J'ai rompu pour toujours avec ces compagnie d'amants et de maîtresses, et je leur abandonne sans regrets le théâtre du plaisir.

---

① 以下有关历代乐籍制度及官妓生活的内容均参阅武舟:《中国妓女文化史》,上海:中国出版集团东方出版中心,2006年。

Qu'il me poursuivent, s'ils veulent, de leurs railleries et de leurs injures; ce n'est pas moi qui irai faire des avances aux riches, ni présenter aux nobles une main séduisante.①

中文回译：结束了：不再有狂欢纵饮，不再有放荡的歌曲。我与那成群的情人情妇永远断绝，我毫无留恋将他们抛弃在寻乐场上。随他们用嘲笑与侮辱追逐着我，那勾引挑逗、向富人或权贵伸出诱惑之手的人，都将不再是我。

中文原文在短短的两句话中其实包含了若干不同的层次："浅斟低唱"是迎来送往的日常应酬，"数行莺燕占排场"是同行姐妹之间为崭露头角而持续进行着的技艺竞争，"攀高接贵"是竞争结果在来客身份上的体现，而"说短论长"则是在表面的胜利之后，仍然需要面对的压力。这既是对张海棠以往各个生活侧面的描绘，也是对她各种痛苦与艰辛来源的铺陈。而儒莲译文所描绘的内容，归结起来却只有"放荡"两字。纵饮、狂欢、寻乐、诱惑，似乎这种生活唯一的问题只在于它的不道德。而"嘲笑"与"侮辱"的来源也只在于女主角抛弃了这种不道德。很明显，这短短两句译文中，出现了诸多语义上的缺失。根源仍在于儒莲对乐籍制度相关背景知识的欠缺。如果说"弃贱从良"四个字主要强调的是乐籍制度中"籍"，即它作为户籍层面的意义，"浅斟低唱""数行莺燕占排场"则反映了乐籍制度之"乐"。乐户，是女乐、倡优等歌舞艺人的户籍。而官妓作为高级妓女，其主要职能并非以色事人，而是承担大量公筵与私宴上的歌舞表演。"浅斟低唱"看来描摹的是小型宴饮场合上唱曲的情形，而"数行莺燕占排场"则更像是较大筵席上的舞蹈场景。元明时官妓承应官府，参拜或歌舞，以姿艺最出色的排在行列最前。这位妓女便是所谓"上厅行首"，该词后来也作为名妓的通称，可见歌舞技艺对于妓女的重要性，妓女间以技艺进行的竞争显然相当激烈。技艺出众的妓女自然多得达官贵人的青睐。《琵琶行》中的琵琶女自述"曲罢常叫善才服，妆成每被秋娘妒。五陵年少争缠头，一曲红绡不知数"，正是对此状况的生动描绘。而《灰阑记》的主角张海棠过去便是一位"上厅行首"，因而她对以往生活的回忆并非如儒莲译文所述，只有以色事人的部分，而是更多地包括了日常歌舞侍宴

---

① Hoëi-lan-ki, l'histoire du cercle de craie, drame en prose et en vers, traduit du chinois et accompagné de notes, par Stanislas Julien, p. 12.

的忙碌、为在众人间的技艺竞争中名列前茅的艰辛,以及一朝获得达官显贵青睐时招来的妒忌。如果【点绛唇】对"弃贱从良"的感慨主要表达了她对摆脱低贱身份的满足,那么【混江龙】中的这些描述,则更多地传递了她在摆脱以往种种辛劳与压力之后的轻松感。

然而在儒莲的译文中,这些与官妓歌舞生涯相关的信息几乎完全消失了,唯一出现的歌唱也变成了"放荡的歌曲",强调的不在演唱,而在于这些歌曲的"放荡"。描绘舞蹈场面的"数行莺燕占排场"演变为"成群的情人情妇"与"寻乐场",成为对纵情作乐场面的描绘。原文中"攀高结贵"表达的只是名声在外情况下的被选择,在译文中却转为积极主动型的"勾引"与"挑逗",甚至还有"伸出诱惑的手"这样具体的意象。如果说,信息的缺失或许源于对中国特定文化的不了解,那么信息的增加,则很可能源自儒莲对于人物的某些想象和期待。如此浓墨重彩地渲染以往生活的热烈与放荡显然是为了尽力烘托"告别"这种生活的激烈冲突。当译文渲染出主人公对昔日狂欢的毫不留恋,对他人嘲笑与侮辱的置若罔闻时,人物的形象就变得决绝而勇敢。当人物被塑造为顶住狂欢的诱惑,无视他人的压力,坚决告别不道德的生活这样一种形象时,道德的感召力也就呼之欲出。但事实上,从中文原作的剧情与人物设定来看,张海棠个性善良而懦弱,并不富于斗争性。而在乐籍制度带来的身心压力之下,脱籍从良所需要的并不是什么心理上的斗争或抉择,而是一个在经济上和感情上都可以依靠的人。因此,即便在做决定的那一刻,张海棠也并未表现出太多激情与决绝,更何况这两支曲子设置于她嫁到马家数年之后。在度过了一段难得的宁静与安详生活之后,张海棠回想起过去的艰辛,更多的是苦尽甘来的感叹、负担不再的轻松。儒莲在一文中将这种心情转化为善恶交战的慷慨激昂以及与不道德生活决裂的胜利喜悦,很可能也与他对中国戏曲的想象密切相关。本文第一章曾经谈到,自18世纪以来,法国就相信中国的戏剧是颂扬道德的,它们的主题是为了引导人向善。对于文明中国的想象或许让他很难想到在中国还有"乐户"这样一个类似"贱民"群体的存在,而对于中国热衷于讲述道德训诫故事的想象,则很可能让他将《灰阑记》中从良的妓女张海棠,与基督教传统下的妓女受感化忏悔向善的主题联系起来。因而,他的译文才会部分地远离了原作中那个善良而无力抗争的苦命女子,而掺入了他心中的想象,将主人公改造成有着高雅的品位和追求,勇敢决绝地与不道德生活告别,以追求体面的幸福生活的女子形象。显然,这种人物情感与作品基调把握上的偏差,虽然也受到当时法国汉学家语言水平的局限,但更源于译者对中国社会文化状况的关注缺失。

如果说,马若瑟的影响使儒莲在最初进入戏曲翻译时就带上了语言学习的色彩,那么儒莲在对戏曲翻译活动的后续推进中,始终保留了这种与语言的密切关联。这或许与他对语言的特殊兴趣相关,而语言与文化的紧密关联也在一定程度上弥补了这种倾向对文化的忽略。然而,儒莲的戏曲译作仍然因此产生了某种偏移,这种偏移不仅改造了原作的戏剧冲突与人物形象,甚至也在一定程度上改造了作品原先的主题。

第三章 大巴赞的戏曲翻译与风俗研究

若从已刊印作品的情况来看,法国汉学家大巴赞在译介中国戏曲作品上的贡献或许更胜于儒莲。与儒莲广泛涉猎各领域不同,大巴赞的研究对象较为集中,而对中国戏曲的翻译与研究着力尤多。因而,大巴赞在生前便已作为中国戏曲专家为人所知。大巴赞虽然在汉学研究上直接师承儒莲,但其学术背景其实与儒莲有着较大的差异,这也直接影响到他的翻译策略与翻译风格。本章将以大巴赞的戏曲翻译与研究工作为中心,尝试探讨 19 世纪戏曲翻译在语言层面之外,与其他人文研究,尤其是风俗研究之间的相互关联。

第一节 限制之下的选择
——大巴赞的学术道路

与雷慕沙、儒莲相比,汉学家大巴赞留存的个人资料极少。前人著述仅提到过两种与他相关的档案材料:其一为关涉法国东方语言学院汉语讲席建立及大巴赞被任命为讲席教授的文件;其二为 1863 年大巴赞去世之后,他的遗孀因生活贫困而向政府申请补助的材料。① 即便加上笔者在巴黎最新发现的大巴赞致东方学家莫勒的私人信件及向教育部部长申请经费的书信各一封,② 其生平材料仍然屈指可数。大巴赞低调的个性或许是造成这一状况的原因之一,同在亚洲学会的东方学家莫勒在大巴赞逝世后的悼念文字中曾说大巴赞其人"谦逊而勤劳",并称"他的一生是在对心爱研究的平静求索中度过的"。③ 然而,作为一名逝世尚不足 150 年的学者,这一情况依旧令人困惑不解,正如法国学者安必诺所说:"就像

---

① 参阅法国国家档案馆(Archives nationales),F/17/2937。
② 笔者另于儒莲手稿中发现残稿一份,或为《货郎旦》译本片段(法兰西研究院图书馆 Ms2199)。笔迹与大巴赞亲笔书信酷似,但因并无进一步证据,难以确认,故暂不纳入讨论。
③ Jules Mohl, "Rapport sur les travaux du conseil de la société asiatique pendant l'année 1862-1863, fait à la séance annuelle de la société, le 30 juin 1863", *Journal asiatique*, sixième série, Tome II, Paris: Imprimerie impériale, 1863, p. 12.

是这个审慎的人（指大巴赞）一心打算消失在委派给他的职务背后似的。"①本节将在有限资料的基础上尽量勾勒这位低调学者的面貌，并尝试解读他投注了大量精力的戏曲译介活动。

一、儒莲对大巴赞学术生涯的影响

1. 大巴赞生平概述

大巴赞，全名安托万-皮埃尔-路易·巴赞（Antoine-Pierre-Louis Bazin），1799年出生于圣不日斯苏布瓦（Saint-Brice-sous-bois）一个著名的医生世家。他弟弟皮埃尔-安托万-爱奈斯·巴赞（Pierre-Antoine-Ernest Bazin，1807—1878）是巴黎圣路易（Saint-Louis）医院一位有名的皮肤科医生，并可能较他更早成名，因为，正是为了避免与他弟弟相混淆，他才被世人称为大巴赞（Bazin Aîné）。②

大巴赞最初学习法律，后因对语言文学产生浓厚兴趣而转攻汉学。他开始中文学习的具体年份不得而知，不过有记载表明他曾在法兰西学院上过雷慕沙的课。鉴于1832年起汉学讲席即由儒莲接替，大巴赞与中文的最初接触当早于1832年。但鉴于1829年雷慕沙及其学生与四名中国人会面的报道中尚无大巴赞的名字③，而莫勒的纪念文章中也只称其为儒莲的学生，那么大巴赞即使在1832年前曾听过雷慕沙的课，大约时间也较短。其中文学习当主要完成于1832年儒莲接任讲席教授之后。

不过，大巴赞在开始汉学研究后数年，仍在法律界谋生。直到1839年，他"获准"在东方语言学院开设一门面向公众的免费汉语课程，才真正

---

① Angel Pino et Isabelle Rabut, "Bazin Aîné et la création de la chaire de chinois vulgaire à l'Ecole des langues orientales", (dir.) Marie-Claire Bergère et Angel Pino, *Un siècle d'enseignement du chinois à l'école des langues orientales 1840-1945*, Paris: l'Asiathèque, 1995, p. 37.

② 除特别注明外，大巴赞生平史实均参阅 François Pouillon (éd.), *Dictionnaire des orientalistes de langue française*, pp. 65-66, 62; G. Vapereau, *Dictionnaire universel des contemporains, contenant toutes les personnes notables de la France et des pays étrangers*, troisième édition, Paris: Librairie de L. Hachette, 1865, p. 135; 法国国家档案馆 62AJ/4, 62 AJ/12. 关于东方语言学院汉语讲席建立所受中法政治关系的影响，参阅 Angel Pino et Isabelle Rabut, "Bazin Aîné et la création de la chaire de chinois vulgaire à l'Ecole des langues orientales", (dir.) Marie-Claire Bergère et Angel Pino, *Un siècle d'enseignement du chinois à l'école des langues orientales 1840-1945*, pp. 29-51.

③ 该报道内容详见附录六。

开始了他作为汉学家的职业生涯。这门课程以非正式的形式存在了三年。此后由于鸦片战争爆发，法国有意重新插手中国，东方语言学院的汉语讲席在政府的直接介入下得以建立，此课程才转为正式。之后，大巴赞继续在该职位上工作了20年，直至1863年去世。

2. 儒莲对大巴赞的影响

在大巴赞的汉学生涯中，其师儒莲无疑对他影响最大。这种影响不仅体现于汉语学习，更体现于大巴赞对研究领域的选择。

如前文所说，大巴赞1839年起就开始讲授汉语课程，但起初这门课程只能以"获准开设"的名义非正式存在。现存的东方语言学院会议记录证实，东方语言学院的教授们在历届学院内部大会上，以种种理由坚决反对该讲席设立，而1839年课程能得以开讲，完全是依靠了王家图书馆的主动介入和大力支持。当时，这两个机构共处于黎塞留街的同一幢建筑内。一次，在得知学院会议以教室不够用驳回了开设汉语讲席的提议后，王家图书馆主动提出可匀出一间房屋供学院使用，院方欣然接受。但王家图书馆随即将已被学院会议拒绝的讲席教授大巴赞安排在这间新教室内上课。学院虽大为恼火并提出抗议，却无法改变这一既成事实。在国王与教育部均表支持的情况下，学院才不得已默许了该课程的存在。

大巴赞当时虽已有若干译作及论文问世，但毕竟尚为业余身份。且他一贯低调处世，社交并不广泛。在汉语讲席开设的过程中，原本毫无关联的王家图书馆会如此主动介入，教育部也能在态度上给予坚决支持，很可能得益于儒莲的大力周旋。因为1840年起出任王家图书馆馆长一职的，正是与儒莲同在法兰西学院任教的诺代。前文曾提到，他在1833年前后还请儒莲为其翻译了《看钱奴》，并在其翻译出版的《普劳图斯戏剧集》中引用了该译文片段。而1830至1840年间，诺代还兼任了公共教育部总监察员（Inspecteur général）。这虽然只是一种可能的关联。但它却提醒我们：对于该讲席的设立及大巴赞的任职，儒莲的交际面与影响力应当发挥了重要作用。

虽然同为汉语讲席，但东方语言学院与法兰西学院这两个机构的不同性质及其教学的各自侧重，决定了大巴赞的汉语讲席将以口语及通俗语体为主要研究对象。也就是说，如果大巴赞任教于东方语言学院一事，确为儒莲所一力促成，那么这一举动可能不仅意味着帮助一个优秀学生谋求工作机会，更意味着儒莲希望大巴赞将研究领域确定于通俗语体，而非他所集中关注的书面语体。大巴赞与儒莲共同的学生罗斯尼（Leon de Rosny），在1873年举行的第一届世界东方学大会上，曾对两人之间的微妙关系有过以下描述，从中似颇可窥见儒莲的用意：

> ……甚至对他（指儒莲）的学生，他也只是不得已才让他们在中国研究的广阔领域中漫步。他最早的学生，安托万·巴赞，完全不敢冒险出版任何一本用古文写成的中文书籍的翻译，他借着自己东方语言学院教授的头衔，才出了几本中国现代文学的著述，连这也是战战兢兢做的。而这点可怜的权利还是他终其一生都在儒莲的课堂上听讲换来的……①

对于最初为何选择了戏曲翻译，大巴赞本人并无直接表述。但从罗斯尼的这段描述来看，很可能是为了另辟蹊径，避开儒莲最介意的古文领域，以免与儒莲产生直接的竞争关系与利益冲突。戏曲翻译所无法回避的唱段部分，虽然也属书面语体，但大巴赞对其重要性加以淡化，与儒莲将唱段置于剧作核心位置的做法形成鲜明的对比。而与此同时，他还在译作的序文中一再申明他并未以古文为专门研究对象，这些诗体部分的翻译能得以完成，完全有赖于儒莲所提供的指导与帮助。从1835年的《㑳梅香》的译者说明、1838年《中国戏曲选》的引言，到1841年《琵琶记》译本的序言，均可看到类似的表述。② 鉴于两人之间微妙的关系，这些陈述不应被视为常规的致谢，而是大巴赞反复重申自己无意侵犯儒莲领地的声明。即便如此，儒莲还是特地在1867年的报告中，再次强调指出：他曾对大巴赞戏曲译文中的诗歌解读发挥过决定性作用：

> ……儒莲先生以一种不容置疑的方式展示了（他的实）力之后，暂时放弃了对中国诗文的翻译。不过他的成功尝试并非没有结果。他为他最出色的学生之一巴赞对这种艰涩文体作了理解启蒙，使他有能力翻译了四部元代——或者说蒙古皇帝统治中国时期——的剧作，之后是一部题为《琵琶记》（琵琶的故事）的剧作，它同样是散文与

---

① "Huitième scéancè, Stanislas Julien", *Congrès international des orientalistes*, 1873, p. 387.
② 分别参阅 Antoine Bazin, "Note du traducteur", *Journal asiatique*, janv. 1835, deuxième série, Tome xv, pp. 174-187; *Théâtre chinois, ou choix de pièces de théâtre composées sous les empereurs mongols*, traduites par Bazin Aîné, pp. i-liv; *Le pi-pa-ki, ou l'histoire du luth, drame chinois de Kao-tong-kia*, traduit sur le texte original par Bazin Aîné, pp. vii-xx.

诗体的结合……①

显然,儒莲对于能否稳固地保持其中国古典语言唯一权威的身份非常介意。国内学者大多只知道儒莲是19世纪的大学者,对其个性缺乏深入的了解。不过对法国学界而言,儒莲心胸狭隘,性情暴躁,对同行打压严重,均是早已广为人知的事实。置身于儒莲这样一位声名卓著但作风强硬的导师门下,大巴赞的学术道路显然在无形中受到了限制。有理由认为,大巴赞进入东方语言学院,主攻通俗语体,并以白话文学中的戏曲作为自己的主要研究对象,是他与儒莲间达成的默契。儒莲为了保证自己在汉学界的统治地位,希望大巴赞不要涉足当时居于汉学研究核心地位的古文研究,而大巴赞为避免儒莲产生正面冲突也刻意回避。不过,从更宏观的角度来看,法国汉学虽然上承17、18世纪传教士的工作,奠基于雷慕沙,但由于雷慕沙语言天赋相对不足,加之英年早逝,因此并未完成法国汉学的整体框架建构。真正将雷慕沙的诸多构想转变为现实,勾勒出近半个世纪内法国汉学研究蓝图的是其后继者儒莲。因此,对儒莲而言,不论是始于传教士时期的儒家经典研究、中国史地研究,还是发轫于19世纪的通俗文学研究、诗歌研究,都在他的视野与选择范围之内;而对大巴赞而言,从一开始,他面前的汉学疆域便已是有所规范和划分的,他所受到的限制不仅来自作为老师的儒莲,也来自作为汉学研究规划者的儒莲。可以想象,在这样的背景之下,大巴赞的戏曲研究必然会与儒莲此前的工作呈现出明显的差异。

二、大巴赞戏曲翻译研究及其关注重点——风俗研究

大巴赞的第一部戏曲译作《㑳梅香》最初是以连载的方式刊登于1834—1835年的《亚洲学报》。1837年,德庇时的《中国人:中华帝国及其居民概述》(*The Chinese: A General Description of the Empire of China and Its Inhabitants*)被译入法国。② 大巴赞以校对者的身份为此

---

① Stanislas Julien, "Langue et littérature chinoises", *Recueil de rapports sur les progrès des lettres et des sciences en France, sciences historiques et philologiques, progrès des études relatives à l'Egypte et à l'Orient, publication faite sous les auspices du ministère de l'instruction publique*, pp. 177-189.

② 德庇时的《中国人》是一部关于中国的综合性论著,英文版出版于1836年。它也是林则徐命人编译的《华事夷言》的主要底稿之一。

书撰写了法文版前言,并在书后增加了附录,其中除收录了德庇时《老生儿》法译本中的一幕、儒莲《看钱奴》译本第四折的片段、他本人《伧梅香》译本中的两幕这些已发表的译作外,也初次收录了大巴赞所翻译的两幕《窦娥冤》。而儒莲的两部全译本也是在 1832、1834 年刚刚出版的。这表明,大巴赞的戏曲译介工作是紧随儒莲开始的,时间上衔接很近,只不过,在最初的几年中,尚显零星。

出版于 1838 年的《中国戏剧选》是大巴赞戏曲翻译研究工作的第一次集中展现。此书收录了《伧梅香》《合汗衫》《货郎旦》《窦娥冤》四部译作与一篇学术性长序。这部著作的问世基本确立了大巴赞在中国戏曲领域内的专家身份。此后,1841 年大巴赞又出版了《琵琶记》译本,将对中国戏曲的关注视野扩展至《元曲选》之外。1850 至 1852 年间,他的文学史著作《元朝的时代》分五期在《亚洲学报》上连载完毕,同时出版了抽印本。此书参照《四库总目提要》,主要以解题式书目的体例写成。不过据大巴赞本人陈述,其目的在于尝试勾勒中国元代文学史。因此,与《四库》将戏曲小说撇除在外的做法截然不同,它将相当大的篇幅留给了这些素来为正统文人所轻视的作品。不仅谈到《三国演义》《水浒传》和《西厢记》等书,更依次介绍了《元曲选》所收全部 100 种剧作。除已有译本者从简外,所有未经翻译的均有篇幅不等的剧情介绍,部分剧目还附有译文片段。而《金钱记》《鸳鸯被》《来生债》《铁拐李》《秋胡戏妻》《倩女离魂》《黄粱梦》《昊天塔》《赵礼让肥》《酷寒亭》《忍字记》《误入桃源》《抱妆盒》等 13 部剧作更附有长达数页的节译。① 因此,这部著作虽名为元代文学史,但从内容来看,实可视为对元杂剧的一次大规模译介。1853 年,大巴赞与汉学家鲍吉耶(Guillaume Pauthier, 1801—1873)②合作出版了《现代中国:辽阔帝国的历史、地理及文学概述》(*Chine moderne, ou description historique, géographique et littéraire de ce vaste empire, d'après des documents chinois*)一书。大巴赞负责撰写此书第二卷"文学"部分,他同样将相当大的篇幅给予了戏曲小说等通俗文学作品。其中所引用的剧目梗概及片段翻译均摘自《元朝的时代》。不过在《现代中国》中,他将它们归为七类。《抱妆盒》《赵氏孤儿》《赚蒯通》《谢金吾》《梧桐雨》《冻苏秦》

---

① 详见附录一。
② 译名"鲍吉耶"参阅孟华:《永远的圆明园——法国人眼中的万园之园》,《中法文学关系研究》,上海:复旦大学出版社,2011 年,第 296—308 页。

《小尉迟》《伍员吹箫》《马陵道》《昊天塔》等归入第一类"历史正剧(drames historiques)";《铁拐李》《岳阳楼》《倩女离魂》《黄粱梦》《桃花女》《忍字记》等为第二类"道教正剧(drames Tao-sse)";《看钱奴》《鲁斋郎》《任风子》等属第三类"性格喜剧(comédies de caractère)";《鸳鸯被》《秋胡戏妻》《两世姻缘》《金钱记》《㑇梅香》《金线池》《红梨花》为第四类"情节喜剧(comédies d'intrigue)";《老生儿》《范张鸡黍》《赵礼让肥》等归入第五类"家庭正剧(drames domestiques)";《张天师》《城南柳》《金安寿》《误入桃源》等为第六类"神话正剧(drames mythologiques)";《冤家债主》《盆儿鬼》《魔合罗》《留鞋记》等为第七类"司法正剧(drames judiciaires)"。① 可以看到,这一分类虽基于中国戏曲作品的实际状况,但大体乃参照西方戏剧已有或类似戏剧类型所设,显现出大巴赞将中国剧作纳入西方戏剧分类体统的某种努力。《现代中国》虽为一部介绍中国的综合性普及著作,但对大巴赞来说,也是他对于此前数十年通俗文学研究的一次总结。

综上所述,大巴赞在戏曲领域所做的工作虽也始于翻译实践,但很快就显现出一种对戏曲展开全面、系统研究的思路。这一思路的形成,与其身处一个汉学开始进行学科细分的特殊时段是相互吻合的。学院汉学的建立与发展让汉学家开始从前汉学时期的"博"开始走向相对的"专",这使得各个领域的研究得到了进一步深入的可能。

当然,撇开法国汉学发展的大脉络与大巴赞儒莲之间的微妙关系,大巴赞在戏曲研究上与儒莲不同的侧重与着眼也可能受到两人不同的学术背景和个人经历的影响。本文第二章曾介绍过儒莲的生平。虽只是简单概述,却也可清楚地看出儒莲从求学到研究走的是一条纯正的学院派道路。他二十多岁便开始在法兰西学院跟随各位教授学习,从希腊语到满语和汉语,又先后担任了希腊学讲席助理和汉语讲席教师,其活动范围始终在教学研究机构之内。虽然所谓学中文 3 个月之后便能翻译《孟子》的说法是夸大其词,但从他掌握语言的数量与质量来看,语言的确是他的强项。儒莲虽然涉猎领域甚广,但却很少撰写研究文章,只是接连出版各种译著。这与他的学术背景和个人特点显然都是直接相关的。同时代人

---

① 参阅 Chine moderne, ou description historique, géographique et littéraire de ce vaste empire, d'après des documents chinois, première partie, géographie, organisation politique et administrative de la Chine, langues, philosophie par G. Pauthier, seconde partie, art, littérature, mœurs, agriculture, histoire naturelle, industrie, etc. par Bazin, Paris: Firmin Didot frères, 1853, pp. 405-466.

的评价或许也可以佐证笔者的上述看法。如罗斯尼就曾称儒莲是"一本巨大的活字典"①。"字典"一词，固然是对语言能力的一种赞誉，却也多少隐含着对其思考能力欠缺的批评。他在另一处传递了同样的意思，不过表达更为直接：

> 儒莲的中文程度，是他之前没有人曾达到过的，是现在无人能达到的，可能未来也很少有人能达到；但是他并没有他老师和前辈（指雷慕沙）的那种思维能力。②

而大巴赞的情况正与儒莲形成鲜明对比。他三十多岁才刚刚踏入汉学领域，此前所学专业为法律。尽管他1834年起就开始在《亚洲学报》上连载《㑇梅香》译作，此后也陆续发表有关汉学的文章。但直到1839年7月开始东方语言学院的授课为止，他的职业身份始终是律师。③ 这意味着他并未像儒莲那样接受过长时间的古典语言训练，在纯粹的语言文字研究上或许未必见长。但同时也意味着，他有可能因其职业生涯获得过大量深入了解社会的机会，并由此帮助他在面对研究对象时产生超越语言层面的关注与思考。因而，他在社会风俗方面的兴趣之浓厚、感受之丰富均胜于儒莲。莫勒在其悼念文字中曾对大巴赞的戏曲翻译与研究有过这样的解读与评价：

> ……在切实把握了古典语言与现代语言之后，他自愿投身于中国现代文学的研究之中。他在这种研究中看到深入一个社会观念与精神领地的途径，而这个社会与我们是如此的不同……④

这一论述精准地揭示出大巴赞的戏曲翻译研究工作不局限于语言或文学本身，而以社会风俗为主要着眼点的特征。

大巴赞以戏曲为风俗研究的材料，虽然受到以上所举个人经历方面

---

① "Huitième scéance, Stanislas Julien", *Congrès international des orientalistes*, 1873, p. 386.
② 同上。
③ 参阅 Angel Pino et Isabelle Rabut, "Bazin Aîné et la création de la chaire de chinois vulgaire à l'Ecole des langues orientales", (dir.) Marie-Claire Bergère et Angel Pino, *Un siècle d'enseignement du chinois à l'école des langues orientales 1840-1945*, p. 38.
④ 参阅 Jules Mohl, "Rapport sur les travaux du conseil de la société asiatique pendant l'année 1862-1863, fait à la séance annuelle de la société, le 30 juin 1863", *Journal asiatique ou recueil de mémoires d'extraits et de notices relatifs à l'histoire, à la philosophie, aux langues et à la littérature des peuples orientaux*, sixième série, Tome II, p. 12.

的因素影响,不过这种理解事实上也与19世纪欧洲思想观念的演变紧密相连,有着更为广阔的时代背景。本文第一章曾经谈到,18世纪时,欧洲学者将戏剧艺术的诞生与繁荣视为人类文明达到某种高度的特定表征。在"中国热"的思潮下,人们认为如此高度的文明,必然会孕育伟大的戏剧作品。因而才有了布吕玛锡而不舍的找寻与《赵氏孤儿》译本的发现与出版。而伏尔泰更以此剧的艺术成就为依据,高度赞扬中国文明,认为这是被侵占者以文明战胜侵占者的有力证明。换言之,对18世纪的人来说,戏剧在文学价值之外,更具有展现文明发达程度的标志性意义。

然而,这种观念,在一百多年后,随着人文社科研究的进展,已逐渐为学者所摒弃。雷慕沙在1818年《老生儿》译本书评中就清楚地写道:

> ……当剧诗的发明在中国可以被上溯到一个如此久远的时代时,或许不应急于从中得出某个对中国人有利的哲学论据。我们已经在爪哇,在苏门答腊,以及浩瀚海洋中的所有岛屿上都发现了戏剧表演,而这些地方不仅哲学甚至文明都尚未有较大发展……①

从上下文来看,雷慕沙的这段话直接针对的是伏尔泰在《〈中国孤儿〉献词》中的观点,即本文第一章曾引用的这段著名论述:

> ……很长时间内,戏剧只有在中国辽阔的国土内才享有尊荣,而世界上其他地方,除了一个孤零零的雅典城之外,都还处在与它隔绝、对它无所了解的状态中。罗马要晚至四百多年后才发展起戏剧来。如果你在波斯、印度这些被看作具有创造性的民族中找寻,你也还是一无所获……因而我们应当说:中国人、希腊人、罗马人是古代民族中仅有的,认识到社会真正精神的人。②

显然,欧洲在不同时期内对世界戏剧发展史的认识差异对他们的最终结论产生了重大影响。这表明,随着戏剧表演在亚洲文明较低地区的发现,18世纪时欧洲所坚信的、存在于戏剧与文明程度之间的紧密关联开始瓦解。戏剧作为文明社会特征性产物这重身份的失效,促使19世纪的欧洲学者们开始重新考量戏剧的定位,思考戏曲研究在语言文学之外更深层的意义所在。这或许就是风俗之说兴起的根源。第一节所引英国《每季

---

① Abel Rémusat, "Sur *Laou-seng-urh*, or, an heir in his old age", *Journal des savants*, pp. 27-35.

② Voltaire, "Epitre", *L'Orphelin de la Chine*, p. vi.

评论》书评,便强调戏曲小说乃是社会风俗之真实写照。虽然该书评旨在以此为依据,批评耶稣会士对戏曲的有意回避阻碍了他们真正认识中国,但认为戏剧比经典教义更接近社会真实风俗的想法,其实是19世纪日益为人们所接受的观点。大巴赞在1835年的《译者前言》中,同样清晰地表达了他对该观点的强烈认同:

> ……在众多可以为礼仪研究提供便利的著作中,我们大胆地将包括喜剧在内的戏剧作品列入其中,当然,是列在第二序列。不过,(戏剧的)情节难道不正是来源于一个国家独特的风俗吗?我们难道不应当假设,所有包含于礼仪一般性体系中的内容,所有与该民族的风俗、习惯、仪式与惯例相关的内容,都必定天然地被纳入戏剧艺术之中吗?……①

虽然他仍然谦逊地将经典著作保留在第一序列,而将戏剧列于其后。但事实上在他看来,戏剧作品在风俗研究中的重要性,并不逊于经典著作。而由于此前人们对这一领域的忽视,这一空缺更显得急需补救。并认为随着戏曲翻译工作的推进,礼仪研究将迈入一个新的阶段:

> ……学者们那时将能够以一种真正科学的方法来进行中国文明史的研究,这就是说,将从对书本中包含的纯理论概念的探讨,转向对事实本身的观察。而我们所强调的戏剧研究,也将为礼仪体系作出简便的建构准备,为历史哲学提供填补空缺的出色手段,这就是它的决定性成果……②

这表明,随着实证主义观念影响的扩大,单纯在哲学范围内进行的概念探讨已经不再有完全的说服力。而建立在对事实的观察和分析基础之上的研究,才显得更具科学性。而戏曲作品则通过它与社会现实的紧密关联,在风俗研究中获得了其特殊的重要地位。

三、风俗关注在剧目选择上的体现

大巴赞对风俗的关注并非只停留于理论设想,更具体落实于他的戏曲翻译活动之中,而对翻译剧目的选择,便是其重要体现之一。

---

① Antoine Bazin, "Note du traducteur", *Journal asiatique*, janv. 1835, deuxième série, Tome xv, pp. 174-187.

② Ibid.

1. 对《元曲选》中剧目的选择

儒莲、德庇时等人的戏曲翻译由于初期都与语言学习有较为密切的关系，因此，在作品选择上多少带有一些偶然性。大巴赞的情况则颇为不同。他早在发表第一部译作《㑇梅香》时，就已经对元杂剧的作家作品有了较为全面的关注和把握，这可从 1835 年《㑇梅香》最后一期译文连载后所附的《译者说明》中得到印证。在文中，他介绍了《元曲选》的总体情况，其中特别提到此书收录的一份元杂剧作家作品列表，并指出这份列表的排序反映的是编者对剧作家的艺术评判：

> 我们倾向于认为这些作者姓名和剧作标题并不是被随意地丢在编者这张表格里的。事实上，排在第一的是马致远的名字，他是《汉宫秋》的作者，而这部作品，其戏剧性在欧洲所知的四部剧作中是最强的，也同样（在他的作品里）排在最前。因而，我们或许可以假设在元代的剧作家中马致远是居于首位的，而之所以编者将索引里第一个位置安排给他，很可能是因为这位作家表现出了比其他人更多的想象力和深度。①

尽管大巴赞表述的语气并不绝对肯定，在脚注中也说到同一作家的作品是依据时间先后排序的②，但他心中无疑还是更倾向认为排序体现的是艺术价值评判这一解释。因为如果这样解读，意味着《赵氏孤儿》是纪君祥的代表作，而《㑇梅香》是郑德辉最好的作品，与他对作品本身的定位也颇为吻合。③ 因此，在出版于 1851 年的《元朝的时代》中，他介绍了王实甫、马致远与关汉卿三位剧作家，并认为三人中王实甫是最优秀的诗人，马致远笔法最为精妙，而关汉卿著作最丰。④ 这一评价虽然可能参考了更多的资料，也加入了他个人的理解，但在人选方面仍未离《元曲选》中剧作家列表的前三甲。可见在十多年研究之后，他进一步肯定了自己对《元曲选》排序解读。这表明，大巴赞由于高度重视《元曲选》所提供的各方面信息，因此自进入戏曲领域之初起，就对元杂剧诸多作家作品的艺术价值

---

① Antoine Bazin, "Note du traducteur", *Journal asiatique*, janv. 1835, pp. 175-176.
② 参阅 Antoine Bazin, "Note du traducteur", in *Journal asiatique*, janv. 1835, p. 176.
③ 同上。
④ 参阅 Antoine Bazin, "Le siècle des Youên, ou tableau historique de la littérature chinoise, depuis l'avènement des empereurs mongols jusqu'à la restauration des Ming", *Journal asiatique*, février-mars 1851, p. 177.

定位有了较为准确的把握。因此，假如他希望从文学艺术角度着眼，来挑选翻译剧目，他的选择会比儒莲或德庇时更有依据。

然而，实际情况却并非如此。在大巴赞重点翻译的四部《元曲选》剧目中，仅《㑳梅香》名列郑德辉作品之首。且不容忽视的是，在《元曲选》的列表中，郑德辉本人的排名处于第十一位，并不靠前。而其余三部剧作中，《合汗衫》是"娼夫"张酷贫之作，居于名单之末。《货郎旦》更出于无名氏之手。《窦娥冤》乍一看似乎是个例外，毕竟《窦娥冤》今日在国内常被视为关汉卿的代表作，但在《元曲选》的列表中，此剧仅名列关汉卿作品第六。如果大巴赞是以艺术价值为首要考量，他似乎更应选择位居第一的《救风尘》。况且，大巴赞并非第一个对《窦娥冤》加以关注的欧洲学者。早在 1821 年，英国汉学家斯当东（George Thomas Staunton，1781—1858）。便在《1712 至 1715 年间中国使臣出使土尔扈特汗国记》（*Narrative of the Chinese embassy to the Khan of the Tourgouth tartars, in the years 1712, 13, 14, & 15*）①一书的附录中，收入了含《窦娥冤》在内的四部元杂剧故事梗概，《窦娥冤》不仅居于篇首，介绍也最为详尽②。因此，大巴赞对此剧最初的留意当与斯当东的影响不无关系。国内学界谈到斯当东时，常常第一时间留意到他的外交官身份，不过，从学术角度来看，斯当东更是《大清律例》③的译者，曾在法律界工作多年的大巴赞就曾在文章中多次引用转译自斯当东《大清律例》译本的条款。有理由相信，他对斯当东介绍《窦娥冤》等剧的工作也不会缺乏了解。而最初将《窦娥冤》译介到欧洲的两位作者共同的法律背景，让人不能不联想到：《窦娥冤》引起他们兴趣的首要原因，很可能并非文学或艺术，而在于它是一部非常具有中国特色的公案剧。众所周知，公案戏是元杂剧中一个重要的类别。不过，由于权大于法的社会现实，大多数公案剧并未将焦点集

---

① 此书即清代图理琛所著《异域录》的译本，附录部分为斯当东所加，与正文内容无关。

② 参阅 *Narrative of the Chinese embassy to the Khan of the Tourgouth tartars, in the years 1712, 13, 14 & 15 ; by the Chinese ambassador and published , by the emperor's authority at Pekin* , translated from the chinese and accompanied by an appendix of miscellaneous translations by Sir George Thomas Staunton, London：John Murray, 1821, pp. 243-246. 另外三个剧目分别是：《隔江斗智》《留鞋记》与《望江亭》。

③ *Ta-tsing-leu-lée , ou les Lois fondamentales du Code pénal de la Chine* , trad. Du chinois par Georges Thomas Staunton, et mis en français avec des notes, par M. Renouard de Sainte-Croix, Paris：Lenormand, 1812.《大清律例》英译本出版于 1810 年，1812 年被转译为法语。

中在案件的勘察与侦破上,而更多地反映了公案背后的社会问题。而具体到《窦娥冤》一剧,不仅窦娥故事本身,如年方七岁便因家贫被送入夫家当童养媳;如年轻守寡后仍留家侍奉婆婆,乃至为救婆婆而担上杀人的罪名等等,均反映了中国社会风俗的许多侧面,而窦娥临刑时所发"六月飞雪"的誓愿,更是中国自周代以来带有神秘色彩的"天人感应"观念的体现。① 因此,在大巴赞对剧目的挑选中,关汉卿的戏剧艺术固然可能促成了译者的最终决定,但此剧的公案戏背景及其所反映出的种种有别于欧洲的中国风俗很可能才是激起他们兴趣的首要原因。

2. 对《琵琶记》的选择

《琵琶记》是大巴赞在《元曲选》外选择的唯一一部戏曲作品,该剧的选择同样有浓重的风俗考量。在《琵琶记》译者前言中,大巴赞称此书出版有三方面的意义。其一,该剧作的翻译可以使欧洲读者了解到"14至15世纪这百年间戏剧艺术在中国的发展"。其二,剧作前所附对话形式的序言,可以让欧洲读者看到"中国艺术批评的发展",尤其是可以观察到一个批评家群体的出现。他们"不像宋儒那样只致力于古代作品",而是将目光投向"当代作家",尤其是"戏剧作者",不仅评点,而且进行"搜集""整理""编目"工作。其三,可以对"中国人的风俗习惯、宗教及哲学观念随时间推移而发生的演变"获得一个准确的概念。②

为更好地理解大巴赞这一论述,尤其是其中第一点,有必要对《琵琶记》的创作及流传情况、大巴赞当时掌握的信息作一简要说明。

据大巴赞本人陈述,他翻译《琵琶记》所依据的版本有两个。③ 笔者根据其记述在法国国家图书馆查核后确认,一个版本收录于《西厢琵琶合刻》,《琵琶记》部分为三卷四十二出。目录称"元本出相点板琵琶记目录",卷首有《新校琵琶记始末凡例》。正文十行二十二字。有插图。从以上情况看,该版本大约近于国图所藏明万历二十五年(1597)汪光华玩虎

---

① 参阅幺书仪:《元人杂剧与元代社会》,北京:北京大学出版社,1997年,第68—75页,114—120页。

② 参阅 *Le pi-pa-ki, ou l'histoire du luth, drame chinois de Kao-tong-kia*, traduit sur le texte original par Bazin Aîné, pp. xi-xiv.

③ 虽然巴黎王家图书馆尚藏有《绘风亭评第七才子书》,但从该版本入馆时间及大巴赞《琵琶记》译本序言均可判定,大巴赞翻译时所参考的《琵琶记》只有上述两个版本。参阅 *Le pi-pa-ki, ou l'histoire du luth, drame chinois de Kao-tong-kia*, traduit sur le texte original par Bazin Aîné, p. xix.

轩刻本。其二为《成裕堂绘像第七才子书》。标题页为"声山先生原评/绣像第七才子书/文光堂同光堂较(校)刊"。正文前有雍正乙卯(1735)程士任所作《重刻绣像第七才子书序》。卷首行题"成裕堂绘像第七才子书卷之一"。正文八行十六字。有插图 24 幅。从以上情况看,大约为雍正乙卯程士任校刊本之翻刻本。

如今,国内学者经各种研究考证,判定《琵琶记》的作者高则诚生于元大德(1297—1307)年间,卒于明初。而《琵琶记》大约创作于元亡前十年左右。① 以文体而论,《琵琶记》属南戏晚期作品。不过,尽管现存的《琵琶记》版本多达数十种,但均为不同时期产生的明代改本,真正意义上的元本迄今仍未找到。学术界将这些明代版本分为两个系列:以陆钞本、巾箱本等为代表的若干种版本被认为尚存古貌,称为古本系统;其余以种德堂本为首的版本则为时本,或称通行本系列。② 大巴赞所参考的两种版本均属后一系统。

19 世纪时,法国汉学家与中国信息往来极少,在书面资料也较为有限的情况下,大巴赞对高明的生卒年代、《琵琶记》的最初创作年代、《琵琶记》的版本体系、南戏与杂剧的关系等均一无所知。他从所能读到的《琵琶记》序言得知《琵琶记》最初由明代毛声山修订后于明永乐二年(1404年)第一次上演的,因此判定刊刻本也是诞生于同一时期的改本,故认为《琵琶记》是 15 世纪初期的作品。鉴于此前欧洲所翻译的元杂剧均创作于 13 世纪,大巴赞认为,《琵琶记》与《元曲选》中作品之间的差异,源于"14 至 15 世纪这百年间"中国戏剧的发展。今日学界研究认为,南戏起源于宋代,是一种比元杂剧更为古老的文体。不过,当时大巴赞将《琵琶记》误认为杂剧发展演变后的产物③,故有"可借此观察中国戏剧的发展演变"一说。

---

① 有关高则诚生平参阅[元]高明著,钱南扬校注:《元本琵琶记校注南柯梦记校注》,北京:中华书局,2009 年;黄仕忠:《高则诚行年考述》《高则诚卒年考辨》,《〈琵琶记〉研究》,广州:广东高等教育出版社,2011 年。

② 有关《琵琶记》不同系统版本情况,参阅罗书华、苗怀明等:《中国小说戏曲的发现》,北京:人民文学出版社,2009 年;黄仕忠:《日本所见〈琵琶记〉版本叙录》,《文学遗产》,2012 年第 4 期;曹竞华硕士论文《明刊〈琵琶记〉评本流变研究》(中山大学 2010)。

③ 其实在中国,这也是很长时间内的普遍观点。南戏先于杂剧的看法是直到 1813 年才由王国维在《宋元戏曲史》中首次提出的。参阅王国维:《王国维戏曲论文集》;俞为民、刘水云:《宋元南戏史》,南京:凤凰出版社,2009 年。

在大巴赞对《琵琶记》的这一认知背景下,他详细解释了他选择这一作品的重要原因之一:

> ……我原本可以翻译一部时代上更为晚近的作品,但文学杰作为数稀少,即便在中国也是如此。不过,除此以外,也是因为(如果我这么做)某些读者可能会在一部时间上不那么久远的作品中察觉到来自欧洲的影响。《琵琶记》向我们如实展现了15世纪初期的中国风俗。或许在亚洲文明史上,没有比《琵琶记》所反映的这个时代更值得引起历史学家与哲学家关注的了。(那时)基督教尚未深入这个天朝帝国……①

这就是说,大巴赞选择《琵琶记》虽有艺术层面的考量,当更关注的是作品所关联和反映的特定时代。在大巴赞眼中,《琵琶记》作为一部产生于15世纪初期的成功的戏剧作品,必然对同期的社会风俗有出色的展现。而这个阶段,一方面与蒙古统治下的元代中国已经产生了许多变化,但与更晚近的时期相比,由于耶稣会士尚未进入中国,基督教的传播与影响尚未改变中国特有的风俗,因而中国仍然较好地保留着自身独特的风貌。因此,这部作品在记录中国风俗方面具有不可复制性。换言之,大巴赞选择《琵琶记》,乃是他认为该剧所反映时代具备某种不可替代性,而并非仅因作品本身的艺术价值,这一选择同样有力地证明了其戏曲翻译与风俗研究的紧密关联。

大巴赞的汉学研究,虽因他所处的特殊时代与位置而受到了许多约束与限制,但这也促使了他从自身经历与学术背景出发,扬长避短,在中国通俗文学研究,尤其是戏曲翻译研究的领域中,开辟出一方新的天地。

第二节 风俗关注在戏曲翻译中的影响
——以《㑇梅香》译本为例

由于对戏曲文本关注侧面的不同,大巴赞在译作的翻译策略与翻译风格上与儒莲呈现出明显的差异。本节拟以其《㑇梅香》译文为例,来尝

---

① *Le pi-pa-ki*, *ou l'histoire du luth*, *drame chinois de Kao-tong-kia*, traduit sur le texte original par Bazin Aîné, pp. vii-xx.

试探讨其翻译策略及其由此给译文带来的特点与问题。

一、意译倾向带来的表达灵活性

与儒莲的风格相比,大巴赞的译文带有明显的意译倾向。试以《㑇梅香》第一折中【那吒令】曲牌为例。

原文:【那吒令】摇玎冬玉声,蹴金莲步轻;蹴金莲步轻,踏苍苔月明;踏苍苔月明,浸凌波袜冷。

大巴赞译文如下:

Les pierres de nos ceintures s'agitent avec un bruit harmonieux; que nos petits pieds, semblables à des nénuphars d'or, effleurent mollement la terre (bis). La lune brille sur nos têtes pendant que nous foulons la mousse verdoyante (bis). La fraîcheur humide de la nuit pénètre nos légers vêtements.

中文回译:

我们腰间的玉石摇动出和谐的声响,我们如金色莲花般的小脚轻轻地擦过地面。(重复)当我们踏过那碧绿的青苔时,月光正照耀在头顶。(重复)夜晚潮湿的凉气侵透我们了单薄的衣裳。

对照原文与译文,可以看到大巴赞在表达上做了不少改动。首先依据西文的表达习惯,补上了中文中时常被省略的主语。其次,为了便于西方读者理解,他在译文中掺入了原文中所隐含的文化常识。例如原文中只说"玎冬玉声",并未点明是什么地方的"玉"在发出声响,因为这对中国人来说是非常显而易见的事实。而在译文中,大巴赞通过"腰间"一词的添加,点明了这是腰带上所悬挂的玉制环佩在走动时所发出的声响。再如原文中用以指代女子小脚的"金莲"一词是直接出现的,而大巴赞通过增加"如金色莲花般的"这样的表达,点明了"金莲"乃是脚的喻体,并特地增加了形容词"小"来加以说明。这些处理应当说都没有在语句的表达形式上完全拘泥于原文。而尤其值得一提的是最后一句"浸凌波袜冷"在译文中的改变。"凌波"一词,出于曹植《洛神赋》中"凌波微步,罗袜生尘"之句。"凌波微波"常用以形容女子步伐轻盈,"凌波袜"则指美女之袜。此处是承接上句,描绘樊素与小蛮两人虽脚步很轻,但由于夜深露重,脚上的袜子仍被露水打湿而感觉到有些凉意。夜深天凉,露侵罗袜,在中国诗歌中是一个非常常见的意象。如李白之《玉阶怨》便有"玉阶生白露,夜久侵罗袜"之句。这一意象,既是讲述实景,也往往是渲染人物的心情。李白诗中是用以强调人物在台阶上站立时间之久,以至于露水都浸润了罗袜,借以描绘人物心中的幽怨之深。而此处则说明夜已深沉,两人去书房探视白敏中走了很长一段路,尽管罗袜都被打湿了,她们也没有介意,以此渲染心情的热切。

然而,在大巴赞的译文中,此句却被翻译为"夜晚潮湿的凉气侵透了我们单薄的衣裳",露湿罗袜的意象完全消失了。这种情况的出现,当然很可能是由于大巴赞不识其中"凌波"之典。如果对照第二章所举儒莲《灰阑记》译文的例子,可以明显感觉到两人在处理方法上的不同。儒莲在遇到无法解读的"月户云窗"典故时,将"月户云窗"分开解读,使该词虽在形式层面得到了一定保留,在意义上却与原文产生了较大偏差。而大巴赞对于"凌波袜"一词则采用了完全不同的方式。他完全丢弃了该词的字面形式,而是根据上下文,自行填补了一个"寒气侵衣"的意象。虽然在意象上完全脱离了原文,但是就表达的意义而言,却与原文产生了类似的效果。因为当晚寒气逼人,两人却未作计较,照样兴冲冲前往,对人物的心情同样可以起到某种渲染作用。此外,中文剧本中,两人出门时,小蛮曾有"今夜觉有些春寒,我再添件衣服"的话。因而大巴赞改写之后,虽与"蹴金莲步轻"无法衔接,造成了一定脱节,但恰可与前文相互照应。

显然,在以风俗为主要关注的情况下,大巴赞的译文并不像儒莲那么执着于原文的词句形式,而更倾向于作者所要传达的内容。这种偏于意译的翻译策略,较为追求对意义整体的把握,而不受语句形式表达的严格局限,因而在词语层面虽然不甚精确,但表达效果上却大致能不脱原文情境,有时甚至能显得生动而富有感染力。

二、大巴赞的期待视野与《㑇梅香》主题的改变

《㑇梅香》一剧以书生白敏中与晋国公千金裴小蛮的婚恋为主题。楔子部分讲述白父为晋国公裴度部将,曾在沙场上救过裴度性命。裴感恩图报,将女儿小蛮许配其子白敏中。白父与裴度去世后,一日裴夫人正与女儿小蛮及丫鬟樊素在堂上讲书,忽报白敏中前来。裴夫人令白与小蛮兄妹相称,留其在府中读书。第一折述二人见面后各怀爱慕之意,但因裴夫人绝口不谈婚事,白托词欲归。小蛮恐别后音讯相隔,婚姻不成,假遂樊素之请,来到白书房之外,私投香囊于门首,以明其志。第二折述白得

香囊后相思成疾,裴夫人令樊素前去探视,白苦求樊素从中相助。樊素窥见小蛮心意,故为之传简。小蛮阅简佯怒,樊素示以香囊,动以言语,小蛮终允与白花园相会。第三折述小蛮借月夜焚香,与白相会,裴夫人忽至,见二人私会,怒斥之。樊素虽力辨二人无咎,乃夫人背弃前盟,裴夫人仍将白赶出裴府。临行,樊素代小蛮赠以玉簪金钗,以明矢志无他。第四折述白高中魁元,圣上闻其与裴家素有婚约,差人将裴家老小接至京中,令克日成婚。裴家不明就里,暗自担忧。白思及裴府受辱之事,特不相认,并于婚礼中对小蛮多番嘲讽。樊素不忿,私窥其面容,竟为白,遂释然而反嘲之。白终与裴夫人、小蛮相见,一泯前怨。

在大巴赞的法译本中,作品的前三折内容均得到了较为完整的传达。楔子部分虽删去樊素【仙吕赏花时】与【幺篇】两支曲牌及裴夫人下场诗四句,但剧情并未受到实质性影响。然而,第四折的情况却截然不同,不仅出现多处篇幅较大的删节,且删节部分直接关涉到情节的进展。例如官媒婆前往裴府说亲处,原文中有上场引子:我做媒婆古怪,人人说我嘴快。穷的我说他有钱,丑女我说他娇态。讲财礼两下欺瞒,落花红我则凭白赖,似这等本分为人,定图个前程远大。这一片段在译文中被完全删去。再如婚礼进行中,白敏中故作揶揄处,译文也有相当篇幅的删减。此处以媒婆劝喝交杯酒一段为例。

原文如下:

(官媒云)将酒来,与状元饮个交杯盏儿。

(白敏中云)甚的是交茶换酒,<u>好人呵嬾酒,我但尝一酒,昏沉三日。天生不饮酒</u>。①

(官媒云)夫妇婚礼,少不得用些酒儿。

(白敏中云)<u>我一生不待见妇人面,但与夫人相见,脑裂三分</u>。

(官媒云)却不道夫唱妇随。

(正旦笑科,云)我若不花白他呵,这人直胡说,到明日他将我做何等看待!却不道天有酒星,地有酒泉。圣人云:"惟酒无量,不及乱。"几曾教人不饮酒来?且休说上古贤人,则说近代李翰林,饮酒一斗,作诗百篇,称为谪仙。这状元却说但尝一点,昏沉三日!(唱)【乔牌儿】哎你可甚么酒量宽似海。

---

① 标注下划线的部分在译文中完全缺失。

译文如下:

L'ENTREMETTEUSE DES MAGISTRATS

Prenez du vin et versez-en au Tchoang-youen, afin qu'il boive avec son épouse.

PE-MIN-TCHONG.

A quoi bon? versez-moi du thé.

L'ENTREMETTEUSE DES MAGISTRATS

Dans les cérémonies du mariage, on ne peut se dispenser de prendre un peu de vin.

PE-MIN-TCHONG.

J'avais perdu l'espérance de retrouver mademoiselle; mon cœur va se briser à sa vue.

中文回译如下:

  官媒:拿酒来,给状元倒上,让他好与夫人一同喝。
  白敏中:为何用酒?给我倒茶。
  官媒:婚礼仪式上总少不了要喝一点酒。
  白敏中:我早已不再指望看到小姐了,我见了她就会心碎。

  对照以上例子,显然译文与原文在语义上有一定程度偏差。如"甚的是交茶换酒",并不是说将酒换成茶,而是白故作不屑,不愿意按媒人的要求与小蛮喝交杯酒。再如,原文中"脑裂三分"是形容头疼厌烦,而译文处理为"心碎"则成了伤心难过的意思。而除此之外,尚有诸多对白与唱词内容在法译中完全缺失。类似的删节情况同样出现在后文白的各种揶揄与樊素私下及公开的各种反语相讥中。如果说,对官媒婆上场引子的省略只是淡化了该人物的喜剧色彩,对剧情展开尚无大碍的话,对白敏中与樊素种种语辞交锋的大幅删减则几乎令这一折的戏剧冲突彻底消解。这使得此折译文不仅在人物刻画上大显单薄,也在很大程度上丢失了该剧贯穿始终的轻喜剧气氛,变得严肃而板正。

  这些删减与前三折译文的情况截然不同,显然并非通例,而源于某个特殊的理由。大巴赞本人在《译者说明》中曾对译文中的删减处理有过这样的说明:"……我们仅删去了一小部分(唱段),它们因累赘而可被省略。"①这表明,在他看来,译文所删减只是译者认为累赘多余、对作品主题并无太多作用的部分。这一说明虽然主要针对的是唱段的处理,但由此也可推想,在对白的处理上,他很可能遵循了同样的原则。然而,从一般中国读者的眼光来看,第四折中被删减的部分并非冗余,相反对推动剧情、刻画人物都发挥着重要作用。大巴赞将其视为冗余之词,这表明,他对该剧主题的理解和把握很可能与中国读者有着较大的差异。《㑇梅香》译文中有两处非常关键的注解,为笔者这一猜想提供了有力的佐证。

第一处出现于第一折开头。此处白敏中有一段独白,讲述其初到裴府的经历:"自从昨日在绿野堂上见了夫人,不知主何意。将亲事全然不提。则说着小姐拜哥哥。"大巴赞在"不知主何意"后,加了一条非常有意思的注解:

>   白敏中对韩夫人②的沉默完全无法理解是不足为奇的,因为他还只是个秀才。但这位晋国公的遗孀则非常清楚一个刚刚到达结婚年龄(二十岁)③的年轻女孩在丧父之后,遵照礼仪,是不能于年满二十三周岁之前缔结婚姻的。④

此处涉及的是中国礼仪中的"三年之孝",解读本身显然源自《礼记》中有关女子婚嫁的规定。《礼记·内则》曰:"十有五年而笄,二十而嫁,有故,二十三年而嫁。"郑注曰:"十五而笄,谓应年许嫁者。女子许嫁,笄而字之,其未许嫁,二十则笄。故,谓父母之丧。"⑤也就是说,女子到及笄之年便可许嫁,但如果遇上父母之丧,则须守三年之孝。中国的礼仪,作为儒家思想指导下的行为准则,自传教士时代起就一直受到欧洲的高度关注。大巴赞在《译者前言》中称,他希望以戏曲作品中的"事实"来印证的经典著作,其中就特别提到了《礼记》,并对儒莲得到东方翻译基金委员会的资

---

① Antoine Bazin, "Note du traducteur", *Journal asiatique*, janv. 1835, deuxième série, Tome xv, pp. 174-187.

② 由于在楔子中裴夫人曾自述姓韩,所以大巴赞在译本中凡提及裴夫人处,均译为韩夫人。

③ 对于这一"结婚年龄"(âge nubile),大巴赞在剧中另有注释,称"C'est à cet âge que les femmes prennent l'aiguille de tête。"再对照原文,可确定他所指即"及笄之年"。不过,古代女子及笄之年为 15 岁,而他却称是 20 岁,显然同样是受到下文所引《礼记·内则》文字的影响。

④ *Théâtre chinois, ou choix de pièces de théâtre composées sous les empereurs mongols*, traduites par Bazin Aîné, p. 18.

⑤ [清]孙希旦撰,沈啸寰、王星贤点校:《礼记集解》,北京:中华书局,1989 年,第 773 页。

助,即将把《礼记》翻译出版一事表示了极大的兴趣与期待。显然,他不论是否完整阅读过《礼记》,至少对其中的内容并不陌生。而《㑇梅香》译本的另一处注解更清楚地表明:他早已通过朱熹的《小学》对《内则》中上述关涉女子婚嫁的规定有所了解。此注见于《㑇梅香》译本第三折,即白敏中恳求樊素为其传简,樊素答复说小蛮"幼从慈母所训"处。注释如下:

> 《小学》,即基础知识小论,由朱熹撰写而成。他生活于宋代,即公元 1150 年左右。此文包含了以下有关女子教育的准则:
> ……
> 她们可于 20 岁出嫁,前提是在这个年龄时死亡并未带走她们的父亲或母亲;如果情况相反,则她们必须等到 23 岁方能结婚。①

显然,这条注释的后半部分正是上文所录《礼记·内则》中相关片段的译文,它曾被朱熹完整收录在他的《小学内篇·立教》中。

正是在对中国风俗的高度关注之下,大巴赞对裴夫人的举动形成了一种与中国读者非常不同的解读。在他看来,裴夫人之所以在白初到裴府时沉默不言,绝口不提婚事,乃是由于她出身高贵,对于礼仪之事比尚为白衣的白敏中更为熟悉,所以清楚地知道小蛮须守孝三年,在此期间不能成亲。既然婚事须搁置许久,自然不必急于提起。而白敏中学识尚浅,对礼仪不够了解,才误解了裴夫人的用意。但如此一来,第四折白敏中金榜得中后顺利与小蛮成婚的情节又当怎样解释呢?在剧本第四折婚礼仪式处,大巴赞以另一条注释解答了这一疑难:

> 在中国,每逢皇帝下旨成婚时,夫妻双方及其父母都无须再履行礼仪及习俗所规定的程序。②

如果孤立开来看,这条注释似乎只是泛泛而论,并无针对性。但若将其于上文所引两条注释相对照,不难看出大巴赞所指的正是上文提及的"丧父之后三年内不得成婚"的礼俗。换言之,在大巴赞的理解中,小蛮此时尽管仍未满三年之孝。但由于是皇帝下旨成婚,白得以免去礼俗方面的束缚,才最终顺利成婚。这些注解,表面看来只是一些风俗介绍,其实却透露出大巴赞对《㑇梅香》中戏剧冲突的把握与此剧主旨的解读。

---

① Théâtre chinois, ou choix de pièces de théâtre composées sous les empereurs mongols, traduites par Bazin Aîné, p. 60.
② Ibid., p. 120.

戏曲作品作为一种艺术创作,毕竟不是生活的实录。大巴赞以经典中的礼制规范为依据来进行解读,不免有些胶柱鼓瑟。从文学的角度来看,礼仪在此剧中并非核心。在剧情之初,白敏中与裴小蛮是一对遵照父命而订有婚约的青年男女,戏剧冲突尚未形成。白敏中初访裴府,裴夫人要求两人以兄妹之礼相见是全剧矛盾冲突的起点。但究其根由,并非白敏中误解裴夫人之意,而是裴夫人这一兄妹相称的提议包含着显而易见的悔婚意图。虽然在第一折自述中,白敏中说裴夫人"不知主何意",但这不过是中国人的含蓄表达而已。正是因为他当下就明白了裴夫人隐含的意思,才会立刻提出反对,并当即取出信物给裴夫人看,以示婚约凭证俱全,不容否认。

《㑳梅香》素被认为"如一本小西厢",[①]严敦易的《元剧斟疑》也将其评为"儿女风情戏以西厢为粉本者",[②]显然两剧存在着较高的相似度。如将这一情节与《西厢记》中之类似内容相对照,则上文所述矛盾冲突可显现得更为清晰。从婚约的双方来看,白敏中、张珙均为白身,尚未考取功名。而女方却出身高贵,莺莺为相国千金,小蛮是晋国公之女。在门第上有着显而易见的高下之别。其次,两门婚事的缔结都出于某种偶然机缘:白敏中是因为其父曾于沙场上救过裴度,而张珙是因为寄书白马将军解普救寺之围。因有恩于女方而结下婚姻,这进一步表明在正常状况下两家罕有联姻的可能。这样的背景,实际上奠定了崔夫人与裴夫人从一开始就对婚事缺乏足够认可度的思想基础。接受这一婚约对她们来说多少含有不得已的成分:崔夫人是因为孙飞虎大军压境,裴夫人是因为丈夫临终嘱托。因而,一旦她们发现自己握有决定权时,转而开始考虑是否有改变局面的可能并不奇怪。认兄妹的做法,多少可以看作对悔婚的某种补偿性表示,以示婚姻不成,恩义尚在。只不过,与崔夫人态度的决绝相比,裴夫人留白敏中于府中书房读书,在补偿之外,或者还含有观察的意味。如若白敏中科举得中,婚约或许仍可能被重提。只不过在当下地,她尚不打算将女儿的终身就此维系在一个前程尚无保障的白衣秀才身上。尽管《西厢记》篇幅较长,情节铺陈更为充分,崔夫人的意图表露无遗,而《㑳梅香》留给裴夫人的篇幅并不多,其意图主要借他人之口揣度得知。

---

① 清·梁廷楠:《曲话》,转引自邓绍基主编:《元代文学史》,北京:人民文学出版社,1991年,第229页。

② 严敦易:《元剧斟疑》,北京:中华书局,1960年,第7页。

但不论是从上下文来推断,还是与《西厢记》等类似作品相对比,在《㑇梅香》的人物关系与故事框架下,兄妹相称的提议表明裴夫人有悔婚之意是相当清楚的。

正因为在原文的剧情结构中,是裴夫人行事不妥在先。白敏中与小蛮无法如愿成婚,才引出小蛮月夜听琴、私赠香囊,樊素穿针引线,两人花园相会等一系列故事。所以事发之后,白敏中受裴夫人辱骂并被赶出裴府,心中是愤愤不平的。赐婚之后,按说他心愿已偿。但白却在婚礼上掩盖身份,百般刁难举行仪式的官媒婆,对女方横加嘲讽,正是因为他对裴夫人此前的做法仍耿耿于怀。婚礼上的各种装疯卖傻,虽然对话者是官媒婆,嘲讽的是裴小蛮,其实皆源于裴夫人当日的悔婚与羞辱。聪明伶俐的樊素为小蛮打抱不平,偶然发现真相,知其用意,才以戏谑言辞与白针锋相对。所以,两人的斗嘴并非闲篇,实为剧情主线之发展与延伸。这一冲突既由裴夫人而起,故须到裴夫人得知新科状元乃白敏中,两人消弭前嫌,冲突才算最终消解。

当白敏中最终与裴夫人见礼时,剧本设计了这样的对话:

(夫人云)白状元你休怨我,不是老身赶你去呵,焉能有今日?
(白敏中云)当日蒙老夫人垂顾,今日恩荣,共享富贵了也。

这一来一回,实在是非常典型的中国式含蓄对话。裴夫人说"你休怨我",正是明白白敏中对当日之事必怀怨尤。白敏中得到裴夫人的委婉致歉,才就此罢休,礼貌应对,表示今日既已皆大欢喜,前事一笔勾销。所以在中文剧本中,这才是戏剧冲突的最后终结。

然而在大巴赞的解读下,情况则完全不同。裴夫人虽然对婚约绝口不提,但她所遵照的是礼仪规范,并无错处。至多是未曾明白解释,招致误解。而白敏中与裴小蛮在一腔热情之下做出不合礼法之事。尽管可被理解,但终究是犯下过错,所以才会导致白受辱被逐出府,两人被迫分离。最终白敏中弥补了过错,以合乎礼仪的方式,最终求得与小蛮如愿成婚的美满结局。因此,大巴赞才会在1838年的《〈中国戏剧选〉导言》中这样总结该剧主题:

《㑇梅香》一剧的教益便展现于韩夫人对她女儿所说的这些话中:"难道你今日就忘了,男女婚姻当由礼仪与庆典来认可吗?"[①] 而

---

① 韩夫人(即裴夫人)此语见于此剧第三折,中文原文为"岂不闻男婚女配,古之常礼"。

> 此剧最后以美德获胜而告终……①

在大巴赞的解读框架下,当皇帝下旨成婚之时,因礼仪而造成的问题便已得到了妥善解决。结尾部分的作用只在于展现这一合乎礼仪的婚礼之盛况。因而,媒婆的插科打诨、白敏中与樊素的彼此嘲讽戏谑才会成为大巴赞眼中的画蛇添足之举。他显然认为这些片段的存在不仅无法服务于主题,而且会破坏婚礼仪式的严肃气氛。于是毫不犹豫地将其一并删去。不论是前三折译文中不遗余力地传达原作的喜剧色彩,还是第四折中大刀阔斧的删减,都与大巴赞对作品主题的把握紧密关联。因而,这些删改处理虽然主要集中于第四折,但由于涉及剧本的主要矛盾冲突何在,实际上对全剧都产生了影响。而经过译者的改造,《㑇梅香》也就从一个因女方家长不满于门第不对等而欲悔婚的故事,改变为一个是否要遵守"三年之孝",如何在婚姻与礼仪间寻得两全解决方案的探讨。剧作主题也一跃从爱情的才貌观对门第观的胜利,转变为遵守礼仪对冒犯礼仪的胜利。这部以婚恋故事来刻画世态人情的作品因此演化为颂扬礼仪规范之作。这样的理解,与大巴赞心目中中国戏剧的核心主题也是相吻合的:

> 中国戏剧的道德训诫意义便存在于对所有违背礼仪之事的羞辱与所有合乎礼仪之事的颂扬之中。②

马礼逊《英华字典》中"戏剧"(drama)词条早已指出:中国戏剧一贯追求的目标便是对大众,尤其是不识字的民众进行道德教化。当时已被译入欧洲的《大清律例》也显示,如若不遵守这一规范,上演诲淫诲盗之作,是触犯法律的,将会受到严厉的处罚。③ 大巴赞以这些资料为依据,形成了他对中国戏剧基本主题的理解。因此,《㑇梅香》译文对原作的误读看似偶然,其实却背靠着深厚的欧洲汉学研究传统。《㑇梅香》作品主题在译文中所发生的改变清楚地表明:19 世纪上半期法国汉学界对中国社会的理解与认识虽然建立在汉学家个人的取舍与判断之上,但同时也是几个世纪以来欧洲有关中国社会的话语传统的延伸。

---

① *Théâtre chinois, ou choix de pièces de théâtre composées sous les empereurs mongols*, traduites par Bazin Aîné, p. xxviii.

② Antoine Bazin, "Note du traducteur", *Journal asiatique*, janv. 1835, deuxième série, Tome xv, pp. 174-187.

③ 参阅 *Théâtre chinois, ou choix de pièces de théâtre composées sous les empereurs mongols*, traduites par Bazin Aîné, p. xxviii.

第三节 筚路蓝缕的戏曲研究

在翻译戏曲作品的同时,大巴赞也在戏曲领域内做了许多研究工作。对于大巴赞的研究,国内学界虽早有所闻。但大巴赞的研究文章基本没有中译,唯一被翻译出版的《〈中国戏剧选〉引言》不仅对原文有所删节,且存在多处误译。例如存在将"马端临的《文献通考》"译为"马祖常的《千秋记略》",将大巴赞对中国典籍的引用,误当作大巴赞自己的论述来翻译这样的情况。[①] 而来自英文或日文的零星转述材料,也难以如实反映大巴赞戏曲研究的面貌。虽有学者将大巴赞的《〈中国戏剧选〉引言》称为"第一篇具有一定学术性的中国戏曲介绍",并认为他对"中国戏曲的历史演变和类型划分,也提出了自己的看法,与剧作家的利用改造不同,显示出客观理解中国文化的意向"[②],给予了一些肯定,但受到资料的局限,这些评价对大巴赞的戏曲研究工作的开创性意义显然并未给予足够的重视。

大巴赞早期的戏曲研究初期与翻译研究同步,主要以前言、序文等形式出现。之后他开始撰写《元朝的时代》《现代中国》等专著,戏曲研究方逐渐成为较独立的章节。他的研究虽涉及戏曲的方方面面,但也仍有重点。大致来说,其一为戏曲的性质与定位,其二为戏曲文学发展史。本节将主要围绕这两个问题的讨论展开,并尝试展现他在研究方法上对前人的突破。

一、对戏曲地位的重新思考

在中国戏曲的性质与地位问题上,欧洲长久以来存在着两派相互对峙的观点。一派以18世纪法国作者伏尔泰、布吕玛等人为代表,认为戏曲是社会文明的结晶,是儒家道德观念与文学艺术的结合。另一派则以19世纪英国作者巴罗、德庇时等人为代表,认为戏曲是一种低俗的娱乐形式,为中国上流社会所鄙弃。[③] 19世纪的法国汉学家们在这个问题上

[①] 该译文收录于钱林森编:《法国汉学家论中国文学——古典戏剧和小说》,北京:外语教学与研究出版社,2007年。

[②] 孙歌、陈燕谷、李逸津:《国外中国古典戏曲研究》,第25页。

[③] 根据大巴赞的陈述,当时还有源自"英国旅行者"的第三种观点,认为元杂剧是意图恢复前朝统治的文人借历史及神话传说所写的各种影射之作,不应作为真正的戏剧作品来看待。(参阅 Antoine Bazin, "Note du traducteur", *Journal asiatique*, janv. 1835, deuxième série, Tome xv, pp. 174—187.)但这一说法似乎影响面不大,故此处略过。

看法也并不一致。雷慕沙似受到德庇时观点影响,对伏尔泰鼓吹中国戏剧颇有微词。① 儒莲并未就此发表过明确看法,但由其翻译工作来看,他至少对戏曲在语言文学方面的成就持肯定态度。三人中最为旗帜鲜明地站在伏尔泰一方的是大巴赞。当然,这并不意味着他只是简单地重复了伏尔泰的观点,或对此予以全盘接受。事实上,这是大巴赞在当时社会科学研究的整体实证思路下,对这一问题进行重新论证的结果。

18世纪时伏尔泰对中国戏剧的赞扬首先基于其对儒家文明的认可。当时,欧洲认为戏剧与社会文明程度之间存在着密切的关联,因此伏尔泰坚信辉煌的儒家文明必然孕育出高度发达的戏剧。然而,随着欧洲对世界各地,尤其是亚洲欠发达地区戏剧的发现,戏剧水平与文明程度之间的关联性开始遭到严重的质疑。在这样的背景下,大巴赞的论证实际上已经彻底摒弃了旧有的论证起点,转而从文人与戏曲的关系、戏曲演出的场所、戏曲演员地位的由来等方面切入,来重新探讨戏曲在中国社会中的地位问题。

1. 中国文人与戏曲的关系

在1834年《㑇梅香》译本的《译者前言》中,大巴赞指出:中国文人对戏曲的看法并非铁板一块,而是因时因作而异。例如在唐代,戏剧受到的批评较多,但涉及的主要是败坏风俗之作:

> ……的确,在不同的时代,尤其是唐代,大文人们——也就是说,那些潜心于深奥的儒家经典及古代作品的人们——在考察戏剧对道德风化的影响之后,曾撰文抵制过当时的淫秽剧作……②

然而在元代,情况却似乎非常不同:

> ……元代的历史剧在中国却是所有有教养者的享受。而这些剧作家——我们清楚地知道他们的姓名——也由此获得了经久不衰的声誉……③

---

① 参阅 Abel Rémusat, "Sur *Laou-seng-urh*, or, an heir in his old age", *Journal des savants*, p. 27。

② Antoine Bazin, "Note du traducteur", *Journal asiatique*, janv. 1835, deuxième série, Tome xv, p. 178。

③ Ibid.

因此，大巴赞认为韩国英所举的商代某位皇帝禁止戏曲演出的例子①可能与唐代的情况类似，且只是针对部分作品而言，并不代表所有的戏剧作品都为文人所鄙弃。

换言之，中国文人对戏剧看法不应一概而论。"淫秽剧作"固然可能被文人学士所指责，但"历史剧"之类的严肃作品却同样可能得到教养者的赞许与赏识，而时代的变迁也是影响文人对戏曲作品态度的重要因素。他特别留意到，在元代，不仅文人喜爱欣赏戏剧，而且为数众多的戏剧作者本身就是文人，并引用《元曲论》中的注释为例，并特地附上了中文原文。这一注解出现在作家作品清单的末尾，剧作家赵明镜之后。注曰："以下四人俱系娼夫，不得与名士并列"②。他认为，这说明元杂剧的作者中的确有一部分是地位低下的"娼夫"，但编者对他们的态度，以及将他们能与"名士"——即出色的文人有意区分开的做法恰恰证明元杂剧作者中有相当数量是真正的文人学士，而这些人是受到包括编者在内的知识阶层所尊重的。由于18世纪耶稣会士的广泛宣传，欧洲一直认为文人在中国社会中具有举足轻重的作用。因此，大巴赞证明为数众多的文人曾积极参与戏曲创作，已经为重新树立戏曲的社会地位提供了有力证据。今日国内学界均认为，元代文人与杂剧创作的关系与当时科举停开数十年、文人失去传统的仕进之路有关。③ 大巴赞当时似乎尚不了解这一事实，然而他还是敏锐地察觉到，戏曲与文人的关系在中国历史上并非一成不变，而元代更是文人与戏曲建立起紧密关联的一个特殊时期。

2. 中国的公共剧场状况

是否存在公共剧场，是欧洲一直以来用以鉴定戏剧艺术的社会认可度的又一重要标准，也被认为与戏剧艺术所能达到的水平紧密相关。正如雷慕沙所说：

> ……仅靠容忍，或若干个体私下的欢迎，是无法孕育出杰出的戏剧作品的。对剧作者或演员来说，必须有盛大的节庆，观众众多的竞

---

① 即本文第一章第一节中所引《中国杂纂》第八卷中的记载。
② 大巴赞文中所引汉字缺末尾一"列"字。
③ "金亡于公元1234年，宋灭于公元1279年，元朝直到元仁宗延祐二年（1315年）才又恢复科举。这期间，中国的北方有八十年，南方有近四十年不开科举。"（么书仪：《元人杂剧与元代社会》，第107页。）

赛,公开的赞扬,普遍的喝彩……①

17、18世纪的来华传教士或许因宗教身份所限,极少在作品中谈及包括戏剧演出在内的各类娱乐活动,偶尔涉及也只是私人府邸中宴饮时进行的演出,对于公共剧场是否存在的问题很少给予明确回应。仅韩国英神父在《论中国语言》(*De la langue chinoise*)中简略提及北京城郊存在若干公共剧场。②但1819年格鲁贤所编撰的《中国志》中却明确宣称:"中国戏剧演员完全没有固定的剧场。"③格鲁贤并未到过中国,其《中国志》系根据以往来华传教士的著述编撰而成。但据笔者所见,《中国志》之前传教士的著作中似未见过类似提法。因此,有理由怀疑,格鲁贤此说是受到同时代作者德庇时观点的影响,后者在1817年出版的《老生儿》译本前言中特别驳斥了韩国英的观点,声称:"在中国,不存在任何类似于公共剧院的东西"④,并认为中国只存在流浪剧团所搭建的临时舞台,还提供了详细的描述:

> 一个剧团可以在任何时候用两三小时就搭建起一个剧场。几根竹竿支起一张凉席做的顶棚,在离地六七英尺高的支架上铺上若干块木板,用绘有图案的布料把用作舞台的区域三面围起来,只留出朝向观众的一面,一个中国剧场就这样搭建完毕了,它看起来就像我们集市上的棚子,尽管还没有那么结实。⑤

德庇时曾在广东生活过数十年,因而在当时绝大多数罕有机会踏上中国土地的欧洲人眼中,他的看法显得相当具有说服力,这段搭建临时舞台的描述就曾被包括雷慕沙在内的许多作者所引用。然而大巴赞在1838年的《〈中国戏剧选〉引言》中,却对此发表了不同看法。首先,他否定了中国完全不存在公共剧场的说法:

---

① Abel Rémusat, "Sur *Laou-seng-urh, or, an heir in his old age*", *Journal des savants*, p. 28.

② 参阅 *Mémoires concernant l'histoire, les sciences, les arts, les mœurs, les usages, etc. des Chinois*, par les missionnaires de Pékin, Tome VIII, p. 228, note 38.

③ (Éd.) l' Abbé Grosier, *De la Chine, ou description générale de cet empire*, rédigée d'après les mémoires de la mission de Pékin, Tome sixième, Paris: Pillet Aîné, 1819, p. 54.

④ J. F. Davis, "A brief view of The Chinese Drama, and of their theatrical exhibitions", *Laou-seng-urh, or, an heir in his old age*, a Chinese drama, London: John Murray, 1817, p. x.

⑤ Ibid.

> 在中国北方有一些供音乐或歌舞演出使用的公共建筑,在节庆期间,它们可用于戏剧演出。①

这一说法虽未标注来源,但语气相当肯定,显然渊源有自。从大巴赞在"节庆期间"这一法文表述后插入汉字"放假日子"及拼音 Fang-kia-ji-tseu 这一做法来看,他的说法应当以中文材料为依托。考虑到"放假日子"四字为白话而非文言,这一信息大约源于他与某个中国人的笔谈。事实上,仅大巴赞本人在著述中提及的在法国结识的中国"先生"就有多人,包括浙江人吴澹人、北京人王继业,以及广东人卓项岚(Tcho Siang-lan)等②。因此,他从中国人那里直接获知北方的剧场情况是完全有可能的。

然而,不论该信息源头何在,或信息本身是否精准,大巴赞的反驳还有更重要的一层意义,因为他事实上提出了一种从新的角度思考该问题的可能性:即所谓公共剧场,未必一定是欧洲模式的、只具备单一演剧功能的建筑。它也可以是一种仅在演出时作为剧场使用的多功能公共建筑。换言之,他提醒人们,欧洲此前认为中国没有公共剧场,很可能只是由于人们过于对号入座地在中国找寻欧洲式剧场所致。这不仅对此前记载内公共剧场的缺失作出了有力的解释,而且表现出一种难得的文化多元眼光。

对于德庇时所提供的临时剧场搭建情况,大巴赞并未予以否认。但他进一步指出,不应忽视德庇时文中与临时舞台相关的另一信息:

> 当底层民众想要观看戏剧演出时,他们会凑起一笔足够数额的订金,用以支付搭建一个临时舞台的微薄花销以及给演员的酬劳。③

大巴赞将两件同样有关临时舞台搭建的事联系在一起,对临时舞台的存在提出了一种全新的阐释:

> 在南方的省份中,没有面向公众开放的永久性剧场,但政府对于戏剧此类娱乐活动向来不乏鼓励。因而以当地居民收取演出包场费

---

① Bazin Aîné, "Introduction", *Théâtre chinois, ou choix de pièces de théâtre composées sous les empereurs mongols*, traduites par Bazin Aîné, p. xli.

② 以上姓名汉字除卓项岚为笔者根据法文读音所写外,其余均直接采用大巴赞文中出现的中文原名。参阅 Antoine Bazin, *Grammaire mandarine, ou principes généraux de la langue chinoise parlée*, Paris: Imprimerie impériale, 1856, p. i-ii.

③ J. F. Davis, "A brief view of The Chinese Drama, and of their theatrical exhibitions", *Laou-seng-urh, or, an heir in his old age*, a Chinese drama, p. xvii.

用的方式,允许人们在街道上搭建临时剧场,甚至官员们也会支付必要的费用。①

也就是说,他认为在演出时才临时搭建简易舞台,并不代表当地公众对戏剧演出的排斥或不认同,可能仅仅是受经济条件所限。相反,当地居民在需要的时候就自愿集资来搭建临时舞台供剧团演出,甚至连官员也会支付必要的费用,正充分说明社会对戏剧的需求以及政府对于演出活动的支持与鼓励。

此外,可以留意到,大巴赞虽并未否认德庇时所提供的信息,却在相关的引用文字中添加了"在南方的省份中"这一限定。这表明他认为德庇时所说的情况可能只是地域性的。显然,这是考虑到中国疆域广大,各地经济条件和风俗习惯都差异甚大的缘故。在大巴赞看来,德庇时的见闻虽然有一定的可信度,但是他作为英属东印度公司的成员,其活动范围局限于广东一地,因此该结论未必适用于中国其他地区,不具普遍性意义。

最后,大巴赞谈到了游记中记载最多的厅堂演出模式,并指出这些用于演出的厅堂可能存在于私人宅邸或客店、酒馆之中,认为这是中国剧场的第三种类型。

因此,大巴赞虽然未能找寻到书面材料中有关剧场的更多记载,但他对所掌握的口述材料进行了一种科学的甄别:一方面限定了这些材料所能涵盖的范围,避免以局部代替整体。另一方面也尝试将涉及同一问题的多方面信息集中起来分析,从而使思考更为全面。在他的整理与总结下,以往单一的公共剧场存在与否问题实际上已被消解。取而代之的是各地区各种不同人群拥有怎样不同形式的公共剧场的问题。这就从以往主观性、片面性的结论中跳脱了出来。使人们有可能站在中国与欧洲,中国地区与地区之间差异性的基础之上来看待剧场问题。而他所列举的三类演剧场所,也有力地驳斥了当时欧洲认为中国人对戏剧缺乏认可度,戏剧是一种低俗娱乐活动的论调。

3. 戏曲演员的地位

被视为戏曲社会地位另一重要体现的是戏曲演员的地位问题。在此问题上,被频繁引用的是韩国英神父提供的一些史料,主要涉及史书中对

---

① Bazin Aîné, "Introduction", *Théâtre chinois, ou choix de pièces de théâtre composées sous les empereurs mongols*, traduites par Bazin Aîné, pp. xli-xlii.

商周时期成汤等君主禁止戏曲演出及远离戏曲艺人的一些记载。① 对此,大巴赞从戏剧史的角度提出了驳斥。他指出,韩国英神父以商周时期材料来推断戏曲演员社会声誉不佳,很可能是存在偏误的,因为"优人"一词在不同时代有着不同的内涵与所指。中国戏曲是到唐代才刚刚诞生的,②生活于商周时期的艺人虽与后世的戏曲演员同样被称为"优人",事实上却是两个性质完全不同的群体。前者只是一些以杂耍或滑稽模仿为业的艺人,后者才是真正的戏剧演员。因此,韩国英神父的材料不足以充分说明戏曲演员的地位问题。

而对游记中反映出的戏曲演员并未在社会上得到人们尊重的现象,大巴赞也提出了全新的理解与阐释:

……正如过去在罗马,戏剧演员被视为下流无耻并非因为他们的职业,而只是由于他们天生的罪孽;同样,中国的戏剧演员未能得到他们同胞的尊重,是因为那些戏班班主,无视刑法中的正式法令规定,经常买奴隶子女来培养为演员。因此,戏剧演员才被排斥于社会之外。③

这就是说,在他看来,中国的戏曲演员未受到同胞们的尊重,其实与古罗马的情况类似。古罗马时期,演员们被视为卑鄙下流,并非由于他们所操持的职业,而是由于他们的出身。中国也同样如此。因为戏曲演员多为戏班班主违法买来的奴隶子女。因此,人们看到戏曲演员未受到足够的尊重是因为奴隶阶层受到主流社会的歧视,而非源于他们的演员身份。《利玛窦中国札记》中曾谈到戏班班主买卖儿童培养为演员的情况,大巴赞的阐释或许与此记载有所关。他通过与古罗马的对照,将演员所受的歧视与戏曲所受的歧视相区别,在承认演员社会地位不高的情况下,对戏曲活动本身的社会认可情况提出了新的解释。同样有理有据地反驳了当时的流行看法。

大巴赞围绕戏曲活动性质与戏曲在华社会地位展开的这一系列讨论,充分利用了当时所能掌握到的书面及口头材料,并辅以科学的论证与分析,回应了此前大多建立于主观印象基础之上的理解与判断,为人们重新认识戏曲在中国的地位与意义提供了崭新的思路。

---

① 本文第一章第一节有所提及,并引用了其中的片段。
② 关于大巴赞的戏剧史观点,详见下文。
③ *Théâtre chinois, ou choix de pièces de théâtre composées sous les empereurs mongols*, traduites par Bazin Aîné, p. xliii.

二、与社会历史紧密关联的戏剧史研究

1. 中国戏剧的起源与分期

此前,欧洲对中国戏剧起源的探讨主要基于儒家经典中对"乐"的记载。来华耶稣会士们常将典籍中有关商周时期"乐"的文字视为对戏剧的描述,韩国英等人据此提出"中国戏剧起源于上古"的观点。对此,大巴赞在1838年的《中国戏剧选》引言中提出了反驳。他考察前人所摘引《书经》《礼记·乐记》等文献中的片段,并参考宋君荣、马礼逊等人的相关论述后指出:音乐、舞蹈、诗歌、游戏,这些构成中国戏曲的基本要素虽然在中国历史早期就已存在,但并不表示当时中国已拥有真正的戏剧。他说:

> 在唐玄宗之前,中国,正如全世界所有国家那样,也有游戏与节庆,舞蹈与模拟表演,但这些娱乐活动与舞台表演机制毫不相干,这套机制只能追溯到公元8世纪。①

大巴赞将中国戏剧的出现定于公元720年前后,即唐开元年间。其主要依据是《新唐书·礼乐志十二》②中有关唐玄宗设立梨园的记载以及《元曲选》中陶宗仪的观点。他认为,虽然包括马端临(Ma-touan-lin)所著《文献通考》③在内的诸多著述,都认为戏曲的创立者为隋文帝。《文献通考》更提到在唐贞观年间,戏曲音乐便已在民间流行,但由于"《元曲选》编者"④所生活的时代晚于马端临,其看法很可能借鉴了马端临去世后出现的某些研究成果,因此更具权威性。此外,《葡汉字典》(*Diccionario china-portuguez*)中收录的"戏剧演员"(comediante)词条,曾提及中国民

---

① *Théâtre chinois, ou choix de pièces de théâtre composées sous les empereurs mongols*, traduites par Bazin Aîné, p. vii.
② 法文原文为 Thang-chou, liv. XXII, fol. 4 et 5.,经笔者查对当为《新唐书》卷二十二《礼乐志十二》。
③ 法文原文为 Examen général des monuments écrits, *Wen-hien-thong-khao*, section xv, fol. Iv.,经笔者查对当为《文献通考·乐考四·历代制造律吕》。
④ 虽然大巴赞在1835年的《译者前言》中提到编者臧懋循对剧目的挑选等工作,但在更多地方,他所说的《元曲选》编者指的是陶宗仪。在戏曲起源、戏曲分期等问题上,他的观点均出自《元曲选》中陶宗仪所著《天台陶九成论曲》一文。

间将戏曲演员称为"梨园弟子",①很可能也对他作出这一判断产生了影响。

在为中国戏剧史确定起始点的同时,大巴赞也对中国戏剧作了时段上的划分。在1838年的《中国戏剧选》引言中,他采用的是三期的分法:第一阶段为唐代(720—905②),当时的戏剧作品称为"传奇(Tchhouen-khi)";第二阶段为宋代(960—1119),剧作称"戏曲(Hi-khio)";第三期是金与元(1123—1341);所创作的戏剧被称为"院本(Youen-pen)"和"杂剧(Tsa-ki)"。③ 陶宗仪生活于元末明初,因此其戏曲分期结束于元代,而大巴赞生活的年代已是清代晚期,他的分期却同样结束于元代。很显然,这一观点也源自《天台陶九成论曲》。不过,到1853年的《现代中国》中再度谈到中国戏剧史时,大巴赞已对此作了修正,在分期上增补了第四阶段:明清时期。④

虽然在起源与分期问题上,大巴赞借鉴和采纳了中国作者的观点。但他的进一步阐释与申发,却表明他的思路仍然深受欧洲17、18世纪以来传教士论点的影响。例如,在谈到唐玄宗对戏剧的创立时,他说:

> 戏剧诞生的标志性事件是中国音乐体系的一次改革。这一改革幸运地依赖玄宗的天才而得以发生。他还创立了一所皇家音乐学院(译者注:据下文摘译的新唐书可知该学院所指即梨园),并自任院长。⑤

而他所翻译摘引的《新唐书》相关段落,涉及的也完全是当时的音乐发展状况:

---

① Joaquim Affonso Gonçalves(1781—1841)于1831年出版。大巴赞曾在《〈中国戏剧选〉序言》注释中引述该词条内容:"Dans les compositions élégantes, on désigne encore aujourd'hui les comédiens par cette expression: *élève du jardin des poiriers*."参阅 *Théâtre chinois, ou choix de pièces de théâtre composées sous les empereurs mongols*, traduites par Bazin Aîné, p. iv.

② 括号内的年代上下限均出自巴赞论述。

③ 参阅 *Théâtre chinois, ou choix de pièces de théâtre composées sous les empereurs mongols*, traduites par Bazin Aîné, pp. i-ii.

④ 对这一阶段大巴赞划定的时间是"元代至今",也就是1341直至大巴赞生活的年代。参阅 *Chine moderne, ou description historique, géographique et littéraire de ce vaste empire, d'après des documents chinois*, p. 393.

⑤ *Théâtre chinois, ou choix de pièces de théâtre composées sous les empereurs mongols*, traduites par Bazin Aîné, p. iii.

> 玄宗既知音律,又酷爱法曲,选坐部伎子弟三百教于梨园,声有误者,帝必觉而正之,号"皇帝梨园弟子"。宫女数百,亦为梨园弟子,居宜春北院。梨园法部,更置小部音声三十余人。帝幸骊山,杨贵妃生日,命小部张乐长生殿,因奏新曲,未有名,会南方进荔枝,因名曰《荔枝香》。帝又好羯鼓,而宁王善吹横笛,达官大臣慕之,皆喜言音律。帝尝称:"羯鼓,八音之领袖,诸乐不可方也。"盖本戎羯之乐,其音太蔟一均,龟兹、高昌、疏勒、天竺部皆用之,其声焦杀,特异众乐。
>
> 开元二十四年,升胡部于堂上。而天宝乐曲,皆以边地名,若《凉州》、《伊州》、《甘州》之类。后又诏道调、法曲与胡部新声合作。明年,安禄山反,凉州、伊州、甘州皆陷吐蕃。唐之盛时,凡乐人、音声人、太常杂户子弟隶太常及鼓吹署,皆番上,总号音声人,至数万人。玄宗又尝以马百匹,盛饰分左右……

这表明,在他看来,中国戏曲之最终形成有赖于音乐体系上的某种突破。因此,精通音乐,并设立皇家音乐机构"梨园"的唐玄宗才会以音乐的发展,最终实现了戏剧演进史上质的突破。显然,大巴赞对音乐在戏剧中的地位给予了高度评估,这似乎已经超出了音乐在戏曲中的实际作用。这样的思路很可能是因为将戏曲中的音乐与"礼乐"之"乐"相等同,而在潜移默化中受到以往耶稣会传教士对中国"礼乐"制度强调的影响。

另一个类似的例子出现在他对中国戏曲固有特征的论述中。大巴赞认为,与中国戏剧相比,印度戏剧中的人物明显受到诸多与生俱来的限定。他们的特征首先取决于他们是凡人、半神半人还是神,其次,还要受到他所属的种姓的严格限定。而中国戏剧中的人物则完全无须受这些命定因素的限制。这是因为,中国戏剧诞生之初,就面对着一个已经拥有科举取士制度的开明国度,这使中国戏剧在人物设定上自然而然地呈现出比印度大得多的自由度:

> 在戏剧诞生的时期,她(译者注:指中国文明)已经以智慧而有益的科举制度定为其出发点……中国的教义从不反映中央帝国居民出身的多样,因而,在我们所目前的着眼点上(此处我们考虑的是戏剧文学问题),应当承认印度人是居于不利地位的。在中国,俗话说:全世界都只是一个家庭,(在帝国之内),所有人都是兄弟。(译者注:当指"四海之内皆兄弟也")中华文明的这一特性,使得戏剧人物的品性

从来不曾被事先限制或确定……①

换言之,他认为中国戏剧相比印度戏剧而言的先天优势,同时也是中国戏剧固有的艺术特征,其实源自科举制度带来的相对平等与开放的社会结构。这样的思路与结论,虽有一定合理性,但对科举制度及儒家思想的影响力似乎给予了过高的估计。这很显然是因为受到此前耶稣会传教士著述的影响。

2. 对各阶段戏曲创作的评价

除了唐代的戏曲艺术因无具体作品可参考,大巴赞未提供明确看法外,对于其他各个时代的创作,他都给予了大致的价值评判。

大巴赞对宋代戏曲的看法主要建立在《西厢记》及陶宗仪对五花爨弄的简介的基础之上。因此,他认为宋代戏曲作品中人物数量较少,故事结构太过简单,剧情难以充分展开,抒情部分的韵文占据了作品绝大部分。他在有些论述中称宋代戏曲为"对话体小说(romans dialogué)",②认为这是一个戏剧艺术尚显幼稚的时期。③

大巴赞对第二个时段即金元时期的论述显然完全基于元杂剧。他认为,中国戏剧文学在元代达到了巅峰,并说:"如果我们考虑到故事的次序,结构的简省,场次的安排等方面的话,我们会觉得元代剧作(对现实生活的描绘)可谓无比逼真。"④他分析说,元杂剧之所以能取得如此出色的成绩,部分地得益于前人留存的大量叙事类作品,如《左传》《史记》等史书,《三国》《水浒》、包公故事等小说,都为剧作家提供了丰富的创作资源。而在形式方面,唐宋两代诗词创作的繁荣,则为剧作家撰写曲牌提供了诸多可资借鉴的范例。⑤

而对第三个阶段,即明清戏曲,大巴赞则深为不满,他认为这个时期的戏剧创作在艺术上发生了严重的倒退:

---

① *Théâtre chinois, ou choix de pièces de théâtre composées sous les empereurs mongols*, traduites par Bazin Aîné, p. xx.
② 有关"对话体小说"的问题详见下一节。
③ 以上第 2 点内容的论述参阅 G. Pauthier et A. Bazin, *Chine moderne, ou description historique, géographique et littéraire de ce vaste empire, d'après des documents chinois*, pp. 393-394.
④ Ibid., p. 394.
⑤ Ibid., p. 404.

……人们重新又回到了传奇或是宋代对话体小说的状态…这些现代作家(指明清剧作家)并未脱离从前的老路,不管是在剧本结构上还是在戏剧语言上,他们都没有取得改善……①

以上评价,虽然有其合理之处,但或许在一定程度上也存在着将戏剧艺术水平与时代状况过于等同的倾向。例如,在解释为何戏曲创作在第一阶段唐代之后,要到宋代才进入第二阶段时,大巴赞说,这是因为在唐宋之间的五代十国时期,中国处于长期战乱之中,"(社会的)混乱与内部战争中断了舞台演出"。② 而他对于明清戏曲的贬抑,似乎也受到了对清朝统治者印象不佳的影响:

……自从被鞑靼人(译者注:此处指清朝)征服以来,舞台艺术就严重退化了。与中国当前统治者的水平相称,灵巧的戏法和低俗的哑剧取代了元代富于创造性的剧作……③

而大巴赞对元代戏曲的赞誉,虽然的确建立于他对元杂剧的高度认可基础之上,但也同样包含有对元代社会的总体评估:

这是(中国)现代文学历史上最辉煌的时代之一。所有人都知道(当时)中国将其先进的语言与制度推广给了她的征服者。④

比对大巴赞对于其他时期的看法,他对元代戏曲创作的评价无疑是最高的。不过"将其先进的语言与制度推广给了她的征服者"这一说法,却很明显源于伏尔泰,是"野蛮民族总是被更高的精神文明所征服"说法的一个翻版。⑤ 鉴于伏尔泰这一观点虽然针对的是《赵氏孤儿》译本,但涵盖的不仅仅是戏剧作品本身,而同时包括儒家的思想观念。因此,有理由认为,大巴赞对元代文学的高度评价中,也渗透着欧洲对元代社会的总体社

---

① *Chine moderne, ou description historique, géographique et littéraire de ce vaste empire, d'après des documents chinois*, G. Pauthier et A. Bazin, p. 394.
② *Théâtre chinois, ou choix de pièces de théâtre composées sous les empereurs mongols*, traduites par Bazin Aîné, p. i.
③ Antoine Bazin, "Note du traducteur", *Journal asiatique*, janv. 1835, deuxième série, Tome xv, p. 179.
④ Ibid., p. 175.
⑤ 伏尔泰最初所指不仅是元代,也包括清代满人被汉化的情况。但由于马戛尔尼使团游记等书籍大肆渲染满人在文化上粗野鄙俗,与汉人存在显而易见的差异。可能因受此影响,19世纪时,法国对伏尔泰的论点的解读开始倾向于偏指元代。

会历史评判眼光。

在大巴赞之前,欧洲对中国戏曲的认识主要建立在来华传教士与商人的零星文字之上。其中虽然也有一些具有参考价值的信息,但由于这些记载与评价主要建立于个人有限的印象式的感性经验,时常流于片面和主观。大巴赞的戏曲研究,是欧洲学者第一次跳脱出旅行者叙述的狭窄范围,将中国典籍记载为依据,以社会历史发展和地区差异、文化差异为考量,对中国戏曲所展开的全面探讨。在19世纪欧洲社会科学大发展的背景下,大巴赞借助新的研究方法,对各种材料予以比照、甄别、分析、综合,使戏曲研究第一次脱离了以往的混乱局面,进入研究领域,初步呈现出一种较为科学和客观的面貌。虽然受各种时代因素所限,研究还存在着种种缺憾;然而,其工作的开创性与奠基性意义是应当被后人充分认识并肯定的。

第四节 "对话体小说"与传奇文体在法国遭遇的接受障碍

本书第一章曾提及,不仅王家图书馆在1818—1848年间获得了多种明清传奇,19世纪的法国汉学家们,也通过各种渠道多方购置戏曲书籍。截止至19世纪30年代,雷慕沙和儒莲的私人藏书中已经包含了《六十种曲》《缀白裘》等以传奇为主要收录对象的大型戏曲丛书。显然,汉学家在戏曲翻译的剧目选择上已有较大余地。然而,不仅儒莲的译作除《西厢记》外均出自《元曲选》,大巴赞所译介的为数众多的剧作,也仅有一部《琵琶记》跳出《元曲选》之外。19世纪的汉学家们对手头所掌握的大量传奇剧本表现出如此显而易见的冷落。究竟根源何在?"对话体小说"这一概念或许可以成为解疑的关键。

一、"对话体小说"(roman dialogué)概念的形成

传奇与杂剧相比较,最明显的外部特征就是篇幅上的鸿篇巨制。一般认为,杂剧多为四本,有时加有楔子;而传奇则往往长达几十出。也有学者根据杂剧传奇体制的演变过程,提出以八出(折)为杂剧、传奇之分野,认为杂剧篇幅在八出(折)以下,一般为一至七出(折);而戏文及传

在八出(折)以上,一般有二十至五十出(折)。① 不过,不论如何划定两者间的具体界限,传奇与杂剧,一为长篇一为短制,是人们的共识。这一形式上的区分同样很早就为法国汉学家所觉察。鉴于法国戏剧篇幅较短,多在五幕以内,具有长篇形制的传奇文体,在法国并无合适的对应物。这使得汉学家们从一开始就对传奇的定位颇为犹豫,只能在探索中不断找寻较为合宜的概念。

1818年,雷慕沙在《论王家图书馆的中文图书》(Mémoire sur les livres chinois de la bibliothèque du roi)一文中,曾谈及傅尔蒙中文书目内的《西厢琵琶合刻》条目,其中就包含对这类长篇戏曲的界定:

> ……另一处同样严重的错误是关于该分类最后一个条目的:《西厢记》《琵琶记》……这最好地证明了傅尔蒙只是在努力揣测这些长篇小说的主题,而根本没有费心去读它们……②

雷慕沙的这段话意在指责傅尔蒙没有阅读中文原书,在不知"西厢""琵琶"何所指的情况下对作品标题妄加揣测,以致给出完全谬误的书名释义。不过尤其值得留意的是,雷慕沙在文中用以指称《西厢》《琵琶》这两部剧作的概念竟然是"长篇小说(roman)"。类似的表述也出现在此文其他地方。例如,在介绍《西厢记》剧情之后,雷慕沙以这样一句话来结束:"以上就是这部长篇小说(ce roman),或更确切地说这部长篇正剧(ce long drame)的主题……"③"长篇小说"的概念再度出现,并被直接与"长篇正剧"的表述相互等同起来。这暗示我们:直至19世纪初期,长篇戏曲作品仍未被完全划入戏剧行列,而被视为某种"长篇小说"。④ 虽然,"更确切地说"这一表述细节透露出汉学家对以往界定提出质疑或修正的意图,但他们仍未摆脱传统带来的惯性。

雷慕沙的另一段陈述或许可以进一步印证这种推测。在同一篇文章中,他解释完《琵琶记》剧名的来由后说:"这也是一部正剧(drame),甚至

---

① 参阅郭英德:《明清传奇戏曲文体研究》,北京:商务印书馆,2004年,第2页。

② Abel-Rémusat, *Mémoire sur les livres chinois de la bibliothèque du roi et sur le plan du nouveau catalogue*, Paris: Le Normant, 1818, pp. 36-37. 着重号为笔者所加。

③ Ibid.

④ 根据今日学界更细致的区分,《西厢记》虽有5本21折,但仍为杂剧;而《琵琶记》为传奇之前身南曲戏文的代表,也不属于传奇。但它们同为长篇戏曲作品,因而汉学家对这两部作品所使用的概念,与后来对传奇乃至弹词作品所使用的概念,是一脉相承的。

是一部相当悲伤的正剧,没有任何东西能表明它是傅尔蒙的所谓'喜剧故事(historia comica)'。"显然,雷慕沙在文中虽部分地沿用了源自前人的"长篇小说"等用语,但他对于"小说"或"故事"这样的文体界定已然存疑。

鉴于雷慕沙此文中许多对傅尔蒙的批评均借鉴自来华耶稣会士吴君(Pierre Foureau, 1700—1749)神父《对傅尔蒙先生中国语法的反思》(Réflexions sur la Grammaire chinoise de M. Fourmont)一书稿本,因此,笔者也将雷慕沙此文与吴君神父手稿①中相关的部分进行了比对,以确认这一文体问题上的看法究竟出自何人。对比结果表明:雷慕沙对傅尔蒙误解"西厢""琵琶"标题的评论均源自吴君神父,但有关这两部作品的文体问题,手稿中并未提及,大约应出自雷慕沙本人。不过,或因雷慕沙当时对此类作品的性质仍未能最后肯定,或因他并未将其视为其关注的重心,故文中不曾加以展开。

所幸,笔者所找寻到的雷慕沙两位学生或追随者的文字,向我们间接传递了雷慕沙对这一文体界定问题的大致看法。其一是前文曾提到的《老生儿》的法译者索尔松。索尔松是一位东方学爱好者。身为亚洲学会成员,他不仅从英文转译了《老生儿》与《三与楼》,还学习梵文,翻译过印度戏剧,后投身于莎士比亚剧作的法文翻译。② 他在《老生儿》法译本前言中曾谈到自己对雷慕沙汉学著述的关注,以及就汉学问题向雷慕沙请教的情况。③ 如"老生儿"三字,德庇时的英文版中原先的为 Laou-seng-urh,而法译本中改写为 Lao-seng-eul,就是听取了雷慕沙的观点。④ 因此,有理由认为,索尔松在汉学观点上受雷慕沙影响较多,是雷慕沙一位忠实的追随者。索尔松在其转译的《三与楼》法译本前,附有一篇介绍中

---

① 法国国家图书馆(Bibliothèque nationale de France), Manuscrits occidentaux, Ms Fr12215—MF33759. 感谢安比诺教授为我查找该手稿提供了重要线索。

② 参阅 Revue encyclopédique, ou analyse et annonces raisonnée des productions les plus remarquables dans la littérature, les sciences et les arts, 5e année, Tome XX, Paris et Londre, 59e cahier, nov. 1823, pp. 468-470.

③ 参阅 A. Bruguière de Sorsum, "Avis du traducteur français", Lao-Seng-Eul, comédie chinoise, suivie de San-Iu-Leou, ou les trois étages consacrés, conte moral ; traduits du chinois en anglais par J. F. DAVIS, et de l'anglais en fançais par A. Bruguière de Sorsum, Paris et Londre, 1819, pp. i-iii.

④ 参阅 A. Bruguière de Sorsum, Lao-Seng-Eul, comédie chinoise, p. i; Abel-Rémusat, "Sur Laou-seng-urh, or, an heir in his old age, a chinese drama, London, 1817", Journal des savants, pp. 29-35.

国小说概况的《译者前言》,其中不仅提到了雷慕沙《论王家图书馆的中文图书》一文,且同样将"西厢""琵琶"二作视为小说列入中国小说清单之中。不过,未见于雷慕沙此文的是索尔松所列举的中国小说的各种类型:

  事实上,中国人拥有各种类型的小说。探险小说、性格小说、历史小说,轶事与短篇小说集;对话体小说、道德故事、色情故事、奇幻故事……①

有理由怀疑,"对话体小说"一词便是当时雷慕沙对中国长篇戏曲所提出的新的界定。因为,假如《西厢》《琵琶》被视为小说是一种由来已久的传统观点的话,"对话体小说"这一概念恰好可以达到局部修正的效果,而这与雷慕沙文中在"小说""戏剧"用词上表现出的含混和摇摆恰好甚为吻合。

  另一条法文材料也可成为这一推断的有力佐证:

  《西厢记》是中国最受欢迎的长篇小说之一,一方面是由于它典雅的文风,另一方面也与它的情节所带来的兴趣相关,其情节是以一种戏剧性多于叙述性的形式下展开的。作品被分为20个可被称之为"场"的部分……②

这段文字见于1839年印刷的汉学家柯恒儒藏书拍卖目录,是对目录中某金圣叹评本《西厢记》的介绍,撰写者朗德莱斯(Clerc de Landresse,1800—1862)是雷慕沙的学生。在朗德莱斯笔下,《西厢记》同样被定性为"长篇小说",不过他随即补充说,该小说情节的展开采用了一种"戏剧性多于叙述性"的形式。虽然文字中并未直接出现"对话体小说"的字样,但朗德莱斯在这段话中对《西厢记》这部长篇戏曲作品的文体界定其实与雷慕沙、索尔松并无二致。显然,雷慕沙时代的汉学研究者,一方面已意识到前人将"西厢""琵琶"等长篇戏曲作品简单界定为小说存在一定问题,并试图强调这类作品所具备的以对话为主导形式,戏剧性多于叙述性等特征,但或许由于受传统观念的惯性影响,他们并未将其最终划归戏剧文

---

 ① A. Bruguière de Sorsum, *Lao-Seng-Eul*, *comédie chinoise*, p. 157.
 ② *Catalogue des livres imprimés des manuscrits et des ouvrages chinois, tartares, japonais, etc., composant la bibliothèque de feu M. Klaproth*, Paris: R. Merlin, 1839, p. 60.

体，而是创造出"对话体小说"这一概念来加以界定。① 他们所举的例证虽仅限于"西厢""琵琶"两种，但就该概念的内涵来看，显然也隐含了以明清传奇为主体的大量长篇戏曲作品。传奇初入法国的这段独特历程，显然已为它未来经历一种与杂剧截然不同的命运埋下了伏笔。

二、"对话体小说"归属的改变及其评价

儒莲进入戏曲研究领域之后，对"对话体小说"的内涵与归属提出了进一步质疑。1833年，他在《文学欧洲报》上刊载其《西厢记》节译时，便以剧中"曲牌"的存在为依据，正面指出，"对话体小说"实际上应当是一种剧本：

> 人们倾向于认为《西厢记》只是一部对话体小说，尽管被赋予了戏剧的形态，却并未打算将其公开上演。这一观点很难令人接受，因为我们看到，占据作品相当篇幅的所有那些唱段前，都标注着演唱它们时用以伴奏的乐曲。因此必须承认，尽管此作篇幅甚长，它仍然是一个用以演出的剧本。②

这段话不仅再度证实了"对话体小说"是此前研究者用于指称长篇戏曲作品的概念，同时也向我们透露，人们之所以会将这类作品归入小说，其原因之一在于他们难以理解如此鸿篇巨制要怎样上演。虽然众所周知，曲与诗词一样，经过长时间的演变，都逐渐演化为某种体裁的诗歌，完全可以脱离音乐而存在。然而，曲牌的存在，的确可以证明曲在产生初期与音乐伴奏——换言之，与舞台演出——曾经发生过紧密的关联。儒莲的观点或许不能适用于曲牌体作品的所有情况，但从理据上说，的确是存在其合理性的。这一论据的发现，很可能为法国汉学家们正式将长篇戏曲划入戏剧文类迈出了关键的一步。不过，虽然儒莲对"对话体小说"的归属已较为肯定，但或许由于法语中缺少合适的对应概念来指称这类作品，因此他并未取消该语汇，而是采用了将其作为一种特殊的戏剧门类，直接归

---

① 促成"对话体小说"概念出现的，可能是19世纪初期在法国流行的一种小说形式，引领该潮流的是英国作家司各特。"这位外国作家的特殊功绩，在法国人眼里看来，就是他用戏剧对白体的长篇小说代替了当时流行的长篇小说的两种形式，一种是叙事的形式……另一种是书简的形式……最有才华的法国青年作家受司各特的影响是一目了然的。"（[丹麦]勃兰兑斯著，李宗杰译：《十九世纪文学主流·法国的浪漫派》，第52页。）

② *L'Europe littéraire*，le 17 mai 1833.

入戏剧大类之下的做法。在儒莲所编撰的中文图书目录手稿(见附录五)[①]中可以清楚地看到,"对话体小说"概念被予以保留,并开始直接与"戏剧"概念交替使用。如同为长篇戏曲作品,《牡丹亭》《西厢记》等条目下写着"戏剧",而更多的长篇作品,如《琵琶记》《风筝误》《寒香亭》《桃花扇》等,则被继续称为"对话体小说"。[②]而在儒莲书目为"文学"所分的十三个小类中,这些长篇戏曲剧作完全离开了"长篇小说(roman)"类别,而进入另一个分类,与其他法国典型的戏剧种类相并列,儒莲为该分类拟定标题为"正剧、喜剧与对话体小说(drames, comédies et romans dialogués)"。不过,有必要补充的是,在缺乏进一步资料的情况下,传奇与其他外形特征较为类似的文本之间的差异被基本忽略,正如儒莲书目手稿所显示的那样,涵盖于"对话体小说"范围之内的,不仅有明清传奇,还有南戏如《琵琶记》、多本的杂剧如《西厢记》,以及弹词[③]等曲艺文本。

虽然从儒莲开始,被称为"对话体小说"的长篇戏曲作品终于被汉学家纳入广义的戏剧范畴,但在法国戏剧基础上形成的价值评判标准显然仍严重影响了汉学家对这类作品的接受,使之将其视为无法与元杂剧相媲美的不成熟之作。本书第三章曾谈及大巴赞在出版于1853年的《现代中国》一书中指出:中国的戏剧艺术在宋代时尚显幼稚。[④] 这一观点的形成与他对"对话体小说"的成见有着紧密的关联。据大巴赞本人回忆,在1845至1856年间,他曾先后在巴黎和伦敦结识过几个中国人,并与他们进行了交流甚至合作。其中一个来自广东的中国人,名叫卓项岚[⑤],大约曾与他谈到过对《西厢记》的看法。据大巴赞转述,卓项岚认为宋元明清几代,作

---

① 法国国家图书馆中标注为儒莲所撰中文书目手稿的共有两种,分别藏于西方手稿部和东方手稿部。西方手稿部所藏书目(NAF—5446)仅一卷,许多图书只标法文,未标中文。且从法文笔迹来看,大多数不似儒莲所写,故暂且存疑。附录五中表格以东方手稿部所藏四卷本书目手稿(Chinois 9311)为据。该手稿以卡片形式撰写,然后粘贴成册。根据登记信息,其中有部分条目为后人补充。但从手稿实物来看,补充部分基本不附汉字,且纸张笔迹均与儒莲时期有明显差异,故较易分辨。

② 表格内所引手稿条目经笔者与儒莲其他手稿书信比对,证实笔迹吻合。

③ 弹词自明代以来代言体渐成主流,形式上表、唱、白俱全,甚至人物上场也套用戏曲的套路,有引子,有定场诗等,非常戏曲化。参阅盛志梅:《清代弹词研究》(齐鲁书社,2008年)中"代言体弹词"的相关叙述。

④ 参阅 G. Pauthier et A. Bazin, *Chine moderne, ou description historique, géographique et littéraire de ce vaste empire, d'après des documents chinois*, pp. 393-394.

⑤ 大巴赞原文为 Tcho Siang-lan,正文中的汉字为笔者据读音所写。

为口语使用的官话都是相同的,①比如《西厢记》是一部宋代口语写成的杰作,书中十分之九的篇幅都使用的是官话,②因而从这些对话可以显而易见地看到官话并未发生改变。③当时汉学家所说的《西厢记》均指王西厢,本为元代作品,但因卓项岚称其系由宋代口语写成,直接促成了大巴赞将《西厢记》判定为宋代作品。鉴于大巴赞在谈到宋代戏剧时,所引证的例子除五花爨弄外便只有他称为"对话体小说"的《西厢记》,有理由认为,他对宋代戏曲"幼稚、不成熟"等评价,其实是指向"对话体小说"。

事实上,在谈及明清戏曲时,大巴赞也曾称这些作品"重新又回到了传奇或是宋代对话体小说的状态",并认为"不管是在剧本结构上还是在戏剧语言上,他们都没有取得改善"。"对话体小说"与"传奇"在其论述中被直接并列使用,而评价显而易见同样是负面的,这进一步证实了该评价与文体之间的密切关系。如果说,在大巴赞之前,汉学家将"对话体小说"这一概念运用于指称中国的长篇戏曲作品时,本身已经隐含有叙事性较强、戏剧性较弱的意义的话,大巴赞在勾勒中国戏剧史时对于各时代创作的评判,则直接反映了法国受众对于这类以传奇为主体的长篇戏曲作品的接受障碍。

三、19世纪欧洲对戏曲唱段抒情性的认识

传奇在法国汉学家那里得到的冷淡反馈,很可能与中国戏曲中抒情性因素所占据的特殊地位有关。

应当说,欧洲对中国戏曲中的抒情性并非一无所知。自18世纪起,他们就通过马若瑟得知中国的戏曲作品中夹杂有一些以韵文写成的唱段,而其作用是"表达心中某些强烈情绪,例如喜悦、痛苦、愤怒、绝望"④。此后19世纪的汉学家谈到唱段时,往往延续马若瑟的说法,称其为"抒情性片段"(morceaux lyriques)。不过,从马若瑟的以上陈述来看,他只是将唱段视为对白的辅助成分。马若瑟在译本中删减唱段虽主要是出于对

---

① 此处附有汉字"话当相同"。大巴赞与卓项岚应当是以笔谈的方式进行交流,大巴赞文中夹用的这些汉字很可能就摘自卓项岚的笔谈文本。

② 此处附有汉字"官话十九"。

③ 参阅 Antoine Bazin, *Grammaire mandarine, ou principes généraux de la langue chinoise parlée*, p. ix.

④ *Tchao-Chi-Cou-Eulh, ou l'orphelin de la maison de Tchao*, traduite par le P. de Prémare, p. 87.

欧洲读者接受能力的考虑,但认为唱段并非剧作之核心可能也是他作出这一决定的因素之一。

不过,进入19世纪后,汉学家对戏曲中唱段重要性的认识渐有所提高。雷慕沙在批评德庇时《汉宫秋》译本对唱段删节过多时,就给出了以下解释:

> 简省到只剩对白后,它(译者注:指《汉宫秋》)就仅是一个提纲而已,事实上只能让人了解人物的姓名,他们的利益所在,他们的行为及其结果,而对他们所感受到及表现出来的情绪,人们则一无所知。①

显然,雷慕沙虽同样认为唱段是剧中人物情绪及感受的表达,但对于其在剧中的地位,却给出了一种不同于马若瑟的看法。他认为,当《汉宫秋》的唱段被尽数删去后,剧作就成了一个"提纲"。换言之,所丧失的并非是一种锦上添花性质的辅助性因素,而是作品艺术价值的核心所在。这种理解,其实与西方传统的戏剧观是存在严重分歧的。因为根据亚里士多德的悲剧理论,"悲剧是对一个完整划一,且具一定长度的行动的摹仿"。因而在悲剧中,"情节是第一,也是最重要的成分"。② 按照这一观点,人物的"利益所在""行为及其结果"显然是戏剧的核心构成。为什么这些抒情片段的丧失,会令剧作丧失其艺术价值,降级为一个"提纲"呢?雷慕沙的这一评判,似乎暗示我们,他已经察觉到了中国戏曲与西方戏剧不同的特质以及抒情性在中国戏曲中的特殊地位。但鉴于他这段话只是针对《汉宫秋》而言,而考虑到此剧中唱段所占比重之大,似无法就此断言他是将抒情性视为中国戏曲的一般性特征,还是仅对《汉宫秋》就事论事。

此后,19世纪的汉学家与研究者们对于中国戏曲中这些"抒情性片段",还从不同角度出发提出过一些补充性观点。如儒莲从篇幅上指出唱段在中国戏曲中所占比重很大:"一般占剧作一半篇幅,有时甚至达到四分之三。"③而雷努阿指出唱段不仅可以更好地表达感情,在很多时候也参与对剧情的推进。不过,这些说法虽然都没有牵涉到唱段的抒情性。

---

① Abel-Rémusat, "Notice sur *Hang Koong tsew, or the sorrows of Han*, a chinese tragedy, translated from the original by J. F. Davis, London, 1829", *Journal des savants*, p. 87.
② 亚里士多德著,陈中梅译注:《诗学》,北京:商务印书馆,2012年,第75页。
③ *Hoëï-lan-ki*, *l'histoire du cercle de craie*, drame en prose et en vers, traduit du chinois et accompagné de notes par Stanislas Julien, p. viii.

较为明确谈到唱段抒情性的大巴赞在《〈中国戏剧选〉序言》中将戏曲唱段与古希腊戏剧中的合唱相类比。他认为两者唯一的差别是合唱并不介入戏剧行动之中,而唱段的演唱者则是剧作的主要人物,但它们同样是作者与观众之间的媒介。他从唱段的话语模式入手,指出唱段实际上是剧作者借剧中人物之口向观众传递的道德训诫。唱段语言之所以比日常语言更考究,更激烈,正是为了使它有别于真正属于人物自己的语言。①换言之,在他看来,唱段虽然由剧中人口中唱出,其实并非构成行动的戏剧性语言,而是作者在其中插入的抒情性语言。而这种抒情性语言存在的目的是为了更好地实现对观众的道德教化。显然,这一看法与他对中国戏曲以道德教益为首要目的的理解是相互一致的。

从以上情况来看,19世纪的法国学者对于唱段在剧作中的重要性已基本达成共识,对于唱段的抒情性特质,也有一定程度的认识。不过,当他们将唱段比拟为古希腊戏剧中的歌队时,实际上还是以西方的戏剧模式在解读中国戏曲,而未能更深刻地体察到中国戏曲作为一种以唱段为主体,宾白为连缀结构的文体所具有的某些特质。② 在当时的法国读者中,或许只有小安培隐约感觉到了这种特质的存在。他在谈论中国戏曲时,曾经从观众的接受心理出发,来分析这类抒情性片段的存在:

> 在听到人物的抱怨、威胁、争吵之后,在看到某些可怕的灾难酝酿着,向主人公迎面袭来时,内心焦躁不安的观众,可以在合唱中找寻到一种和谐的声音,它通过将观众的焦躁表达出来而使其平静,或是用高度节制的、神圣的智慧来回应他们世俗的忧虑。现代人由于戏剧中不再有合唱,因此不知不觉中被迫找来其他一些不如合唱完美的方式来达到同样的目的,以抒情性的倾吐衷肠来使(观众的)心灵得以休憩,如若不然,那些纯粹的、毫无间歇地呈现在它面前的戏剧现实终会令心灵不堪重负……就这方面来看,中国人的做法类似于希腊人。③

---

① 参阅 *Théâtre chinois, ou choix de pièces de théâtre composées sous les empereurs mongols*, traduites par Bazin Aîné, pp. xxx-xxxii.

② 参阅何辉斌:《戏剧性戏剧与抒情性戏剧——中西戏剧比较研究》,北京:中国社会科学出版社,2004年,第26页。

③ J.-J. Ampère, "Du théâtre chinois", *Revue des Deux mondes*, Tome quinzième, quatrième série, p. 746.

小安培认为,激烈的戏剧冲突会给观众带来巨大心理压力,戏剧中需要出现某些间隙来舒缓他们过度紧张激烈的情绪,这正是抒情性段落存在的原因。由于这一心理需求源于人的天性,因而是古今中外所有戏剧都必须解决的问题。在古希腊戏剧中,这种需求由歌队的演唱而得到满足。晚近的戏剧中,则以长篇独白、叙事段落等方式来弥补歌队被删去后所造成的缺失。中国戏曲中的唱段,便是以一种类似古希腊的方式对这种需求的回应。① 虽然他与同时代的学者一样,仍然是站在西方戏剧的模式上,来肯定唱段的存在价值和意义;不过,与其他人不同的是,小安培实际上已经敏锐地察觉到,唱段作为一种抒情性片段,对戏剧冲突所产生的效用并不一定是强化与突出,也有可能是淡化与平衡。换言之,他的论述已经隐约触及一点:当中国戏曲在结构上依托于大量核心唱段时,作品整体的戏剧性与唱段所隐含的抒情性之间,可能并不总是相辅相成的,而是会有所冲突的。

借用某位中西比较戏剧学者所提出的"戏剧性戏剧"和"抒情性戏剧"概念来说,欧洲戏剧属"戏剧性戏剧",在这类作品中,抒情性片段只是一种辅助,因此其存在可以构成对戏剧性的合理的补充。而中国戏曲属"抒情性戏剧",在这类戏剧作品中,"抒情性片段"是其主体,因此所产生的效用可能较为复杂。就唱段与作品戏剧性的关系而言,元杂剧中由于是一人主唱,每折只是唱一个套曲,曲的使用相对受限,因而唱段的存在对作品的戏剧性主要起促进作用。但在南戏与传奇等文体中,各个角色都可以有自己的唱段。而南北合套、集曲等方法的使用,令可供选择的曲牌数量得以增多,曲调变化也有了更多的活动余地。② 当剧中的唱段由于音乐的丰富而得到更充分施展空间的同时,它对作品戏剧性的表达可能会出现利弊兼而有之的情况。这一状况其实是抒情性唱段本身的审美追求所决定的。如何辉斌所说:

> 如果从戏剧性的角度来看,中国戏剧的结构不如西方戏剧那么容易制造出紧张的气氛。但从抒情性的角度来说,这倒是有利的。气氛不太紧张,观众才有可能真正地进入抒情诗的境界。而在线状

---

① 参阅 J.-J. Ampère, "Du théâtre chinois", *Revue des Deux Mondes*, Tome quinzième, Quatrième série, pp. 745-747.

② 参阅张庚、郭汉城主编:《中国戏曲通史》,北京:中国戏剧出版社,1980年。

的结构中,情节不停地在自由时空中改变,给诗人更多的做诗的情景……①

这就是说,在中国戏曲中,抒情性的唱段对于作品戏剧性的影响并不是单一的,而是具有多种可能性的。这种情况从根本上说,是由抒情性在戏曲中的主导地位所决定的。中国抒情传统对戏曲文学的深刻影响,决定了抒情性因素在戏曲中的作用并非局部的、辅助的,而是全局性、结构性的。它们的存在当然也存在马若瑟以情绪渲染加强戏剧性的作用,或是如小安培所说帮助观众跳脱出来,舒缓戏剧冲突所造成的压力的作用。但与此同时,它也可能造成情节进展迟缓、戏剧冲突淡化、戏剧结构松散等等问题。然而,19世纪的法国汉学家,虽然已逐渐认识唱段的抒情性特质,却并未意识到抒情性乃是中国戏曲的一种本体性特征。当抒情性对戏剧性未构成明显影响或主要为正面影响时,汉学家将其判定为具有较高水平的戏剧。而当戏剧性为抒情性所压制或损伤时,作品就变成了汉学家眼中的水准欠佳的"对话体小说"。然而,如果承认"戏剧性戏剧"与"抒情性戏剧"本身是两种不同类型的戏剧,其美学追求并非完全一致的话,那么单纯以戏剧性是否突出来判定作品的优劣可能本身就是值得质疑的。虽然从表面上看,汉学家选择元杂剧,而拒绝以传奇为主的长篇戏曲作品,只是在两种文体间所做的优劣选择。然而,隐藏于这种取舍与评判之后的,很可能是两种不同文学传统间的隔阂与误读。

---

① 何辉斌:《戏剧性戏剧与抒情性戏剧——中西戏剧比较研究》,第48—49页。

第四章 中国戏曲在 19 世纪法国读者中的接受

本文前两章探讨了法国汉学家所进行的戏曲翻译工作。这些译作是借助怎样的渠道与法国读者群体发生接触，读者对这些作品的关注集中于哪些方面，而以翻译为媒介发生的这些文化交流是否曾对法国文学产生过影响？本章将针对以上问题，从译作在读者中的传播、反馈、影响三个方面来展开讨论。

第一节 19 世纪法国文化氛围与汉学家译作的传播

当译者在他所面对的众多戏剧中作出选择，并根据他的理解与意图去重构作品时，其实已经反映了一种接受。不过，随着这些作品经由中间媒介抵达法国的一般读者，它们还将在更大范围内形成更为丰富和多元的接受。鉴于传播的路径与方式也会对接受的形成产生重要影响，笔者首先将借助各种资料尝试对译作在 19 世纪前半期，尤其是三四十年代法国的传播情况进行重建与勾勒。

一、译作的出版发行状况

由于 19 世纪时中国戏曲在法国的译介是一项始于汉学界的活动，而学者们的初衷又在于借此了解中国的语言、文化与风俗；因而，很长时间内，这些译作并未与舞台演出发生直接关系。直至半个多世纪后，由于剧作家的参与，才陆续出现了一些基于汉学家译作的改编本，并有部分剧目被搬上舞台。[①]因此，在笔者关注的时间段内，中国戏曲译作基本是作为一种文学作品而非舞台呈现在公众中传播，而书籍的刊印自然是最基本

---

① 剧作家莫里斯·沃盖尔(Maurice Vaucaire, 1864—1918)曾将《㑇梅香》改编为独幕剧，收入其出版于 1887 年的作品集《公园与小客厅》(Parcs et boudoirs)中。19 世纪末、20 世纪初，朱迪特·戈蒂耶曾创作过根据《㑇梅香》与《看钱奴》等剧改编的作品。其中，由《看钱奴》改编的《中国吝啬鬼》(L'Avare chinois)还曾在巴黎上演。参阅 La Nouvelle Revue, vingt-neuvième année, troisième série, Tome II, mars-avril 1908, pp.132-134; Judithm Gautier,"Le Ramier blanc, comédie chinois", Paravent de soie et d'or, Paris: Librairie Charpentier et Fasquelle, 1904.

的、处于源头的传播渠道。

　　法国汉学家对戏曲的研究与翻译活动最为集中的时期,即 19 世纪 30、40 年代,从法国图书业发展的历史来看,也正是法国出版业蓬勃发展的时代。① 这无疑为译作的传播创造了有利的外部环境,这从汉学家戏曲译作单行本或合集的出版信息也可大致感受到。

　　以下是以 1861 年杜波拉(Duprat)书店所售中国相关图书的价目表为依据②编制的译本出版信息表:

表四　19 世纪英法戏曲译本出版信息表③

译者	书名	年份	开本	页数	价格
德庇时	《老生儿》英译	1817	12 开	约 170 页	5 法郎
索尔松	《老生儿》法译	1819	8 开本	约 280 页	5 法郎
德庇时	《汉宫秋》	1829	4 开本	约 30 页	5.5 法郎
儒莲	《灰阑记》	1832	8 开本④	约 150 页	15 法郎
儒莲	《赵氏孤儿》	1834	8 开本	约 350 页	10 法郎
大巴赞	《中国戏剧选》	1838	8 开本	约 400 页	7.5 法郎
大巴赞	《琵琶记》	1841⑤	8 开本	约 300 页	7.5 法郎

　　从该表格来看,当时的戏曲译本虽然从开本到定价都并非整齐划一,但大致而言仍有一定的倾向性。开本方面,仅英国出版的两种德庇时译作一为十二开,一为四开,其余在法国出版的戏曲译本均为八开本。而价格方面,除儒莲的《灰阑记》译本达到 15 法郎外,其余译本价格均保持在 5—10 法郎之间。这些信息为我们勾勒出了一个怎样的读者定位呢?

---

　① 参阅 Antoine de Baecque, Françoise Mélonio, *Histoire culturelle de la France*, Tome III: *lumières et Liberté*, *les dix-huitième et dix-neuvième siècles*, sous la direction de Jean-Pierre Rioux et Jean-François Sirinelli, Paris: Seuil, 1998.
　② 笔者以《中国戏剧选》为例,将 1861 年此书目的价格与 1838、1843 年等多本图书价目表对照,确认此表格中定价均为新书原价,且未发生过变动。
　③ 以下表格内容除页数一栏外,均参阅 *Catalogue des livres relatifs à la Chine qui se trouvent à la librairie de Benjamin Duprat*, Paris, 1861.
　④ 根据此书目,《灰阑记》似有两个版本,均为八开本,用不同纸张印刷,另一版本定价为 9 法郎。
　⑤ 大巴赞的《琵琶记》译本初版为 1841 年,但该书目标注为 1848 年,又某书目中为 1844 年。因无进一步证据说明此书确有再版,或为印刷错误,故暂时仍按 1841 年标注。

众所周知,书籍的开本并非人为的随意选择,它向来与出版者心中的目标受众有着紧密关联。早自16世纪开始,法国图书出版中就以开本来区分面向不同受众的书籍,用以收藏、查阅的学术书刊多为大开本,而供人随身携带的各种文学读本选用小开本。八开本向来属易于携带的小开本之一,多用以印制各种较为流行的大众通俗读物。① 尽管自18世纪后半叶起,由于小开本书籍逐渐成为市场的主流,使得八开本的适用范围也有所扩大,② 但就总体而言,八开本仍然是主要针对普通读者的开本之一。

从定价方面来看,情况也是如此。5—10法郎的价位区间,与当时面向更广泛读者群体的大众读物或畅销书比,当然并不便宜,因为后者价格多在1—2法郎左右。即便与同时代法国作家如巴尔扎克和大仲马的小说、雨果的诗集比,也仍显略高,因为后者基本定价在每卷3法郎50生丁。③ 不过,若与其他外国文学译作相对比,则中国戏曲译本的定价大致居中,并不特别凸显。例如当时出版的莎士比亚剧作选法译本,3卷定价为18法郎,平均每卷6法郎,而《一千零一夜》译本1卷定价则达10法郎。④ 考虑到当时莎剧和《一千零一夜》在法国都正当兴盛,因此中国戏曲译著的价格应属于外国文学出版物的正常水平,并未因预期受众过小而受到特殊对待。

不过,资料表明,19世纪前半期法国书籍的印数,在数量级上仍然是较为有限的。根据法国《全球杂志》(Revue universelle)于1837年所提供的统计数据,当时一位有声誉的法国作家,其作品的印量大约也只在1000至2000册左右。⑤ 显然,书籍印数固然与读者期待有关,但它首先要受到法国受教育人数,及该群体中具有相应消费能力人数的限制。虽

---

① 参阅 Lucien Febvre, Henri-Jean Martin, *L'apparition du livre*, Paris: Albin Michel, 1999. 此书已有中译本,题为《印刷书的诞生》(桂林:广西师范大学出版社,2006年)。

② 参阅[法]弗雷德里克·巴尔比耶、卡特琳娜·贝尔托·拉维尼尔著,施婉丽等译:《从狄德罗到因特网——法国传媒史》,上海:上海人民出版社,2009年,第19页。

③ 参阅 Hertor Bossange, libraire et commissaire pour l'étranger, *Catalogue des livres français, anglais, allemands, espagnols, grecs et latins, italiens, portugais, orientaux, etc., etc.*, suivi de prix courants, Paris, 1845, pp. 583, 591.

④ 参阅 Hertor Bossange, *Catalogue des livres français, anglais, allemands, espagnols, grecs et latins, italiens, portugais, orientaux, etc., etc.*, Paris, 1845, pp. 605, 736.

⑤ 参阅 "Situation financière des littérateurs français" *Revue universelle*, cinquième année, Tome Ier, Bruxelles: Société belge de librairie, 1837, p. 731.

然戏曲译作与纯粹学术著作相比,还是更能引起普通读者的兴趣;且部分译作曾获得相关机构的资助①,不过,以当时书籍印数的数量级估计,它们的印数应当也只在数百本而已。

不过,种种迹象表明,随着时间的推移,中国戏曲译本的读者群人数是逐渐呈现上升趋势的。从上文的表四可以看到,出版于1832年的《灰阑记》,仅有150页,但价格要达到15法郎,而1834年的《赵氏孤儿》,有350页之多,价格反而只有10法郎;同样,1838年出版的《中国戏剧选》,达到了将近400页,价格却进一步降到了7.5法郎。众所周知,书价与出版成本有着紧密的关联,一般来说,书籍页码的增长意味着更高的印刷成本,相应地也会有更高的定价。但也有一种情况相反,那就是,如果印数有所增长,那么即便书籍厚度在增加,平摊到每本书上的成本仍然有所降低,而书价也会相应降低。因此,有理由相信,从19世纪30年代初到30年代末,如戏曲译本等适合普通读者的中国读物,印量是有所增多的,这意味着,对该领域感兴趣的读者群体在十年间极可能呈现出增长趋势。这一增长很可能受益于法国大革命以来书籍在民众中的普及。《法国文化史》曾指出,当时的法国在大革命所倡导的"平等"观念推动下,出现了对大众化图书的强烈需求。图书的出版随之在1830年起的二十年内发生了巨大转变。此前图书价格昂贵,私人很少拥有图书,而购买当代人的著作更是属于少数精英人物的特权。但仅短短十数年之后,1842年巴尔扎克的《报刊生理学》(*Physiologie de la presse*)已经开始嘲讽资产阶级为赶时髦而购书的现象。② 换言之,随着资产阶级开始大批量地进入图书消费者行列,法国的读者群体得到了相当程度的扩展。包括戏曲译作在内的中国类著述或许正是借着这股潮流的东风,逐渐培养起一个具有一定规模的稳定的读者群体。

19世纪时法国各书店印行的图书目录也可进一步印证关于戏曲译本读者增长的猜测。在目前留存的19世纪图书目录中,仅笔者所见,便有多种目录收录有上述中国戏曲译作中的一种或几种,这表明它们在流

---

① 目前已知的是:德庇时的《汉宫秋》译本、儒莲的《灰阑记》译本均以亚洲学会提供的东方翻译基金出版,而1841年大巴赞《琵琶记》译本的出版,则得到了法国公共教育部的赞助。参阅 *Journal des débats*, 13 nov. 1841.

② 参阅 Antoine de Baecque, Françoise Mélonio, *Histoire culturelle de la France*, Tome III: *lumières et Liberté*, *les dix-huitième et dix-neuvième siècles*, sous la direction de Jean-Pierre Rioux et Jean-François Sirinelli.

通中较多地受到书店和发行商的关注。而其中有些书店,还对东方类著述情有独钟,以此为专门的营销主题。如前文提及的杜波拉书店,便汇集有大量中国类著述。它印制于1861年的一份《中国相关图书目录》长达22页,其中共收录了485种中国类书籍,涉及历史、地理、文学、哲学等各个方面。主题书店的出现,表明中国类著述在品种的丰富性与读者群的人数和稳定性等方面都已达到一定程度。从这份1861年的图书目录中还可看到其中几种戏曲译本已经售罄,且已有二手旧书开始进入流通。①另一个有关译者身份标识的细节也可以帮助我们感受当时这些戏曲译本在流通中所形成的效应。在出版于1838年的《中国戏剧选》的标题页上,译者大巴赞仅被标注为"巴黎亚洲学会成员",而到1841年《琵琶记》译本出版时,大巴赞的姓名后则已增加了"中国戏剧翻译者"的头衔。这表明,《中国戏剧选》的出版已经为大巴赞在读者中赢得了一定的声誉与知名度,被视为翻译中国戏剧的专家,因此,出版商才会在这部新作上特别加以标注来吸引客户。②

综上所述,虽然当时出版的一系列中国戏曲译本印量相对有限,但总体而言,关注这一领域的群体是在逐渐扩大的,而译本在读者中也产生了一定的影响。

二、期刊书评对译作传播的助力

在书籍出版之外,正处于蓬勃发展之中的报刊传媒很快也出现在这条传播链上。它们从各自的角度出发,以书评为主要形式,对汉学家的戏曲译作进行概述与解读,使其得以进入更多法国读者的视野。③ 从附录二的文章列表可以看到,曾经发表过相关文章的报刊不仅有《亚洲学报》④《博学者期刊》(*Journal des savants*)⑤等重要学术期刊;也有《两世

---

① 参阅 Catalogue des livres relatifs à la Chine qui se trouvent à la librairie de Benjamin Duprat, Paris, 1861.
② 1842年大巴赞被正式任命为东方语言学院汉语讲席教授后,出版物上就仅标注其教授头衔了。
③ 当时法国期刊所登载的中国戏曲相关评论文章列表详见附录二。
④ 《亚洲学报》由亚洲学会于1822年创办,是一份法国东方研究的重要专业性刊物。
⑤ 《博学者期刊》始创于1665年,是欧洲最老资格的文学刊物之一。它在1816年经历了一次改组,之后,《博学者期刊》由王家印刷厂出版,而法兰西研究院的院士们成为它的主要编辑人员和作者。其历史参阅 Hippolyte Cocheris, *Histoire du journal des savants, depuis sa fondation jusqu'à nos jours*, Paris: A. Durand, 1860.

界杂志》①《巴黎杂志》(*Revue de Paris*)等颇具影响力的文学类或综合类期刊;还包括了《环球报》②《论争报》③等大报。尤其像《论争报》,在19世纪时是法国排名第二的日报,据法国政府统计,其固定订户在1824年便已达到13000份,仅次于《立宪报》(*Le Constitutionel*)。④ 这一系列重量级报刊的介入,无疑大大扩展了汉学家戏曲译介工作的影响面,使中国的戏曲作品得以为更多的法国读者所知。其中,尤其值得一提的是为《论争报》撰写了多篇相关书评的法国作家德勒克吕兹。

根据其回忆录《六十年回忆》(*Souvenirs de soixantes années*)记载,德勒克吕兹与东方学家们的相识始于1830年,此后他常常收到学者们寄赠的著述,这其中就包括了儒莲和大巴赞两人的戏曲译作。对译作的阅读使他对东方文学产生了浓厚的兴趣,他因而萌生了将这些作品推介给法国公众的想法:

> 白天四小时,晚上六小时,这些独处的机会为艾蒂安(注:德勒克律兹在回忆录中对自己的称呼)留出了足够的时间,他常常将其中的一部分用于阅读。读到那些讲述奇妙的东方世界的作品时,他萌生出了从中摘引一些片段的想法,起初只是为自己,但后来就将它们整理起来,打算将它们呈现给公众。⑤

德勒克律兹评论的第一部东方文学作品就是儒莲所翻译的《灰阑记》。该书评刊登于1832年8月18日的《论争报》(*Journal des débats*)上。当时的《论争报》每期只有四个版面,其中还包括大半个版面的广告和启事,而德勒克律兹这篇书评就占据了几乎整整一个版面。据德莱克

---

① 《两世界杂志》创刊于1829年,是19世纪法国文学生活中不可或缺的一本重要刊物。曾刊登过夏多布里昂、梅里美、司汤达、大仲马、乔治·桑、圣伯夫等诸多重要作家及评论家的作品。其历史参阅 Nelly Furman, *Revue des Deux mondes et le romantisme (1831-1848)*, Genève: Librairie Droz, 1975.

② 《环球报》1824年创办于巴黎,1824—1830年间是法国持自由党观点的浪漫主义者的舆论阵地。1830年起转向圣西门主义,1832年停刊。由于存在时间较短,停刊较早,因而未及遭遇19世纪三四十年代戏曲译作的出版。

③ 《论争报》,首创于1789年,1814年起改名《政治、文学论争报》(*Journal des débats politiques et littéraires*),一般简称《论争报》。

④ 参阅 Eugène Hatin, *Histoire du journal en France (1631-1853)*, 2ᵉ édition, Paris: P. Jannet, 1853, p. 146.

⑤ Etienne-Jean Delécluze, *Souvenirs de soixante années*, Paris: Michel Lévy frère, 1862, p. 479.

吕兹本人回忆,这篇文章发表后很受读者欢迎:

>该主题与圣经中所罗门审判场景的异曲同工,剧情冲突背后奇特的中国风俗都激起了公众的强烈好奇。①

之后,他为法国汉学家的多部著述都写过类似的长篇书评,直至他不再承担《论争报》相关栏目主笔。② 事实上,他不仅以撰写评论的方式向公众推介这些作品,在朋友中也很热衷于分享他的阅读感受。回忆录中就曾写到1832年他初次接触到《灰阑记》时,兴致勃勃地向他的朋友贝尔坦(Bertin De Vaux,1771—1842)③谈起这一话题的情况。虽然贝尔坦当时因已投身政界而对此类文学讨论回应淡漠,但德勒克吕兹在读到这些中国戏曲作品时的新奇与兴奋心情由此却可见一斑。④ 虽然,当时有关中国戏曲的书评或文章受限于其专业性和学术性,大多出自爱好或关注东方文学的学者及作家之手,而令参与的媒体数量受到一定的局限,但这些作者的热忱与敬业,不仅已成为文章质量的保证;他们的文笔与声望更大大增添了文章在读者之中的影响力。

三、口头传播——沙龙、文社与人际网

正如埃斯卡皮在《文学社会学》中所指出的那样:发表(publier)从词源上来说,是指将某一作品公之于众,供众人支配,而在达到这一目的过程中,书籍并非唯一手段。⑤ 因此,讨论这些译作在19世纪法国的流传,显然也不能忽略以沙龙、文社、人际网为依托的口头传播渠道。

人们虽常常误认为19世纪时沙龙文化已处于衰落期,但文化史家认为,实际状况并没有那么悲观:

---

① Etienne-Jean Delécluze, *Souvenirs de soixante années*, p. 479.
② 到1838年《中国戏剧选》出版时,《论争报》或已出现人事变动。相关书评已非德勒克吕兹所写,而笔调上也出现了部分负面色彩,而到1841年《琵琶记》出版时,则不再有专文评述,而简缩为不足半栏的普通新闻。
③ 即路易·弗朗索瓦·贝尔坦(Louis François Bertin),当时人们为了将他与同名的哥哥相区分,称他为贝尔坦·德·沃(Bertin de Vaux),而称他哥哥为大贝尔坦(Bertin l'aîné)。他早期主要是一位新闻界人士,曾参与创办过包括《论争报》在内的几种报刊,后转而从政。
④ 参阅 Etienne-Jean Delécluze, *Souvenirs de soixante années*, pp. 479-483.
⑤ 参阅[法]罗贝尔·埃斯卡皮著,于沛选编:《文学社会学——罗·埃斯卡皮文论选》,杭州:浙江人民出版社,1987年。

……1866年，龚古尔兄弟感伤地说："报纸扼杀了沙龙，大众取代了社交界。"而1840年，人们已经在为沙龙的消亡而悲泣。这其实为时过早。在由贵族社会向开放的精英社会转变的过程中——或者用1820年时的话来说，从宫廷社会向"全巴黎"社会转变的过程中——沙龙是其中重要的一环。①

在研究者看来，19世纪前半期，法国的沙龙活动依然相当活跃。各个社交圈都有自己的沙龙，人们在这里讨论政治、科学乃至宗教，但最核心的话题还是文学。在沙龙里，文学作品以朗读的方式为众人所分享。不管是长篇诗歌还是整部的戏剧作品，当时的沙龙参与者们都兴致盎然，照读不误。虽然1830年后，朗读的热情似有所减退，但就总体而言，在复辟时期（1815—1830）与七月王朝时期（1830—1848），沙龙传统始终是连贯和持续的。② 这样的文化环境显然为戏曲译作的口头传播提供了可能。

虽然沙龙活动作为一种松散的文化活动形式，缺乏精确的统计数据或人员清单，也没有类似会议或报告的内容记录，无法确知是否有汉学家参与，但19世纪各类人士撰写的书信与回忆录以及法国当代学者对19世纪文化史的研究还是为我们提供了若干线索。

前文曾谈到司汤达对雷慕沙所译中国文学作品的兴趣，根据学者研究，司汤达与雷慕沙两人的相识很可能正是在博物学家约翰·居维叶（Georges Cuvier，1769—1832）教授的沙龙中。当时，多位东方学家都曾是该沙龙的常客，雷慕沙便是其中之一。此后，司汤达为在雷慕沙主编的报纸上发表文章事宜还曾与雷慕沙有过信件往来。③

资料表明，雷慕沙及其学生小安培还时常出入于斯维奇夫人（Mme

---

① Antoine de Baecque, Françoise Mélonio, *Histoire culturelle de la France*, Tome III: *lumières et liberté*, *les dix-huitième et dix-neuvième siècles*, sous la direction de Jean-Pierre Rioux et Jean-François Sirinelli, p. 295.

② 参阅 Anne Martin-Fugier, *La vie élégante*, Paris: Perrin, 2011; Antoine de Baecque, Françoise Mélonio, *Histoire culturelle de la France*, Tome III: *lumières et liberté*, *les dix-huitième et dix-neuvième siècles*, sous la direction de Jean-Pierre Rioux et Jean-François Sirinelli.

③ 参阅 Knud Lundbadk, "Note on Abel Rémusat and the beginning of Aademic sinology in Europe", *Echanges culturels et religieux entre la Chine et l'Occident: actes du VIIe Colloque international de sinologie de Chantilly*, Institut Ricci, 1992, p. 214; Jean Théodoridès, "Les intérêts orientalistes de Stendhal", *Stendhal, journaliste anglais*, études réunies par Philippe Berthier et Pierre-Louis Rey, Paris: Presse de la Sorbonne nouvelle, pp. 143-162.

Swetchine，1782—1857)的沙龙。这是当时定居于巴黎的一位俄国贵族，因其笃信天主教，她的沙龙也就成为法国天主教名流时常出入的场所。其中，文学界人士如夏多布里昂、圣-伯夫、维尼(Alfed de Vigny，1797—1863)、白朗士(Pierre Simon Ballanche，1776—1847)等都是该沙龙的常客，雨果也偶尔前来。① 显然，在19世纪的巴黎，沙龙活动仍相当频繁。东方学者在沙龙中，有机会与贵族、学者、文人等各类人群结识并交流。不管他们的译作是否曾在沙龙上被朗读，但这些交流与关联无疑会有利于他们工作成果在文化圈内的推广，引起更多人对这些作品的兴趣。

与社交成分多于文学探讨意味的沙龙相比，在当时法国的文学运动中居于更重要的地位的浪漫主义"文社"(cénacle)②，也与中国戏曲作品的传播有着千丝万缕的联系。曾为包括戏曲译作在内的汉学家著述写过数篇书评的德勒克律兹就主持有一个以他为中心的文社，因聚会地点而被称为"夏巴奈街顶楼"("le grenier de la rue Chabanai")。参与该文社的年轻的作家和评论家主要是自由派浪漫主义者，其中相当部分都是后来《环球报》(Le Globe)的中坚力量，也就是所谓"环球报同仁"(Globiste)。③其中就包括了雷慕沙的学生小安培，他在19世纪20年代便已开始学习中文④，1829年四名中国青年来到巴黎时，他已作为雷慕沙学生的一员出现于王家印刷厂的会面场合。⑤ 1832年雷慕沙去世后，小安培还在《两世界杂志》(Revue des Deux mondes)上发表了题为《论中国

---

① 参阅 "Vie de Madame Swetchine"，*Revue de Bretagne et de Vendée*，Tome VI，année 1859，deuxième semestre，Nantes，1859，pp. 281-300；Anne Martin-Fugier，*La vie élégante*，pp. 346-349.

② 文社(cénacle)一词原指耶稣聚集弟子举行最后的晚餐的厅堂，后被借用来指称"具有相同思想、相同习惯或追求同一目标"的人们的聚会。1829年，圣伯夫将"文社"一词用在那些聚集在雨果周围的年轻人身上。此后该词被扩展到更多文学性的小团体，即便它们存在于1829年之前。这个词如果中性地说，类似于"团体"，但圣伯夫对该词的使用使"文社"一词增加了某种近乎宗教性的色彩，即浪漫主义者们面对的是一个不承认"神圣的诗人"的使命的社会，为了自卫，他们需要聚集在一起，相互支持。参阅 Anne Martin-fugier，*Les Romantiques*，*1820-1848*，Paris：Hachette，1998，p. 91.

③ 参阅 Francis Démier，*La France du XIXᵉ siècle*，*1814-1914*，Paris：Seuil，2000，p. 150.

④ 参阅 "Lettre du 13 janvier 1825"，André Marie Ampère et Jean-Jacques Ampère，*Correspondance et souvenir*(*de 1805 à 1864*)，Receuillies par Madame H. C.，Tome premier，quatrième édition，Paris：J. Hetzel et Co.，2006，p. 322.

⑤ 参阅 *Le Moniteur universel*，11 mai 1829.

及阿贝尔·雷慕沙先生的工作》(De la Chine et des travaux de M. Abel Rémusat)的长文,对雷慕沙的研究进行了学术性总结。[①] 显然,他与中国的关系并不仅限于语言学习,而是涉及当时整个汉学研究进展。法国学者认为,司汤达虽然与雷慕沙相识,但他对于中国文学的浓厚兴趣及其与《玉娇梨》译本的接触,很可能是与之更为熟识的小安培热心推介的结果。[②]以小安培或德勒克吕兹对中国文学的兴趣,包括戏曲译作在内的中国文学的话题,想必曾多次出现在夏巴奈街阁楼的每周聚会中。事实上,在这个群体中,的确曾有多人撰写过与中国戏曲相关的文章。除1829年《环球报》所刊发的作者不详的《汉宫秋》英译本书评外,在19世纪三四十年代,《环球报》同仁(Globiste)中[③]为中国戏曲写下长篇论述文字的不乏其人。在小安培、德勒克吕兹之外,尚有马念、[④]伊波利特·吕卡斯(Hippolyte Lucas, 1807—1878)[⑤]和奥古斯塔·巴宏(Auguste Baron, 1794—1862)[⑥]等等。即便如圣伯夫这样并未直接评论过中国戏曲的成员,在其文学评论集《新周一》(Nouveaux lundis)中谈及马念时,也知道他曾为儒莲翻译的中国戏剧写过一篇"非常好的文章"。[⑦]显然,雷慕沙、儒莲、大巴赞等汉学家的工作,尤其是戏曲译作,在这个以"夏巴奈街顶楼"文社为核心聚集起来的浪漫派作家与评论家圈子中具有相当高的认知度,这无疑有力地印证了我们对文社聚会在口头传播中所发挥作用的推断。

除了沙龙与文社之外,戏曲译作的传播范围还可能借助学者文人间的公务或私人往来关系而得以扩大。如小安培与夏多布里昂很早就相

---

① 参阅 J.-J. Ampère, "De la Chine et des travaux de M. Abel Remusat", *Revue des deux mondes*, Tome huitième, 1832, pp. 373-405.

② 参阅 Jean Théodoridès, "Les intérêts orientalistes de Stendhal", *Stendhal, journaliste anglais*, études réunies par Philippe Berthier et Pierre-Louis Rey, pp. 143-162.

③ 所涉几位环球报同仁的生平情况,均参阅 Jean-Jacques GOBLOT, *Le Globe, 1824-1830, documents pour servir à l'histoire de la presse littéraire*, Paris: Honoré champion Editeur, 1993.

④ 马念是19世纪著名的剧评家。

⑤ 吕卡斯是一位文学评论家,此外也曾进行过歌剧创作。

⑥ 巴宏曾担任过报纸主编,后在布鲁塞尔一家博物馆中开设面向公众的文学课程。

⑦ 参阅 C.-A. Sainte-Beuve, *Nouveaux Lundis*, Tome cinquième, Paris: Michel Lévy Frères, 1866, p. 458.

识,且保持了长久的友谊。① 小安培与圣-伯夫有着长期的私人通信关系。② 儒莲与梅里美、圣伯夫都曾有过公务上的通信往来。③ 而东方学家,同时也是许多中国小说的法译者德奥多·巴维(Théodore Pavie, 1811—1896)一家都与雨果熟识,而他的哥哥维克多·巴维(Victor Pavie, 1808—1886)更是雨果多年的好友。④ 有理由认为,沙龙、文社与人际关系网,是戏曲译作在书籍、报刊之外又一重要的传播渠道。口头传播的存在,不仅扩大了作品传播的范围,更为戏曲作品译作的影响深入法国文学思潮内部发挥了极其重要的作用。

第二节 传统中国形象在戏曲中的再现与异国情调的延续

从前一节的论述来看,在戏曲译作通过各种渠道所接触到的读者群体中,学者与文人是两个较为主要的人群。那么,他们对于戏曲作品主要的关注点在哪些方面呢?本节将通过对当时发表于各类期刊重要评论的探讨,来尝试对这一问题予以回答。

一、对中国风俗的求证与戏曲中的儒教中国

19世纪前半期,法国读者对中国戏曲表现出浓厚的兴趣,重要原因之一在于希望藉此了解真实的中国风俗。这种期待,与传统中国形象自进入19世纪以来不断受到冲击密切相关。17、18世纪时,虽然基督教的

---

① 参阅 F. Tamisier, *M. J.-J. Ampère, étude historique et litteraire*, Marseille: Typ. et Lith. Barlatier-Feissat et Demonchy, 1864, p. 14.

② 参阅 *Correspondance de C.-A. Sainte-Beuve (1822-1865)*, Tome I, Paris: Calmann Lévy, 1877; *Nouvelle Correspondance de C.-A. Sainte-Beuve, avec des notes de son dernier secrétaire*, Paris: Calmann Lévy, 1880. 这两部书信集中所收录圣伯夫与小安培的书信分别写于1834及1836年。

③ 参阅兵工厂图书馆(Bibliothèque de l'Arsenal), Ms 13990, Pièce 15: Lettre de Stanislas Julien à Sainte-Beuve; "Lettre de Prosper Mérimée à Stanislas Julien", *Revue de l'Extrême-Orient*, publié sous la direction de M. Henri Cordier, première année, 1882, Tome Premier, Paris: Ernest Leroux, 1883.

④ 参阅 Victor Hugo, *Correspondance familiale et récits intimes*, II: 1828-1839, édition établie sous la direction de Jean Gaudon, Sheila Gaudon et Bernard Leuilliot assistés d'Evelyn Blewer, Paris: Robert Laffont, 1991.

不同宗派对中国的描述也存在较大的差异,但当时占据主流的是来华耶稣会士的正面论调。他们在寄回欧洲的大量书信中极力宣扬中国灿烂的文明、高尚的道德、先进的制度,将中国描绘成一个理想国度。这些信件后被结集出版,在欧洲广泛流传,给法国民众留下了深刻的印象。① 然而,进入19世纪之后,以马戛尔尼使团成员游记为代表的各类外交及商务人员出版的旅华游记开始获得越来越多的关注,他们一反来华耶稣会士的观点,将中国形容成一个野蛮、狡诈与阴险之地。如马念所说,一方"将一亿四千两百万中国人形容得好似一亿四千两百万个孔子与孟子",而另一方则"宣称这一亿四千两百万个哲人和圣贤其实是一伙下流无耻的伪君子、造假者和惯偷";一方认为中国政府的统治是"慈父式管理的杰作与典范",另一方则称在中华帝国之内"皮鞭和棍棒是政府所使用的唯一手段"。② 由于当时中法之间交流处于相对低谷期,中英往来得以凸显,英国各类以"亲历"为号召的游记作品不能不引起法国读者对耶稣会观点的质疑和对中国实际情况的困惑。他们亟待有其他更切实可靠的材料出现,以澄清中国的真实面貌,正如马念在其系列书评的第一篇篇首开宗明义所写:

> 当我们只能通过旅行者的游记、有教益的书信集(注:指耶稣会士寄回法国信件的合集)、经典书籍(注:指四书五经等儒家经典)的翻译、伏尔泰执拗的颂扬和不列颠商人及外交官的满腹牢骚来认识中国时,我们对……这一亿四千两百万黄皮肤人的看法必然是偏颇的、相互矛盾的、不完整的。③

正是在这样的情况下,法国读者将了解中国真面目的希望寄托在这些出自中国作家之手,由中国人描绘本国风土人情的戏曲与小说之中:

> ……哪个外国人能自诩对一个民族的观察能与他们的自我审视相媲美?……当这些本土的诗人与小说家将他们的演员放置于世俗生活自然生发出的各种关系之中,让这些人物按照他们所设想的内心情感去说话和行事时,他们已在不知不觉中告诉了我们:这些习俗

---

① 参阅孟华:《1740年前的法国对儒家思想的译介和接受》,《中法文学关系研究》,上海:复旦大学出版社,2011年,第155—181页。

② Charles Magnin, "Premier article sur le théâtre chinois", *Journal des savants*, mai 1842, pp. 258—259.

③ Ibid., pp. 257.

如何影响到人的内心,以及在何等程度上改变了他们的观念、情感与嗜好。①

而在各类文学作品中,戏剧作品由于具有较强的社会性而更受青睐。因为在法国读者看来,戏剧观众群体的存在会限制作家在创作中太过信马由缰,因而戏剧作品当更贴近一般中国人的所思所感:

> 戏剧文体尤其适合展现某一时期或某一民族的社会风俗状况,因为它能比任何其他文体更好地避免老旧文学作品的主要弊病,避免个体风格带来的随意性。一个人在撰写诗歌时,或许在一定程度上会避开所处时代的事件,而根据他的奇思妙想来描绘一个想象的世界、有时会是一个奇异的世界;然而,那些众人会汇聚在一起观看的作品必然是贴近于他们的感受模式的。②

这样的期待视野解释了为何在当时的戏曲译本书评中频频出现对来华耶稣会士论点的指涉。例如,雷慕沙在为《老生儿》译本所写的书评中,就对商人刘从善晚年得子的狂喜表示了极大的理解。他指出,在中国,没有子嗣意味着死后无人供奉香烟,意味着家族自此湮灭,儒家的"祭祖"传统使中国人对于男性继承人的渴望远远高于欧洲。因此,刘从善的老来得子对欧洲人而言,只不过是一桩"普普通通的幸福",但对中国人来说,却意味着将其"从一件不堪承受的痛苦中挽救了出来"。③再如,小安培在书评中曾对《看钱奴》中穷汉贾仁发迹后花钱买子的情节设置表示了赞赏,认为它是中国式思维的一种典型体现:

> (中法)两种戏剧、两个民族间的差异,在(剧情)的次要部分有所体现。《一坛黄金》的情节以希腊—拉丁舞台上所常见的事件之一为中心。一个年轻人侵犯了悭吝人的女儿,于是娶了她以弥补过错。中国剧作(注:指《看钱奴》)则建立在作为《老生儿》一剧基础的感情之上,即渴望为人父……他在这桩奇怪买卖中的斤斤计较以一种完

---

① Charles Magnin, "Premier article sur le théâtre chinois", *Journal des savants*, mai 1842, pp. 261-262.
② J.-J. Ampère, "Du théâtre chinois", *Revue des Deux mondes*, Tome XV, pp. 737-771.
③ Abel-Rémusat, "Sur *Laou-seng-urh, or, an heir in his old age*, a chinese drama, London, 1817", *Journal des savants*, pp. 27-35.

全中国式的诙谐将情节向前推进。①

同样的，慕理耶（Louis Athénaïs Mourier，1815—1889）在《琵琶记》书评中指出，该剧目之所以受到中国评论家的赞誉，与作者成功刻画了赵五娘这一堪为典范的贤孝人物紧密相关：

> 鉴于缺乏一种明确的宗教信仰，中国人令人赞叹地遵守着责任的法则，而孝道在中国享有最高的荣誉。因此，我们毫不惊讶地看到：数位评论家谈起《琵琶记》，都将其视为中国戏剧中最有表现力、最为哀婉动人的作品。②

显然，18世纪时天主教各修会围绕能否允许中国人"敬天祭祖"所展开的"礼仪之争"早已使中国人浓厚的宗法观念以及对子嗣的重视、对孝道的尊崇在法国广为人知。与之相对应，中国人对儒家文化的执着与对"蛮夷"的鄙视与抵制，也得到了法国读者的关注。当《汉宫秋》中出现昭君不得已将离开汉家宫廷远嫁番邦的情节时，小安培清楚地表达了他对昭君此刻痛苦心情的理解：

> 在中国人的观念中，离开中华帝国这块神圣的领土，离开"天下"，前往世界的边缘，或者说，前往野蛮人居住的化外之地，乃是一种巨大的痛苦。③

诸如此类的评点在法国读者的书评中随处可见。这一现象，与其说表明了法国读者对戏曲中此类情节的成功接受，不如说，这正是他们期望在戏曲文本中得到印证的中国风俗，是他们心目中儒教中国的题中应有之义。

当然，这些印证并不排斥他们同时对传教士记述中的缺漏或省略作出修正及补充。如慕理耶谈及《琵琶记》中所涉官府在荒年时开义仓赈济灾民的情节时，就批评来华传教士对中国这些带有现代色彩的公共慈善制度只字不提。④ 再如马念在评论《窦娥冤》时，也曾指出由此剧的第三

---

① Ampère, "Du théâtre chinois", *Revue des Deux mondes*, Tome quinzième, quatrième série, p. 763.

② Mourier, "Un chef-d'œuvre du théâtre chinois", *Revue de Paris*, nouvelle série, année 1843, Tome dix-neuvième, pp. 268-269.

③ Ampère, "Du théâtre chinois", *Revue des Deux mondes*, Tome quinzième, quatrième série, p. 751.

④ 参阅 Mourier, "Un chef-d'œuvre du théâtre chinois", *Revue de Paris*, nouvelle série, année 1843, Tome dix-neuvième, p. 267.

折可以了解到中国死刑的整个执行流程等等。但可以看到,这些修正与补充,仍然基于对儒教中国形象的确认。事实上,即便在部分读者对特定戏曲译本的误读之中,同样包含着人们对这一传统中国形象的期待。前文曾经谈到,儒莲在翻译过程中所产生的对张海棠形象的误解在读者那里再度出现,甚至变本加厉:

> 这部剧作完全没有以中国道德的典范人物为对象……相反,它提供了一幅丝毫未经美化,也丝毫不值得赞扬的真实生活图景,展现了最粗野的风俗,最低劣、最罪恶的感情。①

尽管中国读者知道:海棠虽脱籍从良,成为妾室,又生有一子,但她在家庭中的地位仍然是相当卑下的。她的个性虽不免懦弱而求自保,但她为赡养老母而甘愿沦落风尘,她身陷冤狱仍不忍为争抢而伤害孩子,都充分显现了她的善良本性。然而,受耶稣会士笔下儒教中国的影响,法国读者所期待的主人公是一个更符合道德训诫主题的人物,因而,小安培不仅难以理解张海棠的痛苦,无法对她的命运萌生怜悯之心,反而对这一人物产生了严重的抵触情绪。类似的情况也出现在《货郎旦》一剧上。马念在其书评中曾表示《货郎旦》一剧的主题令他甚为困惑不解。因为,该剧中毁掉李彦和家庭的张玉娥是一名妓女,而最终挽救了这个家庭的奶母张三姑在困境中以唱曲谋生,其地位也与妓女相差无几。马念认为,如果作品目的在于劝诫人们不要与妓女往来,那上述情节设置似乎不利于这一主题的体现。其实,不论《灰阑记》还是《货郎旦》,它们在读者中所遭遇的困境都源自读者在试图印证心目中的儒教中国时对作品的一种过度阐释。

显然,读者在阅读过程中的感受虽有所不同,但不论确认、修正或是困惑,都无法完全跳脱耶稣会士所建构的那个儒教中国的影响。事实上,当他们怀着印证中国风俗的心情去阅读时,已然形成了一种明确的期待视野。戏曲作品只是以其生动的人物与曲折的情节,帮助他们将心中已有的儒教中国形象描绘得更为明晰和具体。

二、对中西文化共鸣的追寻与戏曲中的诗意中国

戏曲剧本毕竟是一种文学创作,在阅读之中,读者不可能仅仅将眼光

---

① Ampère, "Du théâtre chinois", *Revue des Deux mondes*, Tome quinzième, quatième série, p. 755.

停留在对异国风俗的考辨上。一旦跨越了那些可能影响阅读的知识性障碍,法国读者便迅速为中西文学所反映出的人性层面的相似与相通强烈吸引。

前文曾经谈到,儒莲的译作中,《看钱奴》一种是应学者诺代要求所做。尽管诺代没有明确表示他为何请儒莲翻译此作,但他将《看钱奴》的详细剧情安插于其译作《普劳图斯戏剧集》中《一坛黄金》一剧的附注内,已相当清楚地表明,他对《看钱奴》的兴趣很大程度上来自它与欧洲戏剧传统中吝啬主题的共通。事实上,随着中国文学译作在19世纪上半期接连问世,这种源于中西作品相似性的好奇与兴奋是当时法国读者中较为普遍的感受。使他们萌生出"东海西海,心同理同"的亲切感的作品,远不止《看钱奴》一种。正如德勒克吕兹在书评中所说:

> ……在阅读了中国著作迄今为止的所有译本后,我们为远在印度另一端的居民与欧洲人相似及共通的各种风俗与故事细节所震惊。不仅《灰阑记》剧情的基础与所罗门的审判如出一辙,剧中的马夫人也涂脂抹粉,还有一个身为法庭办事人员的情夫。因而,我们在这部剧作中不仅与《圣经》中的故事重逢,还重见了摄政时期①的道德风气。在一篇短篇小说中,我们辨识出了另一个朱迪特(Judith)②。在所有那些我们已知的长篇小说中,我们看到了如同我们上流社会中所见的那些虚伪的爱情。就像有时在法国也会遇到的那样,一个贫穷的小药剂师娶了一个或两个蛇妖,因为他送两位年轻姑娘回家,并且将他的雨伞送给她们……③最后,极度想嫁人的修女④,以前在我们这里也不乏其人。⑤

不过,在众多作品之中,有一些显然赢得了更多的青睐。如《㑇梅香》一剧

---

① 摄政时期(la Régence),指1715—1723年法国奥尔良公爵摄政阶段。
② 朱迪特当指圣经故事中为拯救被围的贝都里城(Béthulie),孤身前往敌营,用计杀死了敌方将领奥罗非纳(Holopherne)的女子。德勒克吕兹所说与之相类似的中国短篇小说,或为《今古奇观》中之《蔡小姐忍辱报仇》。此文最初由一位名叫 Abel Yan 的中国基督徒译为拉丁语,后儒莲在此译文基础上将其翻译为法语,并由雷慕沙收入其1827年编辑出版的《中国故事集》第一卷。参阅 *Contes chinois*, traduits par MM. Davis, Thomas, le P. D'Entrecolles, etc., et publié par Abel Rémusat, Tome premier, Paris: Moutardier, 1827.
③ 此处指儒莲所译《白蛇精记》中的许仙与白蛇青蛇。
④ 此处指儒莲所译《小尼姑思春》中的尼姑。
⑤ *Journal des débats*, le 23 juillet 1834.

便以其对恋爱中男女心理的刻画以及对机敏狡黠的侍女形象的描绘激起了广泛的兴趣与共鸣,从而在法国读者饱受赞誉。且不论爱情是人类共通的话题,这类在男女主人公之间穿针引线的侍女本就是法国爱情喜剧中常见的人物。中法文学间如此异曲同工令法国读者大为惊讶:

> 剧中情境如是,场景如是,人物如是,这表明尽管统治各异且远隔重洋,但人心举世皆同。《㑇梅香》的作者郑德辉,实在并不比《爱情的怨气》(*Dépit amoureux*)之作者莫里哀更像中国人。而丫环樊素也不会配不上她的姐妹玛丽奈特(Marinette)。因为,她同这位法国侍女一样诡计多端。她以同样的方式,一面帮助这对恋人,一面又捉弄他们。①

显然,在陌生的中国作者笔下见到熟悉的人物与情境令慕理耶既惊且喜。因此,他不仅发出类似于"东海西海心同理同"的感慨,甚至夸张地称郑德辉"并不比莫里哀更像中国人"以表达对剧作家的认同。

与此类似,小安培的书评也因同样的原因对《㑇梅香》一剧赞誉有加:

> 迄今为止(欧洲)所知的中国喜剧中最令人愉悦的毫无疑问是巴赞先生剧集中题为《侍女的诡计》(*Les intrigues d'une soubrette*)②的这部作品。樊素姑娘与道丽娜(Dorine)③或玛尔东(Marton)④同样机灵、同样调皮。⑤

樊素这一人物同样勾起了他对法国喜剧中类似情境的愉悦回忆,这种亲切感无疑增加了他对此剧的偏爱。马念则强调了剧中出现的花园幽会场景。他以诙谐的笔调写道:

> ……此外,这部剧作令我们感到无比满意的是,它表明,尽管中国礼法森严,为两性间的亲密关系制造了重重障碍,然而,或许正是

---

① Mourier, "Un chef-d'oeuvre du théâtre chinois", *Revue de Paris*, nouvelle série, année 1843, Tome dix-neuvième, p. 264.
② 《侍女的诡计》是《㑇梅香》一剧法文标题中的意译部分。
③ 道丽娜是莫里哀《伪君子》中的人物。她是玛丽亚娜(Mariane)的侍女。她曾鼓励玛丽亚娜反抗父亲要她嫁给塔尔丢夫的命令,并撮合她与瓦赖尔在一起。
④ 玛尔东是莫里哀之后法国又一喜剧作家丹古尔(Dancourt)《风流的园丁》(*Le Galant jardinier*)剧中的人物。
⑤ J.-J. Ampère, "Du théâtre chinois", *Revue des Deux Mondes*, Tome quinzième, Quatrième série, p. 767.

由于礼仪本身的严苛,风流的对话、恋人间的密谈、阳台下或花园里的不期而遇或应约相会,在中国优雅的居所中并不显得罕见。上天作证!我可不是要说与法国相比并不罕见,我是说与我们戏剧与小说里的情形比起来似乎并不见少。①

看来,出于对中国礼仪规范的了解,法国读者原以为中国人的婚姻恋爱会受到重重约束。不料却发现在爱情故事中,中国花园里的场景与法国阳台下的情形并无二致,这一意外的发现无疑给法国读者带来了许多惊喜。

如果说,儒教中国代表了中国作为一个有别于西方的理想国度形象的话,那么《㑇梅香》等作品则反映了一个与西方有所共通,却更为优雅动人的诗意中国的形象。后者虽然同样带着东方文化的精致与含蓄,但由于其与西方文化的共通性而更显亲和,因而更受法国读者的喜爱。

三、虚构性作品中异国情调的延续

如果说书评是一种直接的表达,更多的传递学者、批评家等专业人士的看法,那么虚构类作品或许可以间接反映出更广泛的普通读者对中国戏曲的接受。此处仅以《开放的中国》(*La Chine ouverte*)②一书为例。

《开放的中国》副标题为"一个番鬼在大清朝的奇遇"(*Aventure d'un Fan-Kouei dans le pays de Tsin*)。乍一看似乎是一本中国游记,但其内容却相当离奇。著作第一部分以书信的形式,由这位"番鬼"向他的英国朋友巴特立克(Patrick)讲述了他随同一位医生来到广州后,如何得到一个中国官员的信赖,被认为义子,并随同这位官员前往东南沿海巡察。第二至第四部分改为札记形式,记述他随同其义父前往澳门、福建、上海等地的见闻,后来这位官员蒙受冤屈,被押解到南京,最后又被恩准释放。这位化名为"平四"(音)的"番鬼"受其义父之托去各地办理事务,于是开始独自游历。南京条约签订时,他在英方的队伍里看到了他的朋友巴特立克,打算随他回国,因而最终和他的中国义父挥泪告别。

以上离奇的故事情节已令人对作品的真实性有所怀疑,而对作者生平的考查则进一步证实了它的虚构性。《开放的中国》作者署名为"老尼

---

① Charles Magnin, "Deuxième article sur le théâtre chinois", *Journal des savants*, octobre 1842, p. 580.

② 此书已有中文译本(老尼克著,钱林森等译:《开放的中华——一个番鬼在大清国》,济南:山东画报出版社,2004年)但中译者误将其当作了真实的游记。

克(Old Nick)",这是保罗-埃米尔·多朗-福尔戈(Paul-Emile Daurand-Forgues,1813—1883)的笔名。他是一位法国记者、文学评论家和作家。福尔戈英语很好,曾在巴黎一份以英国报刊选摘为主要内容的月刊《不列颠杂志》(*La Revue britannique*)工作,也曾经为《两世界杂志》撰稿。同时,他也是一位多产的英美文学译者,和司汤达较亲近的朋友。由其生平来看,该作者从未到过中国甚至远东。因而,《开放的中国》显然是他以所阅读的有关中国描述为基础创作的虚构作品。

事实上,虚构性游记在法国是一个具有相当悠久传统的文体,而有关中国的虚构性游记更是为数众多。大巴赞的一位学生史亚实(Arthur Smith)[①]曾在1849年向法国公共教育部申请一笔前往中国进行科学及人文考察的资金。在致教育部的信中,他谈到自己曾为筹备此次中国之行而阅读了大量中国游记,却发现在他搜罗到的两三千本有关中国、日本、印度支那等地的游记及历史著作中,仅有100本左右是原创,而其他的所谓游记,均是对这些作品的摘引、概述,甚至原样复制。[②]

当然,史亚实所说的情况并不都是虚构性游记。其中也有一些作者的确曾到过实地。但因语言障碍、文化隔阂或交游、见闻有限,写作时缺乏资料。无法据自身经历、见闻实录,于是四处摘抄前人作品用以填充,以致"游"与"记"相脱离。但完全没有真实旅游经历为依托的纯虚构作品,必然也在其中占据了很大的比重。正如法国当代学者所说:

> 旅行和游记是相关联的,但并非密不可分的:人们可以仅实现前者而无后者,或仅实现后者而无前者。当然也可以两者都做,先旅行后写作或是倒过来。[③]

在福尔戈这部虚构的中国游记《开放的中国》中,有两处与中国戏曲在法国的接受有着显而易见的关联。

其一是对于一个宴会的描写,作者称宴会上有音乐和戏剧表演,他在

[①] 法国人,语言学家,是大巴赞的学生和助手。曾任巴黎大学的图书馆馆员和国家教育部的秘书。1851年为编写法华词典来到中国,被法国驻上海领事馆聘为翻译。1854年至1855年任英、美、法三方联合管理海关的第一任法方税务司。参阅郑祖安:《近代上海的第一个外侨公墓》,朱金龙主编:《殡葬文化研究》(下),上海:上海书店出版社,2001年,第178—187页。

[②] 参阅 *Archives des missions scientifiques, choix de rapports et instructions*, Tome I, Paris: Imprimerie nationale, 1850, p. 308, note 1.

[③] Odile Gannier, *La littérature de voyage*, Paris: Ellipses, 2001, p. 5. 在

此处插入了大段对中国戏曲状况及剧目的介绍,内容基本源自儒莲、大巴赞的相关论述,尤其是大巴赞的《〈中国戏曲选〉序言》。该游记为席前演出所安排的两个剧目是《窦娥冤》和《补缸》。① 《窦娥冤》是大巴赞《中国戏曲选》所译四个剧本之一。《补缸》为威廉·亨特(William Hunter, 1812—1891)所译的一出民间小戏,英文译本发表于1838年4月的《中国丛报》(Chinese Repository)。② 该剧见于许多地方剧种,在不同剧种中名称稍有差异,称《王大娘补缸》《王大娘锔缸》等等。

这段描写反映的是当时法国流行的一种中国文化"停滞"观。即认为中国不论风俗、戏曲,或是其他方面,都是从古至今未曾变更的。不论朝代更替或时间推移,都未给中国带来太大影响。中国文化始终都处于静止之中。因而,作者才会心安理得地将元杂剧安排在这个虚拟的清朝游记之中,与清代的民间小戏一同上演。但另一方面,《窦娥冤》等剧作在虚构作品中的出现,也表明汉学家的戏曲译作经各种媒介的传播,已为许多法国人,尤其是知识阶层所熟悉。

而更值得留意的则是文中有关两位年轻中国侍女的文字。作者写道,当他想走过去拉开窗帘,让屋里亮一些时,主人按住了他,并叫来服侍小姐的两个丫环:

> 两个年轻女孩随即从此前藏身的帘幕后露出她们缀着鲜花的头,她们的出现是如此突然,让我觉得她们如果不是因为非常热情的话,至少也是出于强烈的好奇。她们中更漂亮的那个,我听见人们叫她樊素(Fan-Sou)。在我看来,她尤其急着想知道一个番鬼是怎么回事。我没法告诉你答案,因为我也不知道她悄悄考察的结果是什么。③

这是一段非常有趣的描写。可以看到,福尔戈特地虚构了一个叫做"樊素"的女孩子。虽然法文只是注音,似乎并不一定要写作这两个字。但有

---

① 参阅 Paul-Emile Daurand-Forgues, *La Chine ouverte, aventures d'un Fan-Kouei dans le pays de Tsin*, ouvrage illustré par Auguste Borget, Paris: H. Fournier, 1845, pp. 283-293.

② 见 *Chinese Repository*, Vol. VI, April, 1838, No. 12. 此剧发表时为匿名,威廉·亨特在1885年时《旧中国杂记》(*Bits of Old China*)中回忆他在中国的经历时,谈及此译文为他所作。参阅 William Hunter, *Bits of Old China*, London: K. Paul, 1885, p. 110.

③ Paul-Emile Daurand-Forgues, *La Chine ouverte, aventures d'un Fan-Kouei dans le pays de Tsin*, ouvrage illustré par Auguste Borget, p. 48.

理由认为,此处的 Fan-Sou 正是《㑇梅香》中女主人公的名字。首先,上文所列举的演剧场景说明作者福尔戈显然对汉学家的译作了然于心,因而他必然熟知樊素这一人名;其次,《开放的中国》所提及的女孩与剧中人樊素身份相同,也是某位小姐的丫环;而尤其关键的是,Fan-Sou 这个发音组合,在中文人名中是相当少见的。显然,福尔戈是受了《㑇梅香》的影响,误以为这在中国是一个较为普通的丫环名字,故在作品中借用。其实剧作者郑德辉在《㑇梅香》中是借用了唐代诗人白居易两位侍妾的名字①,在剧中改为一主一仆,小姐名小蛮,丫环名樊素。这两个名字并非常见的女子人名。当福尔戈将元杂剧中的樊素改头换面安排到他的"中国游记"中,并将其描绘为一个看来同属聪慧机灵类型的女孩时,反映的实际上是《㑇梅香》中这一生动鲜活的人物及其所代表的诗意中国的形象给他留下的深刻印象。

像《开放的中国》这样的作品并非特例。笔者在有限的阅读范围内,便遇到过两三部虚构类作品,均将中国戏曲作品或其中的人物纳入其中,用作中国元素来营造作者所需要的异国情调。发表于 1866 年的一部以中国为背景的小说《吸鸦片者的爱情》(*Les amours d'un fumeur d'opium*)②中,同样有一位名叫 Fan-sou 的女性人物。而出版于 1875 年的另一部同类小说《四十一根胡须》(*Histoire de quarante-et-une barbes*)的作者则将《琵琶记》等戏曲小说类书籍安排在女主角的房间里,将其描绘为主人公平日里所喜爱的文学读物。③ 这些虚构、引用、改编,都表明经由 19 世纪的各种书面及口头传播,汉学家们所翻译介绍的戏曲作品在法国的确产生了各种不同类型的接受。

第三节 在异域发现灵感
——浪漫派的关注与中国戏曲对 19 世纪法国文艺潮流的参与

在法国文学史上,19 世纪 30 年代是一个具有特殊意义的年代。新兴的浪漫主义文学在经历了 20 年代以来与古典主义之间的激烈论争之

---

① 唐孟棨《本事诗·事感》:"白尚书(居易)姬人樊素善歌,妓人小蛮善舞,尝为诗曰:樱桃樊素口,杨柳小蛮腰。"
② 该小说 1866 年连载于巴黎《当代期刊》(*Revue contemporaine*)。
③ 该小说收录于作者 Léon Leconte 的小说集中。参阅 Léon Leconte, *Récits fantastiques*, Saint-Omer: Imprimerie Fleury-Lemaire, 1875.

后,以1830年2月雨果的《艾那尼》在法兰西剧院上演为标志,迎来了它的辉煌胜利。文学史研究普遍承认,法国浪漫主义的发展受到了来自异国文学的重要影响,尤其是英国与德国。然而,种种迹象表明,兴盛于同一时期的戏曲翻译也曾受到浪漫派作家的关注,并很可能共同推动了这一新兴文艺浪潮的兴起。

一、法国浪漫派作家对中国戏曲的兴趣

法国学者认为:19世纪20年代以来,法国年轻人在文学艺术领域投注的热情是对新的政治形势的一种回应。正如自由党的代表人物之一夏尔·德·雷米萨(Charles de Rémusat)在1823年书信中所写:

> 在我们所有的年轻人中流传着一种一致的说法,那就是政治手段已经过时、失灵了,应该在思想上做文章,通过哲学、艺术、历史、批评,如果可能还有文学创作对他们施加影响……①

在这种将文化艺术领域视为一个新的作战阵地的气氛下,浪漫主义运动以蓬勃的势头深入整个法国社会。而1830年正是这个运动最辉煌灿烂的时刻,如诗人们笔下所写:

> 1830年啊!你是
> 仍令我目眩的曙光,
> 寄托命运的希望,
> 欢欣的晨曦!②

一系列中国戏曲译作便在这个标志性的年代前后相继问世:1829年德庇时出版了《汉宫秋》单行本,1832、1834年,儒莲的《灰阑记》《赵氏孤儿》译本先后出版,1834至1835年,大巴赞的《邹梅香》译本在《亚洲学报》上连载,1838年,他又出版了其重要的译本集《中国戏曲选》。这还不包括以节译形式发表或未刊印手稿在文学圈内的小范围分享。没有理由认为,

---

① *Souvenirs du baron de Barante*, Paris: C. Lévy, 1890—1901, III, p.148. 转引自 Anne Martin-fugier, *Les Romantiques*, 1820—1848.(本段译文来自此书中文版《浪漫主义者的生活(1820—1848)》第23页。)

② 泰奥多尔·德·邦维尔(Théodore de Banville)的诗作《浪漫主义的黎明》(*Aube romantique*)的开头,转引自 Anne Martin-fugier, *Les Romantiques*, 1820—1848.(本段译文来自此书中文版《浪漫主义者的生活(1820—1848)》第1页。)

在这个法国文学积极开拓未来的时代,怀着满腔热情的文学青年们会忽视任何来自异国的文学讯息。

事实上,19世纪许多法国浪漫派作家很早就开始对中国文学表现出就超乎普通读者的好奇与兴趣。显然,这是因为对他们而言,这些来自异域的作品意味着艺术创作上一种新的可能性。这样的关注视角源于19世纪法国文学界对开拓新方向的热烈追求,也源于文学批评家与作家敏锐的艺术触觉。如前文曾经谈到的那样,司汤达对雷慕沙汉学工作的关注与期待早在1826年的文章中就已显现:

> 雷慕沙先生在他学生的协助下为人们了解中国文学所准备的这一便捷途径(译者注:指法文译本),或许在未来会对我们自身文学的发展产生巨大的影响。我们有绝对的信心预料法国文学将会改变其方向。因为延续这条在路易十四时代曾带来过辉煌成就的道路,在今天只能创造出平庸而无趣的作品。我的这些思考是在阅读一部中国小说的若干章节时萌生的。此作题为《玉娇梨,或两表姐妹》,由阿贝尔·雷慕沙先生几年前由中文翻译所得。它如今正在印刷中……①

显然,在司汤达看来,古典主义统治下的法国文学已经丧失了生机与活力,法国文学的突破亟待一场改革。而在《玉娇梨》译本中,他看到了某种可能性。在《玉娇梨》背后,他看到了中国文学所蕴藏的丰富性及其与法国文学的相异性。因而,他对中国译作的引入寄予了很高期望,认为或许这将成为某种推动法国文学变革的可能力量。在一个文学界向外打开视野,寻求新的灵感的时代,司汤达的想法或许是具有某种代表性的,这样的期待为中国戏曲与19世纪法国文学思潮发生碰撞创造了契机。

稍后,在那些年轻的浪漫派作家笔下,可以看到司汤达这一期待的回响。本书第一节曾经提到,在19世纪三四十年代,曾经的《环球报》同仁中有多人都曾撰写过有关中国戏曲的长篇论述,如小安培、德勒克吕兹、马念、吕卡斯等等。而这个以《环球报》为中心建立起来的文学团体,正是著名的浪漫派作者的群体,用1825年法国媒体的话来说,《环球报》就是

---

① 此文原载于 *New Monthly Magazine*,nov. 1826,笔者所依据的法译文转引自 Jean Théodoridès,« Les intérêts orientalistes de Stendhal », *Stendhal, journaliste anglais*, études réunies par Philippe Berthier et Pierre-Louis Rey, pp. 153-154.

浪漫派的"主要兵团"。① 促成《环球报》同仁对中国戏曲的兴趣与关注的，或许是德勒克吕兹与小安培所在的文社。有理由认为，在19世纪前半期，该文社是推动中国文学作品在法国文学界流传的一个重要基地。德勒克律兹日记中所记录的聚会点滴可以帮助我们更贴近当日的情境，从而在一定程度上窥见中国戏曲对于19世纪法国浪漫主义运动的参与。

据德勒克律兹回忆，该聚会最初类似于某种学习小组或读书会，而英国文学从一开始就是众人的关注核心：

> 1821至1822年前后，我和几个年轻的朋友组织了一个小团体，他们都懂英文，而他们的乐于助人也使我得以消除了阅读英文作品的理解困难。(1827年1月3日)②

之后，聚会由一周一次变成了一周两次。聚会的参与者人数也明显增多，基本每次都达到十数人。周三晚上的话题仍然围绕英国文学展开，大家阅读并翻译拜伦与莎士比亚的作品。周日下午则用于开展各类讨论。然而，浪漫主义与古典主义的争论逐渐压倒了其他话题，成为聚会上永恒的中心。而司汤达尤以其对古典主义的尖锐批驳，成为讨论的核心人物之一，用德勒克律兹的话来说：

> 贝尔用他的喋喋不休和自相矛盾烦扰着我的所有这些年轻人。这让我非常气恼。(1825年3月13日)③

看来，在这一群体之中，起主导作用的其实是小安培、司汤达等年轻人，正是他们对改变法国文学现状的热情推动着这个聚会从一个单纯的英国文学研读会向一个各种话语激烈交锋的论坛演化，并使之成为一块孕育法国浪漫主义文学的土壤。如前文所述，司汤达对中国作品的期待在于从异国文化中汲取养料，以便向古典主义发起冲击，为法国文学开创新的道路，因此，中国戏曲进入这样一个论争场合也是题中应有之义。显然，虽然《环球报》在1830年后不再扮演浪漫派机关刊物的角色，但通过刊物和文社被聚集在一起的浪漫派作家们以各种方式延续了彼此的关联，并保持着对相关论题的关注和兴趣。在这种对异国文学的了解过程中，一些

---

① 参阅 Anne Martin-fugier, *Les Romantiques*, 1820-1848, p. 73.
② *Journal de Delécluze*, 1824-1828, Paris: Grasset, 1948, 转引自 Anne Martin-fugier, *Les Romantiques*, 1820-1848, pp. 93-95.
③ Ibid.

浪漫派作家饶有兴趣地指出中、英文学作品之间存在着某些相似性。

事实上，早在1826年，司汤达就在他的《英国通信》中将《玉娇梨》与英国小说《汤姆·琼斯》相提并论：

> 因此，对于这部必然会被翻译为英文的作品，我仅限于①指出以下情况：在我看来，它展现了一幅忠实的中国风情画，正如《汤姆·琼斯》忠实展现七十年前的英国风情画一样。②

这样的对比是否与此文发表在英国报纸上有关呢？答案看来是否定的。因为几年之后，德勒克吕兹在1834年刊登于《论争报》的一篇评论中同样提到了中英文学作品间的相似性：

> （其中）尤其值得人们注意的篇章是《羌村》。它散发着诗意的芬芳……这首哀歌有时会令人想起英国诗人格雷③的《墓园挽歌》……④

而慕理耶在1843年《琵琶记》书评中谈及此剧篇幅较长，场景转换较多时，也引入了莎剧作为对照："（此剧）场景的变换与莎士比亚的历史剧中同样频繁……"⑤几篇文章相隔数年，涉及诗歌、小说、戏剧不同的文体，但作者却不约而同地在中国文学与英国文学之间建立起一种勾连，可见这不仅是当时浪漫派作家阅读中国文学作品时一种真实的审美体验，更逐渐成为他们一种习惯性的联想。当代翻译理论家伊塔尔·埃文-佐哈曾说，翻译并非只是个别的现象。看似任意的翻译文本群体之间，可能存在着一种关系网络，从而构成一个翻译文学系统。换言之，当来自各个不同国家的作品，经由翻译而进入同一国度时，它们从原文语境中被剥离的

---

① 司汤达在前文已说明译者的朋友嘱他不要提前泄露《玉娇梨》的具体内容，所以此处有"仅限于"一说。

② 此文原载于 *New Monthly Magazine*, novembre 1826，笔者所依据法文版转引自 Jean Théodoridès, « Les intérêts orientalistes de Stendhal », *Stendhal, journaliste anglais*, p. 155.

③ 托马斯·格雷（Thomas Gray，1716—1771），英国墓园派诗人。《墓园挽歌》为其代表作。墓园派诗人与哥特式小说都对欧洲浪漫主义文学的发展有重要影响。参阅李赋宁主编：《欧洲文学史》第一卷，北京：商务印书馆，1999年，第437页。

④ *Journal des débats*, le 23 juillet 1834.

⑤ Mourier, "Un chef-d'oeuvre du théâtre chinois", *Revue de Paris*, nouvelle série, année 1843, Tome dix-neuvième, p. 264.

同时,却藉由译文形式构成了一种新的关联网。① 这或许正是中国戏曲在 19 世纪进入法国文学文化语境之后的境遇。19 世纪前期,法国文学正处于寻求变革与出路的阶段,英国文学固然被视为主要的学习对象之一,而源自世界各国的文学译作也大量涌入法国,这使得出现于此时中国戏曲译作并没有孤立存在于中国文学框架之内,而被迅速纳入世界文学的格局内,处于世界文学的交汇碰撞之中。因而,它从翻译之时起,就被读者与印度文学、法国文学、英国文学等进行对比。而在这种对比之中,它在艺术特质上与英国文学的某种相似性也就随之得到了强调与凸显。正是这种文学关系网络引导着读者从某些特定的角度去解读并接受中国戏曲,从而令中国戏曲融入 19 世纪法国浪漫主义运动的潮流之中。

二、法国浪漫派从中国戏曲中汲取的几方面养料

那么,法国的浪漫派作家从中国戏曲中发现了什么呢?从法国浪漫主义文学显现出的特点及部分浪漫派作家有关中国戏曲的文章来看,为浪漫派的创作及审美观念的形成所提供的启示可能在于以下几个方面。

1. 戏曲创作规范的打破

就戏剧创作形式而言,中国戏曲对法国浪漫主义文学的贡献应当主要体现在对打破既定创作规范的反思上。

众所周知,中国戏曲最早为欧洲读者所熟知的形式特征就是它在对剧情时空处理的自由度。站在法国古典主义戏剧的立场来说,也就是中国戏曲"不遵守三一律"。自 18 世纪《赵氏孤儿》翻译以来,凡谈及中国戏曲的文章,几乎均会提及这一特征。直至 19 世纪,评论文章仍屡屡提及中国戏曲作品中,第一折与最后一折可能存在数十年的跨度,地点同样转换频繁,甚至这一折在天上,下一折就转到了人间。② 随着多部中国戏曲译作的问世,中国剧作在人物选择上的自由度也渐为法国公众所知。大巴赞曾在《中国戏剧选》序言中指出,中国戏曲中的人物"来自于中国社会的各个阶层",其中不仅涵盖"帝王、文臣武将、医生、体力劳动者、书生、手工业者以及妓女",

---

① 有关埃文-佐哈的翻译理论参阅谢天振主编:《当代国外翻译理论导读》,天津:南开大学出版社,2008 年。
② 相对而言,对事件同一性的违背由于不像时间与地点那么突出,故较少提及。

甚至还有各路神仙鬼怪。① 他更将中国戏曲与印度梵剧相对比,指出中国戏曲中的人物由于无须受其出身等因素的限定,在人物性格的设定上享有更大的自由度,并将其归因于中国科举制度所带来的个体身份的相对平等。② 而实际上,这样的人物设定,也触及了法国古典主义戏剧规定的"合宜性"原则。这表示,不论是时空限定到人物限定,中国戏曲都天然地站在法国古典主义戏剧的对立面上。因此,当古典主义戏剧美学在19世纪受到越来越多质疑的时候,中国戏曲的存在自然会成为一种别样的"他者",进一步推动浪漫主义者对古典主义戏剧原则的颠覆。

19世纪时逐渐引起较多关注的一个新的方面是戏剧类型问题。由于西方戏剧素来有较为清晰的类型之分,因此中国戏曲自译入法国之初,便被译者按照西方的戏剧文类添加了"悲剧""喜剧""正剧"的标签。虽然自18世纪起,人们便知道中国并不存在这些欧洲的戏剧文类区分——如1735年杜哈德在《中华帝国全志》中刊出《赵氏孤儿》时,便在《前言》中清楚地写道:"马若瑟神父说,中国人并不像我们那样区分悲剧与喜剧。"③——然而,这种将中国戏曲与欧洲文类相比附的做法,却因读者对戏剧分类的习惯性需求一直为欧洲戏曲译者所沿用。这种状况在法国似乎表现得尤为突出。1817年德庇时的英译本《老生儿》并未对该剧的类型予以判定,仅标注为"中国戏剧"(A Chinese Drama)。但此剧在转译为法文后,便被法译者加上了"中国喜剧"的类型判定。或许是受到这种习惯的强大影响,1829年《汉宫秋》英译本出版时,标题页上已经赫然出现了"中国悲剧"(A Chinese Tragedy)的字样。这一细节暗示我们,对19世纪的读者来说,一部戏剧作品,即便是外国作品,也必须被纳入某种类型。本书第三章曾经谈到,大巴赞在《现代中国》中就曾试图根据欧洲已有的戏剧类型为中国戏剧分类。尽管由于中国戏剧的特殊性,他不得不设定了如"道教正剧""司法正剧"等欧洲并不存在的类型,但这并未改变该行为试图将无类型的中国剧作纳入类型化体系的性质。这一做法显然困难重重,因而一旦涉及具体剧目的分类,不免浮现出种种分歧。例如,此前先后被马若瑟和德庇时归入"悲剧"类型的《赵氏孤儿》与《汉宫秋》,

---

① 参阅 Théâtre chinois, ou choix de pièces de théâtre composées sous les empereurs mongols, traduites par Bazin Aîné, pp. xvii-xviii.

② Ibid., pp. xix-xx.

③ Du Halde, Description géographique, historique, chronologique, politique, et physique de l'empire de la Chine et de la Tartarie chinoise, Paris: Le Mercier, 1735, p. 341.

在儒莲与大巴赞笔下一致被划入"正剧"。鉴于中国是否存在"悲剧"迄今仍是一个悬而未决、众说纷纭的问题,因而这种差异似乎还较易理解。但事实上,在"喜剧"与"正剧"的问题上,状况并不显得更简单。被法译者判定为"喜剧"的《老生儿》也遭遇了同样的处境。尽管小安培曾夸奖该剧是一部很好的"风俗喜剧"[1],但在大巴赞的分类中,此剧却应当归入"家庭正剧"。[2] 这些难以归类的中国剧作不能不引起法国读者的思索。换言之,当杜哈德在《赵氏孤儿》译本前解释中国本无类型之分时,不过只是在为读者解惑;但到了 19 世纪 40 年代,面对多部已问世的中国戏曲作品,评论家马念再度重申中国戏剧本无类型时[3],已隐约可窥见浪漫派对一种新的戏剧样式的展望。

中国戏剧作品中所体现出的这种自由度,对于习惯根据各种类型来进行戏剧创作的法国作家来说无疑是非常新鲜的。19 世纪的法国作者对以莎士比亚为代表的伊丽莎白时期英国戏剧表现出高度的热情,原因之一便在于和法国古典主义的条条框框相比,伊丽莎白戏剧的规范相对宽松,可以给作者提供更大的创作自由度。而在打破类型的界限,容许类型的混合杂糅方面,中国戏曲无疑比英国戏剧走得更远。中国戏曲因不受类型约束,而在题材选择、人物设定、时空安排等方面所享受的自由度,不能不对法国剧作家有所触动。虽然正剧本身已是对传统悲喜剧类型的一种突破,但中国戏曲在类型上的松散性显然进一步推动了这种对古典主义的颠覆。19 世纪的浪漫主义戏剧创作,主要特征便是并无统一的风格限定,而以打破各种限制艺术创作的条条框框,给予剧作家展示自身风格的充分空间为追求目标。正如法国学者所说:

> 试图为浪漫主义戏剧定义一种诗学追求,使其能将大仲马、缪塞、雨果、维尼、梅里美、纳瓦尔等人的创作统一起来,这可能是徒劳的。因为对这一代人来说,唯一不可触犯的原则正是对所有艺术规则的拒斥,以及对创作者个人天赋的信赖。唯有创作者本人才是他

---

[1] 参阅 J.-J. Ampère, "Du théâtre chinois", *Revue des Deux mondes*, Tome quinzième, quatième série, p. 758.

[2] 参阅 *Chine moderne, ou description historique, géographique et littéraire de ce vaste empire, d'après des documents chinois*, par M. Bazin, p. 457.

[3] "应当使人们注意到,欧洲译者由于相似而强加于中国戏剧作品的'喜剧''悲剧''正剧'等名称,其实在中国完全没有对应物。"引自 Charles Magnin, "Deuxième article sur le théâtre chinois", *Journal des savants*, octobre 1842, p. 578.

自身的法则。①

这样的美学追求,固然是法国戏剧本身发展演变的产物,但同期进入法国的各种外国戏剧,显然也在浪漫主义戏剧形成的过程中,提供了灵感与启发。而在这种对创作空间的极致追求背后,中国戏曲在超越类型限定方面的影响与作用依稀可辨。

2. 超自然力量与鬼魂

众所周知,浪漫主义者们为打破古典主义的樊篱,从各方面汲取养料,找寻新的创作源泉,尤其是推崇历史色彩、本地风光、中世纪气氛和异国情调。② 而鬼魂与超自然力量正是他们从中世纪发掘出的代表性意象之一。这使得法国读者对中国戏曲作品中出现的鬼魂及鬼魂意象颇多留意,且每每与莎剧相对比。例如小安培在谈到《窦娥冤》的最后一折时,以生动的笔触陈述了窦天章夜读案卷这段场景:

> 每一次,当审判官(注:指窦父)去触摸油灯时,鬼魂就将案卷调换了次序,而将年轻的窦娥处死的那份判决放置于其他案卷之上。审判官惊愕地看到这份案卷一次次重新出现在眼前,就像是一种无言的申诉,一种沉默的控告。这就像是班科的鬼魂,每当麦克白想要坐下时,总会看到鬼魂正在那位子上……鬼魂搅和在办案流程的场景之中,营造出一种熟悉却又恐怖的效果。它令人不自觉地想起莎士比亚,但与此同时,它又是从中国的审判习俗与社会习惯背景中借用来的。③

此处涉及的是窦娥一案完结之后,窦天章来此视察刑狱,开始对此案未加留意,因此,翻阅完毕便将相关案卷放到其他案卷之下。然而,窦娥的鬼魂为了引起他的注意,乘着他挑亮油灯之时,一次次地将案卷放置于最上层。小安培显然对这一鬼魂显灵的场景很感兴趣,他在详加叙述之后指出,这一场景所营造的效果与莎剧很相似,但它同时又非常具有中国特色。

---

① Florence Naugrette, *Le théâtre romantique: Histoire, écriture, mise en scène*, Paris: Seuil, 2001, p. 241.

② 参阅李赋宁主编,《欧洲文学史》第一卷,第 86—122 页;[丹麦]勃兰兑斯著,李宗杰译:《十九世纪文学主流·法国的浪漫派》,第 8—34 页。

③ J.-J. Ampère, "Du théâtre chinois", *Revue des Deux mondes*, Tome quinzième, quatième série, p. 767.

马念在其撰写的文章中也谈到了一个涉及鬼魂意象的场景。他谈到在《货郎旦》结尾处，凶手张玉娥及其奸夫魏邦彦突然见到他们以为已被自己害死的李彦和与张三姑重新出现在面前，还以为是鬼魂索命，惊恐万分，大叫"有鬼！有鬼！"并连连呼叫"太上老君急急如律令敕"以驱逐。马念于是写道：

> 这声恐怖的叫喊难道不正像麦克白中的这句话吗？
> "……鬼魂从四面八方回到它们的官殿，
> 为了惩罚我们的罪孽……"①

这一场景中虽未真正出现鬼魂，但人物在错愕中的失声惊呼也同样引入了鬼魂的意象。

除此之外，法国读者也留意到了中国戏曲中情节背后常常暗示着某些超自然力量的存在。例如，小安培指出：《合汗衫》中张义一家似乎受着某种冥冥中力量的推动而在佛寺巧遇：

> 正是在一家佛教的修道院门口，老人们与他们的孙子重逢；正是在一家佛寺之中他们认出了穿着僧袍的儿子。就像有一种超自然的力量带着这些人物来到金沙院，命运正在那里等待着他们来完成一切。②

同样，他也谈到，《窦娥冤》中窦娥临刑前的三桩誓愿反映了中国人"天人感应"的观念：

> 在我看来，这场在艳阳高照之时突然降临，来掩埋无辜受刑者的大雪，营造了极具诗意的效果。此外，这一神迹是非常符合中国人观念的，他们认为物质的天依托于道德的天，因此他们将地震或洪水泛滥等视为统治混乱的自然后果。③

显然，由于莎剧、哥特小说等外国文学作品的影响，法国的浪漫主义者对

---

① Charles Magnin, "Deuxième article sur le théâtre chinois", *Journal des savants*, octobre 1842, p. 591.

② J.-J. Ampère, "Du théâtre chinois", *Revue des Deux mondes*, Tome quinzième, quatième série, p. 765. 第一句指张义及其妻因相国寺散斋，前去求斋而巧遇孙子陈豹，第二句指两夫妻又去金沙院念经超度以为已丧命的儿子张孝友而与其子重逢。

③ J.-J. Ampère, "Du théâtre chinois", *Revue des Deux mondes*, Tome quinzième, quatième série, p. 767.

这些带有神秘色彩的超自然力量及鬼魂等意象有着特殊的关注和兴趣,这使得他们在阅读中国戏曲作品时,对频频出现的鬼神场景相当敏感。鬼魂和超自然力量,原本是中国民俗与宗教在戏剧中的反映,但在法国作家的特定解读下,不经意间却与欧洲哥特式小说的审美趣味产生了某种关联。这使得中国戏曲中的宿命、天命、天人感应等观念和鬼神等意象在法国读者的接受中得以凸显,并演化为19世纪法国浪漫主义者拓展其文学想象的养分。

3. 抒情性与诗意

19世纪之前,有关中国诗歌的翻译实属凤毛麟角。马若瑟等人虽然很可能有能力理解诗歌,但并未予以特别介绍。19世纪时,借助汉学家的工作,法国读者开始对元杂剧中的曲有了一些基本认识。本文第三章曾谈到《㑇梅香》中樊素与小蛮夜入花园时所唱的一支【那吒令】,该片段的翻译由于成功地传达了原文所蕴含的某些意蕴,因而得到了法国读者的喜爱。小安培在书评中不仅特地引用了这支曲牌的译文,并以自己的解读勾勒出了这一优雅场景:

> 两位年轻女孩于是优雅地出发去花园里嬉戏……而与女孩的歌唱相呼应的,是一阵弦琴的乐声。白敏中正在唱一首抒写他的爱情的浪漫曲……①

显然,他大致领会到了这支【那吒令】所传递的诗情画意,而对作者所营造的意境也颇为赞赏。

由于中国诗歌中出现的绝大多数意象对法国读者而言都是新鲜的,因此,即便许多典故或象征在戏曲小说中早已成为套话,却仍然让浪漫派作家大为欣喜。小安培就曾特意提及《汉宫秋》卷首的两句诗:毡帐秋风迷宿草,穹庐夜月听悲笳。

法译文为:

> Le vent d'automne souffle impétueusement à travers les herbes parmi nos tentes de feutre;
>
> Et la lune, qui brille la nuit sur nos huttes sauvages, écoute les

---

① J.-J. Ampère, "Du théâtre chinois", *Revue des Deux mondes*, Tome quinzième, quatième série, p. 768.

gémissements du chalumeau plaintif.①

中文回译为：

> 秋风猛烈地吹过毛毡帐篷间的草丛
> 照耀在荒凉茅屋上的月亮倾听着芦笛的哀怨的呻吟。

他特地解释了中文里"秋"与"悲"的关联性，并赞赏诗句写得既富地域特色又秀丽动人，并对译者未能将剧中其余诗体唱段一并译出大为遗憾。

同样，在说到《邹梅香》中小蛮将一个绣着莲花与鸳鸯的香囊题诗后丢在白敏中门口时，他也曾兴趣盎然地写道：

> 中国诗歌中的文字游戏是一件多么美好的事！这个"藕（偶）"字找得多妙！年轻女孩用莲花的心（注：指藕）来表达她内心隐藏的感情是多么方便！②

诸如此类被读者留意到的唱段还有《合汗衫》第一折中张义与家人在酒楼上饮酒时观赏雪景的【点绛唇】、【混江龙】等。③ 借助有限的诗歌译文，法国已基本把握到中国诗歌的含蓄、典雅的风格：

> 必须熟悉这种象征性语言，才能理解那些被修饰的散文与诗句。我们瞥见如何使这样的事成为可能：即通过精心选择合宜的表达，作出大量巧妙的转弯抹角的暗示，愉快地谈及某些事物，而无须冒直呼其名的风险。④

虽然受译文水平所限，19世纪的法国读者很难更深入地体会中国诗歌精妙的艺术效果；然而，敏锐的艺术家们已清楚地感受到唱段的艺术价值及其给中国戏曲带来的抒情性方面的优势。尽管他们对于中国戏曲中反复出现的"自报家门"等颇有微词，甚至认为是戏剧发展初级阶段的反映，但对剧中的唱段却不吝赞赏：

> 仅这一状况（注：指自报家门在剧中的频繁出现）就足以表明中国戏剧结构的艺术性还处在一个非常简单、基本的程度；然而，这一

---

① J.-J. Ampère, "Du théâtre chinois", *Revue des Deux mondes*, Tome quinzième, quatième série, p. 752.
② Ibid.
③ Ibid., p. 763.
④ Ibid.

点都不妨碍我们发现一些看来属于戏曲非常进步时期的诗意的考究,尤其是在唱段部分。①

前文曾引用到一段对比《窦娥冤》与《麦克白》中鬼魂场面的文字,并谈到了中国戏曲在鬼魂意象上与莎剧的相似性。但如果联想到司汤达完成于1825年的《拉辛与莎士比亚》一书的话,这段对比的意味或许不止于此:

> 他又指出,一出悲剧所提供的特殊快感,取决于留在观众脑海里的这同样几秒钟的幻象和情绪如何……我们不得不回答的问题是:戏剧诗人的任务究竟是什么呢?究竟是用和谐的韵文给我们呈现一个编造得很美丽的故事情节呢,还是把各种情绪忠实逼真地表现出来?……他引用了麦克白看见班戈的鬼魂坐在他的座位上时所说的一句话:"宴席已经坐满了;"他认为,音韵和旋律丝毫不能增加这一声呼喊的美感……

以上是文学史家在谈到司汤达作为一个富于独创性和远见的作家,如何在《拉辛和莎士比亚》中阐述他心目中的浪漫主义。这段话的侧重虽然放在浪漫主义作家如何要求打破韵文的约束,更充分地抒发感情上,但也隐含了另一个层面,那就是:即便是对戏剧而言,传递情绪、唤起情绪也可能比展现故事更重要。虽然此文发表之时,司汤达名气还不很响,因而文章未能得到足够多的关注;②然而,他在文中对浪漫主义的深刻认识很可能在1830年前后的法国文学圈内已有一定的回响或共鸣,这样就可以解释雷慕沙为何在1829年《汉宫秋》译本书评内对于唱段给予高度重视,也可以理解小安培为何对窦天章灯下看案卷这一场景情有独钟。有理由认为,在浪漫主义思潮兴起的大背景下,作家和评价家们对于有助于表现和激起读者情绪上应和的文学或艺术手法给予了特别的关注,而戏曲作品中的唱段因富于诗意和抒情性也得到了较多的重视与认可。正如小安培在论证中国戏曲中唱段的合理性时,所强调的那样:

> 如果演出仅仅是简单地让许多事情在一个人眼前完成,他无法就此得到满足。他还需要心中那些被以上事件所唤醒的诗意的感情得到抒发。他需要这些被展现的事件在他灵魂中激起的恐惧、怜悯

---

① J.-J. Ampère, "Du théâtre chinois", *Revue des Deux mondes*, Tome quinzième, quatrième série, p. 744.

② 参阅李赋宁主编:《欧洲文学史》第二卷,第97页。

与温情在他心灵之外,在作品之中找寻到热情的回响……事实上,人们无法将抒情成分从戏剧中驱逐出去。①

不过,有必要指出的是,浪漫主义者对戏曲唱段的肯定较少涉及对韵文形式上的关注。例如,小安培在此文中用来与唱段比对的西方戏剧相应部分非常多样,包括古希腊戏剧中的合唱(chœur),法国戏剧中的独白(tirade、récit),西班牙戏剧中的祭礼(cultos),莎剧中的离题话(digression)、俏皮话(saillies)等等,显然他主要强调的是唱段的抒情内涵而非外在形式。这当然也是因为,法国读者虽然通过汉学家的说明能了解到唱段原本是韵体,但由于译本中唱段都被处理为散文体,读者无法从感性层面了解到唱段作为韵文的形式特征。

简言之,在19世纪的译本中,曲作为韵文在形式层面的精妙虽然未能得到传达,但它所蕴含的丰富意象与抒情性由于契合了浪漫主义运动的核心,还是赢得了较多的关注与兴趣。

综上所述,19世纪时中国戏曲借助译本的传播得以进入许多法国读者的视野,而正在外国文学中找寻创作方向与资源的浪漫派作家也对中国文学表现出了极大的热情和兴趣。中国戏曲以英国戏剧,尤其是莎士比亚戏剧为中介,在戏剧类型和意象、抒情性等方面对法国的戏剧改革很可能产生过一定影响。不过,受限于当时的接受土壤与种种语言和文化的隔阂,在整个法国浪漫主义运动,中国文学所发挥的作用只能是辅助性的。这次中国戏曲与法国的相遇仍然留有许多遗憾。法国对中国抒情美学的了解,要在后一时期,随着诗歌的大量引入才得到真正推进。

---

① J.-J. Ampère, "Du théâtre chinois", *Revue des Deux mondes*, Tome quinzième, quatième série, p. 746.

结　语

　　18世纪时,《赵氏孤儿》在法国的传播曾是中法文学交流史上精彩的一页。不过当时作为中西交流引领者的耶稣会传教士们着眼点更多地集中于中国人的信仰世界,反映世俗风情的戏曲小说之类则不免在有意无意间被忽略。事实上,唯一被译入欧洲的《赵氏孤儿》剧作,也是在来华传教士中的"索隐派"人士为完成教化中国的使命而不断探寻中文的奥秘、推进欧洲对中文的理解过程中产生的。在这样的时代背景下,也就不难理解为何直至19世纪初,《赵氏孤儿》仍然是欧洲所能读到的唯一的中国戏曲作品。

　　然而,1789年大革命之后,法国社会发生了剧烈的变动,共和国政府建立后在各个领域与天主教争夺掌控权。因而,伴随着天主教势力的削弱,法国出现了社会生活的世俗化倾向。这一方面促成了学术界与宗教界这两个原本具有紧密关联的群体逐渐显现分离趋势,使得学术界不再是一个以教士为主体或主导的群体。另一方面,法国社会的世俗化也使学者的眼光不再集中聚焦于灵魂层面,而开始更多地向世俗生活转移。因此,19世纪戏曲翻译活动在法国的兴起虽然看似源自少数几位汉学家的兴趣与实践,事实上依托的却是整个法国社会结构的演变。作为大革命之后的最初几代学者,法国汉学家们的戏曲译介工作与此前传教士工作之间存在着显而易见的继承性与关联性,这也清楚地显现出这一特殊时期的过渡性特质。

　　19世纪前半期戏曲翻译在法国的兴盛,也反映出中西文化交流中各方力量对比关系的变化。自清廷禁教以来,教会人士在中西交流中的地位被大大削弱,以往相对被忽视的商贸外交人员的影响开始凸显。这两个群体本身的文化背景、他们来到中国的目的、对中国的期待,以及因此在中国社会中所接触到人群的不同直接导致了他们对中国文化所达成的理解层次的差异。英国随着商贸与海外殖民的发展,在国际交流中话语权的提高也加速促成了这一变化的出现。于是,自19世纪初期起,欧洲在中国问题上的舆论开始逐渐倒向负面。17、18世纪以来,以耶稣会传教士著述为主要依据的文明中国形象开始动摇乃至逆转,戏曲作为文明的表征之一自然会受到波及。在这样的局势下,法国汉学家们推动戏曲翻译研究工作以回应种种对中国戏曲的质疑,固然是希望捍卫法国在中国问题上的话语权,但在一定程度上,这些试图以学术研究来修复和延续文明中国形象的努力也建立于对中国文化某些层面的认可与接受基础之上。这些工作虽无法阻挡整个历史趋势的改变,却也使中国的文明、诗意形象在部分文人、学者那里得以保留。

这一时期,恰是法国文学领域内古典主义日趋瓦解,浪漫主义逐渐兴起的阶段,新旧文学思潮的交锋与斗争促使浪漫主义作家们将眼光投向域外,从外国文学中去寻找和汲取养料。这种开放的心态为法国读者,尤其是文学圈接受这些戏曲译作创造了良好的契机。不过,受限于当时的中文研究状况,步入中国戏曲译者行列的仅限于极少数汉学家。译者的学术背景,固然使得这些译作较为严肃和规范;但汉学家的研究者眼光也使得他们在作品的选择与处理上更多地带有学术关照而非文学考量。这种倾向对译作带来的负面影响非常明显地体现于读者对中国戏曲作品的理解之中。小安培曾说:"中国没有莎士比亚",此类看法在一定程度上正反映了当时的学术性翻译取向在文学性传递方面的缺憾。

当然,客观来说,这一时期戏曲翻译中的不足之处是多方面因素造成的,尤其是,它不可避免地受到了当时法国对中国文化的整体接受水平的限制。剧作内容和主题方面的接受由于有此前诸多历史与风俗研究为基础,完成度相对较好;而一旦涉及形式与美学方面,则因中西审美传统的差异以及彼此交流的相对匮乏,结果很难说差强人意。浪漫派作家或许从中国戏曲那里找寻到了一些令他们有所共鸣的意象,也借助中国戏曲的无类型特征,对如何进一步打破古典主义以来的法国戏剧类型进行了反思,但他们对中国戏曲审美特质的接受,尤其是对处于核心地位的抒情性特质的接受,尚处在较为初始的阶段。这一接受的推进和完成是随着此后中国诗歌作品的陆续引入而逐渐实现的。事实上,儒莲在19世纪30年代为解决戏曲唱段翻译问题而开启的中国诗歌语言研究,正是19世纪后半期德理文进行的中国诗歌翻译与研究的基础,因此,它也间接地促成了在法国广受欢迎的《玉书》等改译诗歌集的诞生。可以认为,在西方对中国文学抒情性特质的接受过程中,19世纪前半期的戏曲翻译实际上扮演了一个过渡与衔接的角色,而这一接受的起始出现于戏剧领域,但其最终完成却主要体现于诗歌领域。这一特殊现象虽然与19世纪前半期的戏曲翻译仅限于文本解读,缺乏舞台呈现作为辅助有关,但更与中国戏曲形式上的韵散结合,尤其是韵体的曲居于剧作的核心地位有着千丝万缕的关系。因此,尽管戏曲作品在中文里构成一个整体,19世纪的汉学家也以首次完整翻译了作品的曲、白两部分为自豪,但受到法国文学本身的形式特征影响,中国戏曲作品的戏剧性部分与抒情性部分在法国读者那里大体仍然是被作为两个部分来接受的。这一问题,虽然在本书的后两个章节已有所涉及,但其牵涉面之广显然已远远超出了本书的主题限定,只能有待日后再作进一步探讨。

综上所述,戏曲翻译与接受在法国集中出现的这个时段,尤其是1840年以前的阶段,以往一直被认为是中法文化交流中的"低谷期"甚至"停滞期",但从本书所展开的研究看来,这一时段中法交流的活跃度多少是被人们所忽略的,其丰富性也很可能值得重新予以审视和评估。

附录一 19世纪法国译介的中国戏曲作品(出版部分)

说明：此表中共涉及戏曲剧目102个。其中全译本8个，节译本3个，片段翻译13个，其余为简介及剧情梗概。

发表时间	剧目中文名	译介者	剧名西文音译	剧名西文意译	出版形式	备注
1819	《老生儿》	索尔松	Lao-Seng-Eul		单行本(后附小说《三与楼》译文)。Lao-Seng-Eul, comédie chinoise, suivie de San-Iu-Leou, ou les trois étages consacrés, conte moral, traduits du chinois en anglais par J. F. DAVIS, et de l'anglais en fançais par A. Bruguière de Sorsum, Paris et Londre, 1819.	自德庇时英文节译本转译，未翻译剧中唱段。
1829	《汉宫秋》	德庇时	Hankoong tsew	The Sorrows of Han	附于小说《好逑传》英译单行本之后。Han koong tsew, or, The Sorrows of Han: a Chinese tragedy, translated from the original with notes by John Francis Davis, London, 1829.	节译本，未翻译剧中唱段。

附录一　19世纪法国译介的中国戏曲作品（出版部分）

续表

发表时间	剧目中文名	译介者	剧名西文音译	剧名西文意译	出版形式	备注
1832	《灰阑记》	儒莲	Hoeï-Lan-Ki	L'Histoire du cercle de craie	单行本。*Hoeï-Lan-Ki, ou l'histoire du cercle de craie, drame en prose et en vers, traduit du chinois et accompagné de notes*, par Stanislas Julien, London, 1832.	全译本
1833	《看钱奴》	儒莲	Khan-thsian-nou	L'Esclave des richesses qu'il garde, L'Avare	最初刊载于诺代《普劳图斯戏剧集》的注释中，后收入德庇时《中国》一书法译本的附录部分。J. F. Davis: *La Chine, ou Description Générale des mœurs et des coutumes, du gouvernement, des lois, des religions, des sciences, de la littérature, des productions naturelles, des arts, des manufactures et du commerce de l'empire chinois*, traduit de l'angalais par A. Pichard, revu et augmenté d'un appendice par Bazin Aîné, Paris, 1837, pp. 385-389.	全剧梗概及第四折节译。

续表

发表时间	剧目中文名	译介者	剧名西文音译	剧名西文意译	出版形式	备注
1833—1834	《西厢记》	儒莲	Si-siang-ki	L'Histoire du pavillon d'occident	期刊连载。L'Europe littéraire, 1833.	第一折
1834	《赵氏孤儿》	儒莲	Tchao-Chi-Kou-Eul	L'Orphelin de la Chine	单行本。Tchao-Chi-Kou-Eul, ou l'Orphelin de la Chine, Drame en prose et en vers, accompagné des pièces historiques qui en ont fourni le sujet, de nouvelles et de poésies chinoises, traduit du chinois, par Stanislas Julien, Paris: Moutardier, 1834.	全译本
1834—1835	《㑳梅香》	大巴赞	Tchao-meï-hiang	Les Intrigues d'une soubrette	期刊连载。Nouveau journal asiatique, 1834, Tome XIV, pp. 433-469, pp. 509-539; 1835, Tome XV, pp. 70-152, pp. 152-174.	全译本
1838	《㑳梅香》	大巴赞	Tchao-meï-hiang	Les Intrigues d'une soubrette	剧本集。Théâtre chinois, ou choix de pièces de théâtre composées sous les empereurs mongols, traduites par M. Bazin Aîné, Paris: Imprimerie royale, 1838, pp. 1-134.	全译本

续表

发表时间	剧目中文名	译介者	剧名西文音译	剧名西文意译	出版形式	备注
1838	《合汗衫》	大巴赞	Ho-han-chan	La Tunique confrontée	剧本集。*Théâtre chinois, ou choix de pièces de théâtre composées sous les empereurs mongols*, traduites par M. Bazin Aîné, pp. 135-256.	全译本
1838	《货郎旦》	大巴赞	Ho-lang-tan	La Chanteuse	剧本集。*Théâtre chinois, ou choix de pièces de théâtre composées sous les empereurs mongols*, traduites par M. Bazin Aîné, pp. 257-320.	全译本
1838	《窦娥冤》	大巴赞	Teou-ngo-youen	Le Ressentiment de Teou-ngo	剧本集。*Théâtre chinois, ou choix de pièces de théâtre composées sous les empereurs mongols*, traduites par M. Bazin Aîné, pp. 321-409.	全译本
1841	《琵琶记》	大巴赞	Le Pi-pa-ki	L'Histoire du luth	单行本。*Le Pi-pa-ki, ou l'histoire du luth, drame chronois*, traduit sur le texte original par M. Bazin aîné, Paris, 1841.	节译本

续表

发表时间	剧目中文名	译介者	剧名西文音译	剧名西文意译	出版形式	备注
1851	《汉宫秋》	大巴赞	Han-Kong-thsieou	Les Chagrins dans le palais de Han	期刊连载。Bazin aîné, Le siècle des Youên, ou tableau historique de la littérature chinoise, depuis l'avènement des empereurs mongols jusqu'à la restauration des Ming, Journal asiatique, 1851, TXVII, Paris, p. 178.	提及已有德庇时节译本。
1851	《金钱记》	大巴赞	Kin-thsien-ki	Le Gage d'amour	期刊连载。Bazin aîné, Le siècle des Youên, Journal asiatique, 1851, TXVII, pp. 178-194.	剧情梗概及片段翻译
1851	《陈州粜米》	大巴赞	T'chin-tcheou-thiao-mi	Le Grenier de T'chin-tcheou	期刊连载。Bazin aîné, Le siècle des Youên, Journal asiatique, 1851, TXVII, p. 195.	简介
1851	《鸳鸯被》	大巴赞	Youen-yang-pi	La Couverture du lit nuptial	期刊连载。Bazin aîné, Le siècle des Youên, Journal asiatique, 1851, TXVII, pp. 195-202.	剧情梗概及片段翻译
1851	《赚蒯通》	大巴赞	Tchan-khouaï-thong	Le Trompeur trompé	期刊连载。Bazin aîné, Le siècle des Youên, Journal asiatique, 1851, TXVII, pp. 202-204.	剧情梗概

续表

发表时间	剧目中文名	译介者	剧名西文音译	剧名西文意译	出版形式	备注
1851	《玉镜台》	大巴赞	Yü-king-thaï	Le Miroir de jade	期刊连载。Bazin aîné, *Le siècle des Youên*, *Journal asiatique*, 1851, TXVII, p. 205.	简介
1851	《杀狗劝夫》	大巴赞	Chä-kheou-khiuen-fou	Le Chien de Yang-chi	期刊连载。Bazin aîné, *Le siècle des Youên*, *Journal asiatique*, 1851, TXVII, p. 206.	简介
1851	《合汗衫》	大巴赞	Hë-han-chan	La Tunique confrontée	期刊连载。Bazin aîné, *Le siècle des Youên*, *Journal asiatique*, 1851, TXVII, p. 206.	提及大巴赞全译本。
1851	《谢天香》	大巴赞	Sié-thien-hiang	La Courtisane savante	期刊连载。Bazin aîné, *Le siècle des Youên*, *Journal asiatique*, 1851, TXVII, p. 207.	简介
1851	《争报恩》	大巴赞	Tseng-pao-ngen	La Délivrance de Thsien-kiao	期刊连载。Bazin aîné, *Le siècle des Youên*, *Journal asiatique*, 1851, TXVII, pp. 207-208.	剧情梗概
1851	《张天师》	大巴赞	T'chang-thien-sse	T'chang l'anachrète	期刊连载。Bazin aîné, *Le siècle des Youên*, *Journal asiatique*, 1851, TXVII, pp. 208-210.	剧情梗概

续表

发表时间	剧目中文名	译介者	剧名西文音译	剧名西文意译	出版形式	备注
1851	《救风尘》	大巴赞	Kieou-fong-t'chin	La Courtisane sauvée	期刊连载。Bazin aîné, *Le siècle des Youên*, *Journal asiatique*, 1851, TXVII, pp. 210-211.	简介
1851	《东堂老》	大巴赞	Tong-thang-lao	L'Enfant prodigue	期刊连载。Bazin aîné, *Le siècle des Youên*, *Journal asiatique*, 1851, TXVII, pp. 309-310.	简介
1851	《燕青博鱼》	大巴赞	Yen-thsing-po-yu	Yen-thsing vendant du poisson	期刊连载。Bazin aîné, *Le siècle des Youên*, *Journal asiatique*, 1851, TXVII, p. 310.	简介
1851	《潇湘雨》	大巴赞	Siao-siang-yu	Le Naugrage de T'chang-thien-khiö	期刊连载。Bazin aîné, *Le siècle des Youên*, *Journal asiatique*, 1851, TXVII, pp. 310-311.	简介
1851	《曲江池》	大巴赞	Khiö-kiang-t'chi	Le Fleuve aucours sinueux	期刊连载。Bazin aîné, *Le siècle des Youên*, *Journal asiatique*, 1851, TXVII, p. 311.	简介
1851	《楚昭公》	大巴赞	Thsou-tchao-kong	Tchao-kong, prince de Thsou	期刊连载。Bazin aîné, *Le siècle des Youên*, *Journal asiatique*, 1851, TXVII, pp. 311-312.	简介

续表

发表时间	剧目中文名	译介者	剧名西文音译	剧名西文意译	出版形式	备注
1851	《来生债》	大巴赞	Laï-seng-tchaï	La Dette payable dans la vie à venir	期刊连载。Bazin aîné, Le siècle des Youên, Journal asiatique, 1851, TXVII, pp. 312-324.	剧情梗概及片段翻译
1851	《薛仁贵》	大巴赞	Sié-jin-kouëi		期刊连载。Bazin aîné, Le siècle des Youên, Journal asiatique, 1851, TXVII, pp. 324-331.	剧情梗概
1851	《墙头马上》	大巴赞	Tsiang-theou-ma-chang	Le mariage secret	期刊连载。Bazin aîné, Le siècle des Youên, Journal asiatique, 1851, TXVII, p. 332.	简介
1851	《梧桐雨》	大巴赞	Ou-thong-yu	La Chute des feuilles du Ou-thong	期刊连载。Bazin aîné, Le siècle des Youên, Journal asiatique, 1851, TXVII, pp. 332-333.	简介
1851	《老生儿》	大巴赞	Lao-seng-eul	Le Vieillard qui obtient un fils	期刊连载。Bazin aîné, Le siècle des Youên, Journal asiatique, 1851, TXVII, p. 333.	提到已有德庇时节译本
1851	《硃砂担》	大巴赞	Tchu-cha-t'an	Les Caisses de cinabre	期刊连载。Bazin aîné, Le siècle des Youên, Journal asiatique, 1851, TXVII, pp. 333-334.	简介

续表

发表时间	剧目中文名	译介者	剧名西文音译	剧名西文意译	出版形式	备注
1851	《虎头牌》	大巴赞	Hou-theou-p'aï	L'Enseigne à tête de tigre	期刊连载。Bazin aîné, *Le siècle des Youên*, *Journal asiatique*, 1851, TXVII, p. 334.	简介
1851	《合同文字》	大巴赞	Hö-thong-win-tseu	Les Originaux confrontés	期刊连载。Bazin aîné, *Le siècle des Youên*, *Journal asiatique*, 1851, TXVII, p. 335.	简介
1851	《冻苏秦》	大巴赞	T'ong-sou-thsin	Sou-thsin transi de froid	期刊连载。Bazin aîné, *Le siècle des Youên*, *Journal asiatique*, 1851, TXVII, pp. 335-337.	剧情梗概
1851	《儿女团圆》	大巴赞	Eul-niu-thouan-youên	La Réunion du fils et de la fille	期刊连载。Bazin aîné, *Le siècle des Youên*, *Journal asiatique*, 1851, TXVII, pp. 337-338.	剧情梗概
1851	《玉壶春》	大巴赞	Yü-hou-tchun	Les Amours de Yü-hou	期刊连载。Bazin aîné, *Le siècle des Youên*, *Journal asiatique*, 1851, TXVII, p. 339.	简介
1851	《铁拐李》	大巴赞	Tiĕ-khouaï-li	La Transmigration de Yö-cheou	期刊连载。Bazin aîné, *Le siècle des Youên*, *Journal asiatique*, 1851, TXVII, pp. 339-361.	剧情梗概及片段翻译

续表

发表时间	剧目中文名	译介者	剧名西文音译	剧名西文意译	出版形式	备注
1851	《小尉迟》	大巴赞	Siao-weï-tchi	Le petit commandant	期刊连载。Bazin aîné, *Le siècle des Youên*, *Journal asiatique*, 1851, TXVII, pp. 361-362.	简介
1851	《风光好》	大巴赞	Font-kouang-hao	L'Académicien amoureux	期刊连载。Bazin aîné, *Le siècle des Youên*, *Journal asiatique*, 1851, TXVII, pp. 362-363.	剧情梗概
1851	《秋胡戏妻》	大巴赞	Thsieou-hou-hi-thsi	Le Mari qui fait cour à sa femme	期刊连载。Bazin aîné, *Le siècle des Youên*, *Journal asiatique*, 1851, TXVII, pp. 364-371.	剧情梗概及片段翻译
1851	《神奴儿》	大巴赞	Chin-nou-eul	L'Ombre de Chin-nou-eul	期刊连载。Bazin aîné, *Le siècle des Youên*, *Journal asiatique*, 1851, TXVII, p. 372.	简介
1851	《荐福碑》	大巴赞	Tsien-fo-pi	L'Inscription de la pagode Tsien-fo	期刊连载。Bazin aîné, *Le siècle des Youên*, *Journal asiatique*, 1851, TXVII, p. 373.	简介
1851	《谢金吾》	大巴赞	Sié-kin-ou	Le Pavillon démoli	期刊连载。Bazin aîné, *Le siècle des Youên*, *Journal asiatique*, 1851, TXVII, pp. 373-374.	简介

续表

发表时间	剧目中文名	译介者	剧名西文音译	剧名西文意译	出版形式	备注
1851	《岳阳楼》	大巴赞	Yŏ-yang-leou	Le Pavillon de Yo-yang	期刊连载。Bazin aîné, Le siècle des Youên, Journal asiatique, 1851, TXVII, p. 374.	简介
1851	《蝴蝶梦》	大巴赞	Hoû-thië-mong	Le Songe de Pao-kong	期刊连载。Bazin aîné, Le siècle des Youên, Journal asiatique, 1851, TXVII, p. 375.	简介
1851	《伍员吹箫》	大巴赞	Ou-youên-tchouī-siao	Ou-youên jouant de la flûte	期刊连载。Bazin aîné, Le siècle des Youên, Journal asiatique, 1851, TXVII, pp. 375-376.	简介
1851	《勘头巾》	大巴赞	Khan-theou-kin	Le Bonnet de Lieou-ping-youên	期刊连载。Bazin aîné, Le siècle des Youên, Journal asiatique, 1851, TXVII, p. 376.	简介
1851	《黑旋风》	大巴赞	Hë-siouen-fong	Le Tourbillon noir	期刊连载。Bazin aîné, Le siècle des Youên, Journal asiatique, 1851, TXVII, p. 377.	简介
1851	《倩女离魂》	大巴赞	Thsien-niu-li-hoen	Le Mal d'amour	期刊连载。Bazin aîné, Le siècle des Youên, Journal asiatique, 1851, TXVII, pp. 497-502.	剧情梗概及片段翻译

续表

发表时间	剧目中文名	译介者	剧名西文音译	剧名西文意译	出版形式	备注
1851	《陈抟高卧》	大巴赞	Tchin-po-kao-ngo	Le Sommeil de Tchin-po	期刊连载。Bazin aîné, Le siècle des Youên, Journal asiatique, 1851, TXVII, p. 503.	简介
1851	《马陵道》	大巴赞	Ma-ling-tao	La Route de Ma-ling	期刊连载。Bazin aîné, Le siècle des Youên, Journal asiatique, 1851, TXVII, pp. 503-504.	简介
1851	《救孝子》	大巴赞	Kieou-hiao-tseu	L'Innocence reconnue	期刊连载。Bazin aîné, Le siècle des Youên, Journal asiatique, 1851, TXVII, p. 504.	简介
1851	《黄粱梦》	大巴赞	Hoang-liang-mong	Le Songe de Liu-thong-pin	期刊连载。Bazin aîné, Le siècle des Youên, Journal asiatique, 1851, TXVII, pp. 504-516.	剧情梗概及片段翻译
1851	《扬州梦》	大巴赞	Yang-tcheou-mong	Le Songe de Tou-mo-tchi	期刊连载。Bazin aîné, Le siècle des Youên, Journal asiatique, 1851, TXVII, p. 517.	简介
1851	《王粲登楼》	大巴赞	Wang-tsan-teng-leou	L'Elévation de Wang-tsan	期刊连载。Bazin aîné, Le siècle des Youên, Journal asiatique, 1851, TXVII, pp. 517-518.	简介

续表

发表时间	剧目中文名	译介者	剧名西文音译	剧名西文意译	出版形式	备注
1851	《昊天塔》	大巴赞	Hao-thien-tha	La Pagode du ciel serein	期刊连载。Bazin aîné, Le siècle des Youên, Journal asiatique, 1851, TXVII, pp. 518-530.	剧情梗概及片段翻译
1851	《鲁斋郎》	大巴赞	Loü-tchaï-lang	Le Ravisseur	期刊连载。Bazin aîné, Le siècle des Youên, Journal asiatique, 1851, TXVII, pp. 531-532.	剧情梗概
1851	《渔樵记》	大巴赞	Yu-tsiao-ki	Histoire d'un pêcheur et d'un bûcheron	期刊连载。Bazin aîné, Le siècle des Youên, Journal asiatique, 1851, TXVII, pp. 532-533.	剧情梗概
1851	《青衫泪》	大巴赞	Thsing-chan-louï	Les Amours de Pë-lo-thien	期刊连载。Bazin aîné, Le siècle des Youên, Journal asiatique, 1851, TXVII, pp. 247-249.	剧情梗概
1851	《丽春堂》	大巴赞	Li-thchun-tang	Le Festin du ministre d'Etat	期刊连载。Bazin aîné, Le siècle des Youên, Journal asiatique, 1851, TXVIII, p. 250.	简介
1851	《举案齐眉》	大巴赞	Kiu-ngan-this-meï	Histoire de Meng-kouang	期刊连载。Bazin aîné, Le siècle des Youên, Journal asiatique, 1851, TXVIII, pp. 250-251.	简介

续表

发表时间	剧目中文名	译介者	剧名西文音译	剧名西文意译	出版形式	备注
1851	《后庭花》	大巴赞	Heou-thing-hoa	La Fleur de l'arrière-pavillon	期刊连载。Bazin aîné, *Le siècle des Youên*, *Journal asiatique*, 1851, TXVIII, pp. 251-252.	剧情梗概
1851	《范张鸡黍》	大巴赞	Fan-t'chang-ki-chu	Le Sacrifice de Fan et de T'chang	期刊连载。Bazin aîné, *Le siècle des Youên*, *Journal asiatique*, 1851, TXVIII, pp. 253-254.	剧情梗概
1851	《两世姻缘》	大巴赞	Liang-chi-yin-youên	Les Secondes noce de Weï-kao	期刊连载。Bazin aîné, *Le siècle des Youên*, *Journal asiatique*, 1851, TXVIII, pp. 254-256.	剧情梗概
1851	《赵礼让肥》	大巴赞	Tchao-li-jang-feï	Le Dévouement de Tchao-li	期刊连载。Bazin aîné, *Le siècle des Youên*, *Journal asiatique*, 1851, TXVIII, pp. 256-259.	剧情梗概及片段翻译
1851	《酷寒亭》	大巴赞	Khö-han-thing	Le Pavillon	期刊连载。Bazin aîné, *Le siècle des Youên*, *Journal asiatique*, 1851, TXVIII, pp. 260-261.	剧情梗概及片段翻译
1851	《桃花女》	大巴赞	Thao-hoa-niu	Fleur de pêcher	期刊连载。Bazin aîné, *Le siècle des Youên*, *Journal asiatique*, 1851, TXVIII, pp. 260-262.	剧情梗概

续表

发表时间	剧目中文名	译介者	剧名西文音译	剧名西文意译	出版形式	备注
1851	《竹叶舟》	大巴赞	Tchö-yĕ-tcheou	La Nacelle métamorphosée	期刊连载。Bazin aîné, *Le siècle des Youên*, *Journal asiatique*, 1851, TXVIII, pp. 262-263.	简介
1851	《忍字记》	大巴赞	Jîn-tseu-ki	Histoire du caractère *Jîn*	期刊连载。Bazin aîné, *Le siècle des Youên*, *Journal asiatique*, 1851, TXVIII, pp. 263-272.	剧情梗概及片段翻译
1851	《红梨花》	大巴赞	Hong-li-hoa	La Fleur de poirier rouge	期刊连载。Bazin aîné, *Le siècle des Youên*, *Journal asiatique*, 1851, TXVIII, pp. 272-274.	剧情梗概
1851	《金安寿》	大巴赞	Kin-ngan-cheou	La Déesse qui pense au monde	期刊连载。Bazin aîné, *Le siècle des Youên*, *Journal asiatique*, 1851, TXVIII, pp. 275-276.	剧情梗概
1851	《灰阑记》	大巴赞	Hoeï-lan-ki	Histoire du cercle de craie	期刊连载。Bazin aîné, *Le siècle des Youên*, *Journal asiatique*, 1851, TXVIII, p. 276.	提到已有儒莲全译本
1851	《冤家债主》	大巴赞	Youên-kia-tchaï-tchu	Le Créancier ennemi	期刊连载。Bazin aîné, *Le siècle des Youên*, *Journal asiatique*, 1851, TXVIII, pp. 276-278.	剧情梗概

续表

发表时间	剧目中文名	译介者	剧名西文音译	剧名西文意译	出版形式	备注
1851	《㑳梅香》	大巴赞	Tchao-meï-hiang	La Soubrette accomplie	期刊连载。Bazin aîné, *Le siècle des Youên*, *Journal asiatique*, 1851, TXVIII, p. 279.	提到已有大巴赞全译本。
1851	《单鞭夺槊》	大巴赞	Tan-pien-tho-so	Le Combat de Yu-tchi-king-të	期刊连载。Bazin aîné, *Le siècle des Youên*, *Journal asiatique*, 1851, TXVIII, p. 279.	简介
1851	《城南柳》	大巴赞	Tching-nan-lieou	Les Métamorphoses	期刊连载。Bazin aîné, *Le siècle des Youên*, *Journal asiatique*, 1851, TXVIII, p. 280.	简介
1851	《诓范叔》	大巴赞	Kouang-fan-cho	Fan-cho trompé	期刊连载。Bazin aîné, *Le siècle des Youên*, *Journal asiatique*, 1851, TXVIII, pp. 280-281.	简介
1851	《梧桐叶》	大巴赞	Ou-thong-yé	La feuille du Ou-thong	期刊连载。Bazin aîné, *Le siècle des Youên*, *Journal asiatique*, 1851, TXVIII, p. 281.	简介
1851	《东坡梦》	大巴赞	Tong-po-mong	Le Songe de Tong-po	期刊连载。Bazin aîné, *Le siècle des Youên*, *Journal asiatique*, 1851, TXVIII, pp. 281-282.	简介

续表

发表时间	剧目中文名	译介者	剧名西文音译	剧名西文意译	出版形式	备注
1851	《金线池》	大巴赞	Kin-sien-t'chi	Le Mariage forcé	期刊连载。Bazin aîné, Le siècle des Youên, Journal asiatique, 1851, TXVIII, pp. 282-284.	剧情梗概
1851	《留鞋记》	大巴赞	Lieou-hiaï-ki	Histoire de la pantoufle laissée en gage	期刊连载。Bazin aîné, Le siècle des Youên, Journal asiatique, 1851, TXVIII, pp. 284-287.	剧情梗概
1851	《气英布》	大巴赞	Khi-yng-pou	Les Fureurs de Yng-pou	期刊连载。Bazin aîné, Le siècle des Youên, Journal asiatique, 1851, TXVIII, pp. 287-288.	简介
1851	《隔江斗智》	大巴赞	Ke-kiang-theou-tchi	Le Mariage de Lieou-hiuen-te	期刊连载。Bazin aîné, Le siècle des Youên, Journal asiatique, 1851, TXVIII, pp. 288-289.	简介
1851	《刘行首》	大巴赞	Lieou-hang-cheou	La Courtisane Lieou	期刊连载。Bazin aîné, Le siècle des Youên, Journal asiatique, 1851, TXVIII, p. 289.	简介
1851	《度柳翠》	大巴赞	Tou-lieou-thsouï	La conversion de Lieou-thsouï	期刊连载。Bazin aîné, Le siècle des Youên, Journal asiatique, 1851, TXVIII, pp. 517-518.	简介

续表

发表时间	剧目中文名	译介者	剧名西文音译	剧名西文意译	出版形式	备注
1851	《误入桃源》	大巴赞	Ou-ji-thao-youên	La Grotte des pêchers	期刊连载。Bazin aîné, *Le siècle des Youên*, *Journal asiatique*, 1851, TXVIII, pp. 518-522.	剧情梗概及片段翻译
1851	《魔合罗》	大巴赞	Mo-ho-lo	Le Magot	期刊连载。Bazin aîné, *Le siècle des Youên*, *Journal asiatique*, 1851, TXVIII, p. 522.	简介
1851	《盆儿鬼》	大巴赞	P'an-eul-koueï	Le Plat qui parle	期刊连载。Bazin aîné, *Le siècle des Youên*, *Journal asiatique*, 1851, TXVIII, pp. 523-524.	简介
1851	《玉梳记》	大巴赞	Yu-sou-ki	Histoire du peigne de jade	期刊连载。Bazin aîné, *Le siècle des Youên*, *Journal asiatique*, 1851, TXVIII, p. 524.	简介
1851	《百花亭》	大巴赞	Pë-hoa-thing	Le Portique des cent fleurs	期刊连载。Bazin aîné, *Le siècle des Youên*, *Journal asiatique*, 1851, TXVIII, pp. 524-525.	简介
1851	《竹坞听琴》	大巴赞	Tcho-ou-thing-kin	Le Mariage d'une religieuse	期刊连载。Bazin aîné, *Le siècle des Youên*, *Journal asiatique*, 1851, TXVIII, p. 525.	简介

续表

发表时间	剧目中文名	译介者	剧名西文音译	剧名西文意译	出版形式	备注
1851	《抱妆盒》	大巴赞	P'ao-tchoang-ho	La Boîte mystérieuse	期刊连载。Bazin aîné, Le siècle des Youên, Journal asiatique, 1851, TXVIII, pp. 525-542.	剧情梗概及片段翻译
1851	《赵氏孤儿》	大巴赞	Tchao-chi-kou-eul	L'Orphelin de la famille de Tchao	期刊连载。Bazin aîné, Le siècle des Youên, Journal asiatique, 1851, TXVIII, p. 543.	提及已有马若瑟节译本和儒莲的全译本。
1851	《窦娥冤》	大巴赞	Teou-ngo-youên	Le Ressentiment de Teou-ngo	期刊连载。Bazin aîné, Le siècle des Youên, Journal asiatique, 1851, TXVIII, p. 543.	提到已有大巴赞全译本。
1851	《李逵负荆》	大巴赞	Li-koueï-fou-king	Le Jugement de Song-kiang	期刊连载。Bazin aîné, Le siècle des Youên, Journal asiatique, 1851, TXVIII, p. 544.	简介
1851	《萧淑兰》	大巴赞	Siao-cho-lan	Les Amours de Siao-cho-lan	期刊连载。Bazin aîné, Le siècle des Youên, Journal asiatique, 1851, TXVIII, p. 544.	简介

附录一　19世纪法国译介的中国戏曲作品(出版部分)

续表

发表时间	剧目中文名	译介者	剧名西文音译	剧名西文意译	出版形式	备注
1851	《连环计》	大巴赞	Lien-hoan-ki	La mort de Tong-tcho	期刊连载。Bazin aîné, Le siècle des Youên, Journal asiatique, 1851, TXVIII, pp. 545-546.	简介
1851	《罗李郎》	大巴赞	Lo-li-lang	Les Aventures de Lo-li-lang	期刊连载。Bazin aîné, Le siècle des Youên, Journal asiatique, 1851, TXVIII, p. 546.	简介
1851	《看钱奴》	大巴赞	Khan-thsien-nou	L'Avare	期刊连载。Bazin aîné, Le siècle des Youên, Journal asiatique, 1851, TXVIII, p. 546.	提及已有儒莲译本，但尚未出版。
1851	《还牢末》	大巴赞	Hoan-lao-mo	Le Dévouement de Li-kouei	期刊连载。Bazin aîné, Le siècle des Youên, Journal asiatique, 1851, TXVIII, p. 547.	简介
1851	《柳毅传书》	大巴赞	Lieou-y-t'chouen-chu	Le Roi des Dragons	期刊连载。Bazin aîné, Le siècle des Youên, Journal asiatique, 1851, TXVIII, p. 547.	简介
1851	《货郎旦》	大巴赞	Ho-lang-tan	La Chanteuse	期刊连载。Bazin aîné, Le siècle des Youên, Journal asiatique, 1851, TXVIII, p. 548.	提及已有大巴赞全译本。

续表

发表时间	剧目中文名	译介者	剧名西文音译	剧名西文意译	出版形式	备注
1851	《望江亭》	大巴赞	Wang-kiang-thing	Le Pavillon de plaisance	期刊连载。Bazin aîné, Le siècle des Youên, Journal asiatique, 1851, TXVIII, p. 548.	简介
1851	《任风子》	大巴赞	Jîn-fong-tseu	Jîn le fanatique	期刊连载。Bazin aîné, Le siècle des Youên, Journal asiatique, 1851, TXVIII, pp. 548-550.	剧情梗概
1851	《碧桃花》	大巴赞	Pi-thao-hoa	La Fée	期刊连载。Bazin aîné, Le siècle des Youên, Journal asiatique, 1851, TXVIII, p. 551.	简介
1851	《张生煮海》	大巴赞	T'chang-seng-tchû-haï	La Nymphe amoureuse	期刊连载。Bazin aîné, Le siècle des Youên, Journal asiatique, 1851, TXVIII, p. 551.	简介
1851	《生金阁》	大巴赞	Seng-kin-ko	Le Petit pavillon d'or	期刊连载。Bazin aîné, Le siècle des Youên, Journal asiatique, 1851, TXVIII, p. 552.	简介
1851	《冯玉兰》	大巴赞	Fong-yu-lan	Les Malheurs de Fong-yu-lan	期刊连载。Bazin aîné, Le siècle des Youên, Journal asiatique, 1851, TXVIII, p. 552.	简介，提及大巴赞曾写有详细的剧情梗概，但未发表。

续表

发表时间	剧目中文名	译介者	剧名西文音译	剧名西文意译	出版形式	备注
1872—1880	《西厢记》	儒莲	Si-siang-ki	L'histoire du pavillon d'occident	单行本。Si-siang-ki：ou，L'histoire du pavillon d'occident：comédie en seize actes, par Wang Che-fou, traduction de Stanislas Julien, Genève：H. Georg-T. Mueller, 1872-1880.	翻译了前面的四本十六折。

附录二 19世纪法国
有关中国戏曲的介绍、研究与评论

　　此目录以文章最初刊发时间为序,以破折号附注者为同一文章的其他版本,如外文版、转载版或文集版。原书评无标题者根据文章具体内容分别标注为 notice(评论)、analyse(梗概)、extrait(摘引)等。

一、著述章节、序文、注解类

1. M. Lacombe, "Théâtre Chinois", *Précis de l'art théâtral dramatique des anciens et des modernes*, Paris: Le Grand Buffon, 1808, pp. 124-125.

2. J. F. Davis, "A brief view of The Chinese Drama, and of their theatrical exhibitions"; *Laou-seng-urh, or, an heir in his old age*, a Chinese drama, London: John Murray, 1817, pp. iii-xlv.
 ——J. F. Davis, "Coup d'oeil sur la comédie des Chinois et sur leurs représentations", "Avertissement du traducteur anglais", *Lao-Seng-Eul, comédie chinoise, suivie de San-Iu-Leou, ou les trois étages consacrés, conte moral*, traduits du chinois en anglais par J. F. DAVIS, et de l'anglais en fançais par A. Bruguière de Sorsum, Paris: Rey et Gravier, Londre: A. B. Dulau, 1819, pp. 1-44.

3. A. Bruguière de Sorsum, "Avis du traducteur français", *Lao-Seng-Eul, comédie chinoise, suivie de San-Iu-Leou, ou les trois étages consacrés, conte moral*; traduits du chinois en anglais par J. F. DAVIS, et de l'anglais en fançais par A. Bruguière de Sorsum, Paris: Rey et Gravier, Londre: A. B. Dulau, 1819, pp. i-iii.

4. J. F. Davis, "Introduction", *The Fortunate Union, a Romance*, translated from the Chinese original, to which is added, a Chinese tragedy, by John Francis Davis, London: J. Murray, 1829, pp. 215-217.

5. Stanislas Julien, "Préface", *Hoeï-Lan-Ki, ou l'histoire du cercle de craie*, drame en prose et en vers, traduit du chinois et accompagné de notes, par Stanislas Julien, London: John Murray, 1832, pp. 7-32.

6. "Analyse de *Khan-thsian-nou, l'Esclave des richesses qu'il garde*", *Théâtre de Plaute*, traduction nouvelle accompagnée de notes par Joseph. Naudet, Tome

Deuxième, Paris: Panckoucke, 1833, pp. 374-385.
7. Stanislas Julien, "Avant propos", *Tchao-Chi-Kou-Eul, ou l'Orphelin de la Chine*, drame en prose et en vers, Paris: Moutardier, 1834, pp. vii-xii.
8. J. F. Davis, "Drame, Passion des Chinois pour le théâtre, Négligence des unités, Caractère des drames, Parallèle du théâtre chinois et du théâtre grec, Intrigue d'une pièce, Division par actes, Analyse d'une tragédie", *La Chine, ou description générale des mœurs et des coutumes, du gouvernement, des lois, des religions, des sciences, de la littérature, des productions naturelle, des arts, des manufactures et du commerce de l'empire chiniois*, Par J. F. Davis, traduit de l'anglais par A. Pichard, revu et augementé d'un appendice par Bazin Aîné, Paris: Paulin, 1837, Tome. II, pp. 124-138.
9. Bazin Aîné, "Introduction", *Théâtre chinois, ou choix de pièces de théâtre composées sous les empereurs mongols*, traduites par M. Bazin Aîné, Paris: Imprimerie royale, 1838, pp. I-LIV.
10. "Extrait de Tchao-Meï-Hiang (la soubrette accomplie)", *Théâtre de Plaute*, traduction nouvelle accompagnée de notes par Joseph Naudet, Tome Neuvième, Paris: Panckoucke, 1838, pp. 394-395.
11. Bazin Aîné, "Avertissement du traducteur", *Le PI-PA-KI, ou l'Histoire du Luth*, drame chinois de Kao-Tong-Kia, avec les changements de Mao-Tseu, traduit sur le texte original par M. Bazin Aîné, Paris: Imprimerie royale, 1841, pp. vii-xx.
12. "Extrait de *Khan-thsian-nou*", H. De Chavannes de la Giraudière, *Les Chinois pendant une période de 4458 années*, Tours: Ad Mame et Cie, 1845, pp. 340-345.
13. Bazin Aîné, "pièces de théâtre", *Le siècle des Youên, ou tableau historique de la littérature chinoise, depuis l'avènement des empereurs mongols jusqu'à la restauration des Ming*, *Journal asiatique*, 1851, TXVII, pp. 163-178.
14. Bazin Aîné, "Origines du théâtre chinois, coup d'oeil sur l'histoire de l'art dramatique, drames historiques, drames tao-sse, comédies de caractère, comédies d'intrigue, drames domestiques, drames mythologiques, drames judiciaires", Pauthier et Bazin, *Chine moderne, ou, Description historique: géographique et littéraire de ce vaste empire, d'après des documents chinois*, Paris: Firmin Didot frères, 1853, pp. 391-465.
15. Bazin Aîné, "SI-SIANG-KI, Ouvrage du sixième Thsaï-tseu"; "PI-PA-KI, ouvrage du septième Thsaï-tseu", Pauthier et Bazin, *Chine moderne, ou, Description historique: géographique et littéraire de ce vaste empire, d'après*

des documents chinois，Paris：Firmin Didot frères，1853，pp. 520-534.
16. Alexandre Timoni，"Tragédie，comédie，drames，farces，etc."，Alexandre Timoni，*Tableau synoptique et pittoresque des littératures les plus remarquables de l'Orient*，Tome Troisième，Paris：Chez l'auteur et chez H. Hubert，1853，pp. 200-206，213-216.
17. Hippolyte Lucas，"Théâtre chinois"，*Curiosités dramatiques et littéraires*，Paris：Garnier frères，1855，pp. 379-392.
18. M. Poujoulat，"Théâtre chinois"，*Littérature contemporaine*，Paris：J. Vermot，1856，pp. 213-226.
19. Louis-Auguste Martin，"Art dramatique"，*La morale chez les Chinois*，Paris：Didier et Cie，1862，pp. 288-292.
20. Saint-Marc Girardin，"De l'amour maternel：L'orphelin de la Chine"，Saint-Marc Girardin，*Cours de littérature dramatique，ou de l'usage des passions dans le drame*，huitième édition，revue et corrigée，Tome premier，Paris：Charpentier，1863，pp. 340-357.
21. Edélestand du Méril，"Comédie chinoise"，Edélestand du Méril，*Histoire de la comédie：période primitive*，Paris：Didier，1864，pp. 120-172.
　　——Edélestand du Méril，"Comédie chinoise"，Edélestand du Méril，*Histoire de la comédie ancienne*，I，Paris：Didier，1869，pp. 120-172.
22. "Théâtre chinois"，*L'esprit du théâtre ou pensées choisies des auteurs dramatiques les plus connus tant anciens que modernes，tant nationaux qu'étrangers*，recueilles et annotées par Le Poitevin de l'egreville，1re série，Paris：chez l'auteur et Beaune，1865，pp. 327-356.

二、报刊书评类

1. Abel Rémusat，"Notice sur *Laou-seng-urh*，or，*an heir in his old age*"，*Journal des savants*，janv. 1818，pp. 27-35.
　　——Abel-Rémusat，"Sur une comédie chinoise intitulée：Le vieillard qui obtient un fils"，*Mélanges asiatiques，ou choix de morceaux de critique et de mémoires*，Paris：Librairie orientale de Dondey-Dupré père et fils，1826，Tome Second，pp. 320-334.
2. "Notice sur *Han Koong Tsew*，or the，etc.，c'est-à-dire les Chagrin de Han，tragédie chinoise，traduite de l'origine avec notes，par M. J. F. Davis，Londres，1829，in-4"，*L'Universel*，15 août 1829，p. 157.
　　——"Notice sur *Han Koong Tsew*，or the，etc.，c'est-à-dire les Chagrin de Han，tragédie chinoise，traduite de l'origine avec notes，par M. J. F. Davis，Londres，

1829, in-4", *Bulletin des sciences historiques, antiquités, philologie*, rédigé par MM. Champollion, publié par la société pour la propagation des connaissances scientifiques et industrielles et sous la direction de M. Le Baron de Férussac, Tome XV, Paris, 1830, pp. 201-203.

3. Klaproth, "Observations critiques sur la traduction anglaise d'un drame chinois", *Nouveau journal asiatique*, T. 4, Paris, 1829, pp. 3-21.

4. Abel-Rémusat, "Notice sur *Hang Koong tsew, or the sorrow of Han*, a chinese tragedy, translated from the original by J. F. Davis, London, 1829", *Journal des savants*, 1830, fév. pp. 78-89.

5. Etienne-Jean Delécluze, "Notice sur *l'Histoire du Cercle de Craie (Hoeï-lan-ki)*, drame en preose et en vers, traduit du chinois en français, et accompagné de notes, par Stanislas Julien; imprimé à Londres aux frais du Comité des Traductions orientales", *Journal des débats politiques et littéraires*, 18 août 1832.

6. François-Just-Marie Raynouard, "Notice sur *Hoeï-Lan-Ki, ou l'Histoire du Cercle de Craie*", *Journal des savants*, août 1832, pp. 470-478.

7. Etienne-Jean Delécluze, "Notice sur *l'Orphelin de la Chine*, drame en prose et en vers,... et *Blanche et Bleue, ou les deux Couleuvres-fées*, roman chinois...", *Journal des débats politiques et littéraires*, 23 juillet 1834.

8. François-Just-Marie Raynouard, "Notice sur *Tchao-chi-kou-eul, ou l'Orphelin de la Chine*; drame en prose et en vers, traduit du chinois par Stanislas Julien, Paris, 1834", *Journal des savants*, avril 1834, pp. 219-228.

9. Antoine Bazin, "Note du traducteur", *Journal asiatique*, janv. 1835, deuxième série, Tome xv, pp. 174-187.

10. "Notice sur *Théâtre chinois, ou Choix de pièces de théâtre composées sous les empereurs mongols,...*", *Bulletin bibliographique de la Revue britannique*, juin 1838.

11. Louis Alloury, "Notice sur *Théâtre chinois, ou Choix de pièce de théâtre composées sous les empereurs Mongols,...*", *Journal des débats politiques et littéraires*, 18 juillet 1838.

12. J.-J. Ampère, "Du théâtre chinois", *Revue des Deux mondes*, Tome XV, 1838, pp. 737-771.

——J. J. Ampère, "Théâtre chinois", *La Science et les lettres en Orient*, Paris: Didier et Cie, 1865, pp. 217-278.

13. "Notice sur *Théâtre chinois, ou Choix de pièces de théâtre composées sous les empereurs mongols,...*", *Revue critique des livres nouvreaux*, juillet 1838, rédigé par Joël Cherbuliez, 6e année du bulletin littéraire et scientifique, Paris et

Genève: Librairie d'Ab. Cherbuliez, 1838, pp. 211-214.
14. "Théâtre chinois", *Magasin pittoresque*, août 1841, N° 34.
15. "Notice sur *Pi-pa-ki*", *Journal des débats politiques et littéraires*, 13 nov. 1841.
16. Charles Magnin, "Premier articles sur *Théâtre chinois* et *Le Pi-pa-ki*", *Journal des Savants*, mai 1842, pp. 257-272.
— Charles Magnin, "Des romans et du théâtre à la Chine", Charles Magnin, *Causeries et Méditations historiques et littéraires*, Tome Second: partie étrangère, Paris: Benjamin Duprat, 1843, pp. 509-536.
17. Charles Magnin, "Deuxième article sur *Théâtre chinois* et *Le Pi-pa-ki*", *Journal des Savants*, oct. 1842, pp. 577-591.
18. "Notice sur *Pi-pa-ki, ou l'Histoire du Luth*", *Revue de Bibliographie analytique, ou compte rendu des ouvrages scientifiques et de haute littérature, publié en France et à l'étranger*, mars 1842, Tome Troisième, pp. 249-251.
19. Charles Magnin, "Troisième et dernier article sur *Théâtre chinois* et *Le Pi-pa-ki*", *Journal des Savants*, janv. 1843, pp. 29-42.
20. Louis Athénaïs Mourier, "Un chef-d'œuvre du Théâtre chinois", *Revue de Paris*, juillet 1843, pp. 248-274.
21. Eug. Cassin, "Notice historique sur la littérature dramatique en Chine", *Echo de la littérature et des beaux-arts en France et à l'étranger*, le 30 oct. 1844.
22. Georges de Kéroulée, "Le théâtre et les représentations dramatiques en Chine", *Le Correspondant*, recueil périodique, T. 56, Nouvelle série, Tome vintième, Paris, 1862, pp. 69-88.

附录三　阿科斯塔其人及其中国信息的可能来源

阿科斯塔是一位 16 世纪的西班牙耶稣会士，也是一位著名学者。张铠曾称他为"拉丁美洲殖民时期最享有盛誉的历史学家"①。他 13 岁进入耶稣会，学成后在西班牙各地传教。1569 年被派往秘鲁，1585 年被西班牙国王腓力二世（Felipe II, 1527—1598）②召回。此后不久他前往墨西哥工作。1588 年正式返回欧洲，并于 1594 年执教于罗马的神学院。③

以上经历清楚地显示，阿科斯塔一生从未到过远东。然而他的著作中却时常提及中国。布吕玛信中所提到的有关戏曲的记述，见于阿科斯塔出版于 1603 年的遗著《美洲——新世界或西印度》（America oder wie man es zu teutsch nennt die Niewe Well oder West-India）。他的代表作《新大陆自然文化史》一书中也曾谈及中国的文字与书籍。此外，阿科斯塔似乎还记载过中国人的一些风俗：

> 中国人看来保留了这种迷信，因为，据阿科斯塔证实，他们有这样的风俗：在船尾供奉一位童贞女，坐在椅子上，面前跪着两个中国人，并日夜点着明亮的灯烛……④

以上著作中的种种中国信息，看来首先当得益于与他在南美尤其是墨西哥的生活经历。据张铠研究，1571—1644 这一时期，正是中国—菲律宾—墨西哥—西班牙多边贸易的发展时期。这一格局的创立，缘于 16 世纪西班牙人入侵菲律宾群岛。西班牙攻占菲岛后，发现当地缺乏南美洲那样丰富的矿藏，具有商业价值的香料种类也很少。于是几经权衡，决定利用菲岛与中国传统的贸易关系，以菲律宾的马尼拉为中继港，用南美的贵金属来换取中国商品。于是，中国—菲律宾—墨西哥—西班牙这一多边贸易格局开始逐渐形成，这被人们称为"大帆船贸易"。在这样的背景下，远在南

---

① 张铠：《中国与西班牙关系史》，第 134 页。
② 于 1556 年至 1598 年在位。他执政时期是西班牙历史上最强盛的时代。
③ 参阅 Jean-Pierre Nicéron, *Mémoires pour servir à l'histoire des hommes illustres dans la république des lettres*, avec un catalogue raisonné de leurs ouvrages, Tome XXX, Paris: Braisson, 1734, pp. 56-64.
④ *Recherches historiques sur les dignité et leurs marques distinctives chez différents peuples*; puisées principalement dans des manuscrits authentiques inédits, Paris: Léopold Collin, 1808, p. 174.

美的墨西哥、秘鲁等地与中国发生了紧密的关联。不仅带来大量中国的商品,也传入了中国的风俗与文明。此外,还有相当数量的华人随大帆船贸易来到南美洲,其中包括仆役、水手、工匠和商人。①

在这样的情况下,阿科斯塔当时所在的秘鲁和墨西哥,所能得到的有关中国信息,甚至比欧洲更多。尤其是墨西哥,它实际上已成为当时欧洲与中国交流的前沿地带和信息中心。正如张铠先生所说:

> 随着中国—律宾—西哥—西班牙多边贸易航线的开通,墨西哥除了成为东西方物质文明的交汇地点之外,这里也成为东西方精神文明相互交融的中心。②

他还指出,门多萨并未到过中国,其之所以能撰写《中华大帝国志》,便是由于他在墨西哥期间收集到了大量有关中国的资料。③ 这样看来,阿科斯塔之所以能在作品中谈论中国,当主要得益于他在墨西哥的经历。事实上,除了搜集书面资料外,阿科斯塔在墨西哥还曾经与中国人有过直接交流。他在著作中曾提到 1587 年时他请一位居住于墨西哥的中国人用中文写他的名字,对方沉思良久,方才落笔。而其他中国人读了一遍他的中文名字后再写时,标注又是不同的。④这表明,阿科斯塔在南美不仅遇见过中国人,而且还与不止一人有过直接交流。

除此之外,由于阿科斯塔对中国问题的关注,他还与一些被派遣到远东的耶稣会传教士有过接触和交流。1586 年,西班牙耶稣会士桑彻斯(Alonso Sanchez,1547—1593)⑤从菲律宾返回欧洲,拟向西班牙王室提出武力征服中国的计划,他与阿科斯塔相识,阿科斯塔对于该计划表示了强烈的反对。之后,为了陈述他的和平传教观点,阿科斯塔又曾于 1587 年致信给当时在中国传教的利玛窦。⑥ 与这些亲身到过中国的传教士的交谈或通信,或许也曾为阿科斯塔书中有关中国的记述提供了材料。

---

① 以上关于南美与中国交流情况的内容均参阅张铠著《中国与西班牙关系史》。对于中国文化在南美洲的传播,随船抵达南美的华人,张铠先生书中均有较多例证和分析,此处不予详述。
② 张铠:《中国与西班牙关系史》,第 133 页。
③ 参阅同上书,第 191 页。
④ 参阅[意]卡萨齐、莎丽达:《汉语流传欧洲史》,上海:学林出版社,2011 年,第 6 页。
⑤ 西班牙籍耶稣会传教士,1579 年被派往墨西哥,之后又被派往菲律宾群岛,1581 年起在马尼拉传教,在利玛窦、罗明坚时期曾两次来过中国。参阅 John P. Doyle, "Two Sixteenth-Century Jesuits and a Plan to Conquer China: Alonso Sanchez and Jose de Acosta: An Outrageous Proposal and its Rejection", Strukturen der Macht: *Studien zum politischen Denken Chinas*, ed. K. Wegmann-M. Kittlaus, 13 (2005), 253-273.
⑥ 参阅张铠:《中国与西班牙关系史》,第 135 页。

附录四 大巴赞《琵琶记》译本与中文原作回目对应表

原作回目	译作处理
第一出　副末开场	译为篇首剧情梗概（argument）
第二出　高堂称寿	删去
第三出　牛氏规奴	译为第二场
第四出　蔡公逼试	译为第一场
第五出　南浦嘱别	删去
第六出　丞相教女	译为第三场
第七出　才俊登程	译为第四场
第八出　文场选士	译为第五场
第九出　临妆感叹	删去
第十出　杏园春宴	合并译入第七场
第十一出　蔡母嗟儿	译为第六场
第十二出　奉旨招婿	合并译入第七场
第十三出　官媒议婚	删去
第十四出　激怒当朝	译为第八场
第十五出　金闺愁配	删去
第十六出　丹陛陈情	译为第九场
第十七出　义仓赈济	译为第十场
第十八出　再报佳期	译为第十一场
第十九出　强就鸾凤	删去
第二十出　勉食姑嫜	译为第十二场
第二十一出　糟糠自厌	译为第十三场
第二十二出　琴诉荷池	译为第十四场

续表

原作回目	译作处理
第二十三出　代尝汤药	译为第十五场
第二十四出　宦邸忧思	删去
第二十五出　祝发买葬	译为第十六场
第二十六出　拐儿绐误	译为第十七场
第二十七出　感格坟成	译为第十八场
第二十八出　中秋望月	删去
第二十九出　乞丐寻夫	译为第十九场
第三十出　闲询衷肠	译为第二十场
第三十一出　几言谏父	删去
第三十二出　路途劳顿	删去
第三十三出　听女迎亲	译为第二十一场
第三十四出　寺中遗像	译为第二十二场
第三十五出　两贤相遘	译为第二十三场
第三十六出　孝妇题真	删去
第三十七出　书馆悲逢	译为第二十四场
第三十八出　张公遇使	删去
第三十九出　散发归林	删去
第四十出　李旺回话	删去
第四十一出　风木余恨	删去
第四十二出　一门旌奖	删去

附录五　儒莲书目中戏剧类作品文体表述列表

编号	书名	类别①	词条中涉及文体的表述
N 327	六十种曲	剧作选集	现代戏剧作品六十种（Collection de soixante pièces du théâtre moderne）
N 495	缀白裘	剧作选集	现代戏剧保留剧目（Répertoire de comédies modernes）
N 1618—1623	元人百种	杂剧选集	元代剧作百种（Les cent pièces de théâtre de la dynastie des Youen）
N 1183—1195	十三种曲②	传奇作品集	戏剧作品十三种（Recueil de treize pièces de théâtre）
N 117	十种曲	传奇作品集	现代戏剧十种（Recueil de 10 comédies modernes）
N 833	藏园九种曲	杂剧及传奇作品集	现代戏剧九种（Recueil de neuf comédies du théâtre moderne）
N 701	玉茗堂四种	传奇作品集	著名戏剧选（Recueil de comédies célèbres）
N 221	西江祝嘏四种	杂剧作品集	韵散结合体剧作（Comédies en vers et en prose）
N 722	砥石斋二种曲	传奇作品集	剧作两种（Deux comédies）
N 776	西厢记	杂剧	著名戏剧（Comédie célèbre）
N 1321A	牡丹亭	传奇	戏剧（Comédie）

① 此栏为笔者所加。参阅郭英德编著：《明清传奇综录》，石家庄：河北教育出版社，1997年；盛志梅：《弹词知见综录》，《清代弹词研究》，济南：齐鲁书社，2008年。

② 据图书编号比对，当指《笠翁十二种曲》，似为儒莲笔误。

续表

编号	书名	类别①	词条中涉及文体的表述
N 109	琵琶记	南戏	对话体小说（Roman dialogué）
N 363	红楼梦散套	传奇	戏剧（Comédie）
N 831	双鸳祠传奇	传奇	戏剧（Comédie）
N 906	石榴记	传奇	戏剧（Comédie）
N 718	风筝误传	传奇	戏剧形式的对话体小说（Roman dialogué, en forme de comédie）
N 724	绘真记	弹词	编撰为戏剧形式的对话体小说（Roman dialogué, arrangé en forme de comédie）
N 754	寒香亭传奇	传奇	掺杂有小抒情曲，编撰为戏剧形式的对话体小说（Roman dialogué, entremêlé d'ariettes, et arrangé en forme de comédie）
N 755	说唱花园会②	弹词	掺杂有抒情歌曲，布置为戏剧形式的对话体小说（Roman dialogué, entremêlé de romances, et disposé sous forme de comédie）
N 789	桃花扇③	传奇	编撰为戏剧形式的对话体小说（Roman dialogué, arrangé en forme de comédie）
N 828	水晶球传	弹词	掺杂有小抒情曲的对话体小说（Roman dialogué, mêlé d'ariettes）

① 此栏为笔者所加。参阅郭英德编著：《明清传奇综录》，石家庄：河北教育出版社，1997年；盛志梅：《弹词知见综录》，《清代弹词研究》，济南：齐鲁书社，2008年。
② 经笔者据书号查阅，即《新刊时调百花台全传》。
③ 手稿中"扇"误作"扁"。

续表

编号	书名	类别①	词条中涉及文体的表述
N 829	金如意八美图	弹词	掺杂有小抒情曲,编撰为戏剧形式的对话体小说(Roman dialogué, arrangé en forme de comédie, mêlée d'arriettes)
N 830	百花台	弹词	对话体小说(Roman dialogué)
N 832	蕴香丸	弹词	掺杂有小抒情曲,编撰为戏剧形式的对话体小说(Roman dialogué, mêlé d'ariettes et disposé en forme de comédie)
N 857	虎口余生	传奇	编撰为戏剧形式的对话体小说(Roman dialogué, arrangé en forme de comédie)
N 859	长生殿	传奇	编撰为戏剧形式的对话体小说(Roman dialogué, arrangé en forme de comédie)
N 860	鱼水缘传奇	传奇	掺杂有小抒情曲,编撰为戏剧形式的对话体小说(Roman dialogué, arrangé en forme de comédie mêlée ariettes)
N 499	玉连环传	弹词	掺杂有小抒情曲,编撰为戏剧形式的对话体小说(Roman dialogué, disposé en forme de comédie, mêlée d'ariettes)
N 1248—49	绘风亭琵琶记②	南戏	戏剧形式的对话体小说(Roman dialogué en forme de pièce dramatique)

① 此栏为笔者所加。参阅郭英德编著:《明清传奇综录》,石家庄:河北教育出版社,1997年;盛志梅:《弹词知见综录》,《清代弹词研究》,济南:齐鲁书社,2008年。

② 手稿中"绘"误作"会"。

附录六　道光九年四华人旅法事考

"礼仪之争"的发生,使清政府逐渐改变了对待西方传教士的态度。明清时期传教士一直在中西文化交流中扮演着重要角色,因而随着雍乾嘉道几朝禁教日严,19世纪初,中西交往走入了一个低谷期。法国受国内政局动荡等因素影响,表现得尤为突出。根据罗湉以荣振华神父的17至18世纪赴法中国人名单为基础所做的统计,在1684年至1773年间,至少有50个以上中国人曾经到过法国。① 而根据雷慕沙《论来法的中国人》②一文,1789年至1829年前后③来到法国的中国人仅有三人。其中包括一个在一艘英国船上被抓获,并被作为战俘带回巴黎的年轻商贩;一个法国商人从广州带回的17岁男仆;以及一个15岁就离开中国,在马尼拉生活多年的商人家庭子弟。④ 即便单单以人数来看,1773年耶稣会被取缔以后,中法间直接往来的消减趋势也是很明显的。更何况雷慕沙所列举的几个人,连与法国人进行基本的沟通都非常困难,更不用说文化交流了。

因而,当笔者在考察19世纪初期法国几位汉学家的过程中,偶然发现有材料提及1829年几名在巴黎的中国人以及他们与汉学家的交流时,惊讶之余也深感好奇。于是借当时身处法国之便,查阅了若干西文资料,对他们的生平及赴法前后的情况逐渐获得了一些基本信息。在此作一简单梳理,不仅是由于提及此事者甚少,更无专门论述,也因为在此中法交流低谷期,类似这样与教会、宫廷、民间、学者几个层面均有所牵涉及影响的个案殊为难得,虽然多为点滴记述,但或可从中一窥日后中法关系转变之端倪。

---

① 参阅罗湉:《18世纪法国戏剧中的中国形象研究》,北京:北京大学出版社,2014年,第25页。

② Abel-Rémusat, "Sur les Chinois qui sont venus en France", *Nouveaux mélanges asiatiques, ou recueil morceaux de critique et de mémoires aux religions, aux sciences, aux coutumes, à l'histoire et à la géographie des nations orientales*, Tome I, Paris: Librairie orientale de Dondey-Dupré, 1829, pp. 259-265.

③ 雷慕沙文中只说"大革命以来",并未指出具体下限。但考虑到此文在收入1829年出版的《新亚洲杂撰》(*Nouveaux mélanges asiatiques*)时并未有所增补,故有理由认为直至1829年前后此数字并未发生变化。

④ 参阅 Abel-Rémusat, "Sur les Chinois qui sont venus en France", *Nouveaux mélanges asiatiques*, 1829, pp. 259-265.

一

　　方豪曾有专文整理统计过同治以前赴欧洲留学的中国人①。在他所列"留学生略历统计表"的131人②中,留学地为法国的,仅有12人。其余119人绝大多数都求学于意大利那不勒斯。这显然是因为法国在清代并没有类似那不勒斯中华书院③那样,以华人学生为主要培养对象之一的神学院,所以留学者的到来,全凭偶然机缘,并未形成规模。在这赴法的12人中,时间上处于1773年耶稣会被解散至1840年鸦片战争之间的,仅有道光朝赴法的5人④。这之中的四人,便是本文所要讨论的主要对象。

　　关于这四名中国人赴法前后情由,笔者所见记述最为详尽的是1829年在巴黎出版的《天主教中国——基督教在华发展状况》(*La Chine catholique, ou Tableau des progrès du christianisme dans cet empire*)⑤一书,作者公杜西耶(Condurier)身份待考,但从书上所印作者地址,以及书中收录有四人肖像画及手迹影本等情况来看,这很可能是当时与他们住在同一修院中的一名法国遣使会士,因而有较多机会与四人交流并得到第一手资料。据此书记载,派遣这四位中国青年来法国的,是法籍遣使会士南弥德神父(Louis François Lamiot, 1767—1831)。

　　自天主教传教士于16世纪入华以来,耶稣会一直在其中占据着显要位置。然而受"礼仪之争"的影响,在多种因素共同作用之下,耶稣会被取缔。1773年教皇下令解散耶稣会后,1783年路易十四要求教廷传信部准许遣使会士取代耶稣会主持法国北京教区。遣使会奉命接管了耶稣会在华传教区及其财产,自此在中国开始逐渐得到发展。⑥

　　南弥德神父正是在这样的形势下于1791年来到中国,并于1794年进入北京。1811年(嘉庆十六年),在清政府进一步的禁教中,在内阁充当翻译的南弥德,是获准

---

① 参阅方豪:《同治前欧洲留学史略》,《方豪文录》,北平:上智编译馆,1948年,第169—188页。
② 含光绪年间留学者12人。
③ 关于中华书院自建成至停办的情况,可参阅方豪:《拉丁文传入中国考》,《方豪文录》,北平:上智编译馆,1948年,第225—254页。
④ 按方豪表格,此5人出国时间同为道光八年(1828年),但以笔者所见资料,这批留学者当有6人,其中4人于道光八年启程,另两人于道光九年启程。详见下文论述。
⑤ Condurier, *La Chine catholique, ou Tableau des progrès du christianisme dans cet empire*, suivi d'une notice sur les quatre Chinois présentés à S. M. Charles X, avec leurs portraits et un fac simile de leur écriture, Paris: l'auteur, H. Tilliard, 1829.
⑥ 参阅 Mathieu-Richard-Auguste Henrion, *Tableau des congrégations religieuses formées en France depuis le dix-septième siècle*, Paris: société des bons livres, 1832.

留在北京的剩余五名西方传教士之一。①然而1820年(嘉庆二十五年),南弥德因受刘格来②一案牵连,也被驱逐出了北京,流放到澳门。基于遣使会培养本土神职人员的传统,也基于清政府日益严厉的禁教措施,南弥德在北京和澳门,都一直着力于培养华人司铎。③ 1829年来到巴黎的这四位年轻的中国人,正是来自他在澳门所主持的修院。看起来,这一时期选拔自该修院,并计划被派往法国学习,以备接受神职的华人青年并不止这一批:1830年,就有另两名中国青年被送到了法国④;而在1829年抵法的这四人启程之时,在南弥德神父的修院中,还有11个中国年轻人开始学习拉丁语,未来也将投身于传教事业。⑤

在南弥德神父的安排下,这四名中国青年于1828年11月26日晚6点登上了一艘英国船离开澳门。这艘船途中只在好望角停留了八天以补充给养,之后就直接驶向英国。四人在英国登陆后,于4月10日到达法国北部港口加莱(Calais)⑥,随后取道亚眠(Amiens),在亚眠的修会中度过了"圣周"的后几天,最终4月21日到达巴黎。⑦

他们因为是偷渡出境,随身并无任何通行证件。唯一的文书是南弥德神父写给加莱本堂神甫的一封推荐信。加莱是南弥德神父的故乡,而当时在任的这位本堂神父既是他的亲戚,也是他中学时期的好友。这四名青年到达加莱后,受到了他的热情款待。这位神父将他们到来的消息通知了亚眠遣使会修会的会长巴依(Bailly),后者立刻起身来接四人。他们当时已从加莱动身,双方在途中相遇,于是顺利到达了亚眠。两天后,巴黎遣使会的副会长艾迪安(Etienne)神父得知音讯,赶来接他们,并将

---

① 其余四人为福文高、李拱辰、高守谦、和毕学源。
② 刘格来(Franciscus Régis Clet, 1748—1820),法籍遣使会传教士,1820年在武昌被处死。
③ 参阅 J. Van Den Brandt, *Les Lazaristes en Chine, 1697-1935, notes biographiques*, Pei-p'ing: imprimerie des lazaristes, 1936.
④ 参阅 *L'Ami de la Religion, Journal ecclésiastique, politique et littéraire*, Tome Soixante-quatorzième, Paris: librairie ecclésiastique d'ad. Le clere et Cie, 1833, mardi 1er janvier 1833(N 2044), p. 422.
⑤ 参阅 Condurier, *La Chine catholique, ou Tableau des progrès du christianisme dans cet empire*, 1829.
⑥ 对他们到达法国的日期这一问题,《天主教中国》称5月初才刚刚进入法国境内,而其他各份报纸均称4月底已到达巴黎。1829年5月2日的《宗教之友报》(*L'Ami de la Religion*)更清楚地写道他们到达亚眠的日期是"圣周"的周二,在亚眠的修会中度过了圣周的后几天。并于复活节周的周二抵达巴黎。考虑到书籍有一定滞后性,而报刊是即时性的记录,尤其作为一家宗教报纸,在这些宗教节日上不太可能出现误差,因而笔者采纳了报刊上提供的日期。
⑦ 参阅 *L'Ami de la Religion et du roi, journal ecclésiastique, politique et littéraire*, Tome Cinqante-neuvième, Paris: Librairie ecclésiastique d'Adrien le Clere et Cie, 1829, samedi 2 mai 1829(N 1537), pp. 359-360.

他们带到了位于巴黎赛弗尔街(Rue de Sèvres)的遣使会修会中①，此后他们一直住在这里，直至离开法国。②

在中法往来如此冷清的时期，他们的到来，除了教会层面，也引起了法国各界的关注。当时不仅教会报刊如《宗教之友报》(l'Ami de la Religion)、《天主教论坛》(La Tribune Catholique)都有专文报道外，巴黎两份重要报纸《法兰西邮报》(Courrier français)、《论争报》(Journal des débats)都刊登过相关新闻，具有半官方性质的《箴言报》(Le Moniteur)更是从5月初起就接连刊发新闻，报道四人在巴黎参加的各种活动。③ 此外，已知刊登过相关文章的报刊还有《航海及殖民地年鉴》(Annales maritimes et coloniales)、《博学报》(L'Universel, journal de la littérature, des sciences et des arts)等专题性报刊。

从这些报道中，我们得知他们在加莱的市政厅得到了官方接见，当地官员用拉丁语为他们做了简短致辞，并向他们颁发了奖章。到达巴黎后，他们于4月28日觐见了当时的法国国王查理十世及其他王室成员，其中一名青年代表四人用中文和拉丁文向国王致辞，其内容由陪同前往的艾迪安神父翻译为法语。④ 5月6日，他们得到了法国内务大臣的接见，人们向这四位中国青年展示了各种有关中国的法文图书，如德经(Joseph de Guignes, 1721—1810)编辑的汉语词典及一些配有彩色版画的中国介绍等。⑤ 5月8日他们参观了王家印刷厂，在那里和汉学家雷慕沙及其学生见面并进行了交流。⑥

他们所会见的各界人士，显然远不止这些，因为在《天主教中国》一书中，就提到他们被引荐给"国王、亲王和王妃们，以及大臣们"⑦，他们自己的留言中也提到"面见

---

① 今天在巴黎的这条街上仍然保留着一座遣使会的教堂，巴黎遣使会总会也坐落在这里。笔者曾试图去那里的档案馆查询相关资料，但被档案员以太过久远，不可能有相关档案留存为由拒绝了。

② 以上记述除加莱至巴黎的行程外，均参阅 Condurier, La Chine catholique, ou Tableau des progrès du christianisme dans cet empire, 1829.

③ 《法兰西邮报》和《论争报》的相关新闻尚未查到刊发的具体日期，文章见于1829年5月2日《箴言报》的转载。

④ 这份致辞的法语版被全文刊载于《航海及殖民地年鉴》(Annales maritimes et coloniales, ou recueil de loi et ordonnances royales, réglemens et décisions ministérielles, mémoires, observations et notice particulières, et généralement de tout ce qui peut intéresser la Marine et les Colonies, sous les rapports militaires, administratifs, judiciaires, nautiques, consulaires et commerciaux, Année 1829, 2 partie, Tome I, Paris: Imprimerie royale, 1829, N50, pp. 568-569.

⑤ 参阅 Le Moniteur universel, Paris, 6 mai 1829.

⑥ 这次会面的情况将在本文第三部分详细论述。

⑦ Condurier, La Chine catholique, ou Tableau des progrès du christianisme dans cet empire, p. 43.

良善国王及众诸侯"①。大约当时王室成员和政府各部的官员接见过他们的为数不少。这些安排,一方面表现了权贵们的好奇心,另一方面也透露出巴黎遣使会对于四人到来的满意心情。看来作为法国政府钦点的耶稣会在华成果的继承者,遣使会非常高兴有机会展示一下他们在中国传教事业中取得的最新成果。除了王公贵族之外,被好奇心吸引而来的公众在最初一段时间里也被准许进入修会和这四位中国人见面,据《天主教中国》说,每天来看他们的人数达到 600 人以上。② 当时,《论争报》在关于四人来法的报道中这样写道:"即便是当年耶稣会对于北京宫廷的影响力到达顶峰的时候,他们也只不过送出两个中国人到欧洲来。"③虽然有关耶稣会的数字与史实并不相符,不过用这种修会间的今昔对比来感受遣使会当时的心情,大概不会差得太远。

按照原定计划,这四名中国青年将在巴黎的遣使会修院中学习六到七年,直到最后获得神职,回中国传教。但法国此时国内形势非常紧张,革命近在眼前,教会多少有点自顾不暇。在四人到达法国一年多,就爆发了"七月革命",波旁王朝再度被推翻。虽然 1830 年 10 月,刚刚又有两名中国青年被遣使会送达法国,但在当时的局势下,巴黎遣使会认为还是送他们回国更为稳妥一些,于是这六名中国青年,连同一名欧洲传教士共 7 人,于 1830 年 11 月 23 日离开巴黎,启程回国。④按照这些记载来算,1829 年抵法的四名中国青年在巴黎总共度过了一年零七个月。

二

上面提及的这些报章新闻中,对四人的个人情况虽然也偶有提及,不过介绍相对较为详尽的还是《天主教中国》一书。为了进行对照和补充,笔者也查阅了《1697—1935 年在华遣使会士列传》(*Les Lazaristes en Chine, 1697-1935*)⑤,找到了其中三人的小传。两种材料对比来看,《1697—1935 年在华遣使会士列传》中的姓氏、地名

---

① Condurier, *La Chine catholique, ou Tableau des progrès du christianisme dans cet empire*,卷首插页。

② 参阅 Condurier, *La Chine catholique, ou Tableau des progrès du christianisme dans cet empire*,1829。

③ *Le Moniteur universel*, Paris, 3 mai 1829.

④ 参阅 *Annales de philosophie chrétienne, recueil périodique destiné à faire connaître tout ce que les sciences humaines et en particulier l'histoire, les antiquités, l'astronomie, la géologie, l'histoire naturelle, la botanique, la physique, la chimie, l'anatomie, la physiologie, la médecine et la jurisprudence renferment de preuves et de découvertes en faveur du christianisme*, Tome II, Paris: Bureau des annales de philosophie chrétienne, 1831, p. 227.

⑤ J. Van Den Brandt, *Les Lazaristes en Chine, 1697—1935, notes biographiques*, Pei-p'ing: Imprimerie des lazaristes, 1936. 此书已有耿昇的中文译本,收入《16—20 世纪入华天主教传教士列传》一书(桂林:广西师大出版社,2010 年),笔者对照的是法文原版。

都标注有中文，比较准确；且对他们从出生到去世的情况都有勾勒，缺点是记述过于简略，且只涉及宗教活动方面。《天主教中国》虽然篇幅并不很长，且只谈到了四人来法前的情况，但着眼于四人的个人经历与家庭背景等方面，比较具体生动。以下的介绍主要由这两份材料互补而来。

1. 李若瑟（Joseph Ly）①

姓李②，抵法时26岁。1803年3月23日出生于湖北沔阳。家中务农。其父共有子女八人，他排行第四。在1821或1822年间，他前往湖南游历，偶然走进一家教堂，听到中国神父布道，他深感触动，于是向这位名叫 Paul Song③ 的神父提出留在他身边学习，被热情接纳。宋神父秘密教授了他拉丁语。他在湖南跟随宋神父学习了好几年，直到1825年，他得知母亲去世。这个消息对他打击很大，于是他在并未告知家人的情况下，前往澳门，进入南弥德神父所主持的遣使会修院。在那儿，他见到了四名即将被派去意大利那不勒斯的中国青年，他和他们并不属于同一个修院，不过因为他们经常前来拜访，所以大家时有会面。他由此萌发了前往欧洲游历的念头。他在澳门的修院待了四年，最终于1828年底启程前往巴黎。他语言能力很强。在1829年抵法的四名中国人中，他是拉丁文水平最好的一个，时常为其他人充当翻译。在觐见国王大臣以及与汉学家等人会面时，总是由他代表四人致辞或题字。在一年多巴黎生活之后，他已经基本掌握了法语，能够用法语写信。④ 对于地理、数学、天文的学习，他也表现出浓厚的兴趣。

1831年回到中国，1832年4月8日被任命为司铎。1833年底至1834年，在陶若翰（Jean-Baptiste Torrette）被流放期间，他代为主持了澳门的遣使会修院。1835年11月，他被派往江西。1841至1845年他在浙江传教，当时他以代理主教的身份掌管着广东的教徒。因为对偏离正道的澳门主教提出异议，他被剥夺了职务。1850年他回到江西，1854年6月9日在那里去世。

2. 吕玛窦（Mathieu Lu）

姓吕，抵法时26岁。1802年出生于江西临江万朔州⑤。家中务农。赴法时双亲均健在，育有子女四人，他排行第二。⑥ 赴法时尚不会说拉丁语。巴黎的神父们认为

---

① 偶尔也见拼写为 Joseph Li。

② 在《1697—1935年在华遣使会士列传》中写着姓"李"或"陈"，原因不明，也许他与后文提到的邱情况类似，在布道的过程中曾因某种缘故用过陈姓。

③ 可能是遣使会的宋保禄（Soung Paul, 1774—1854）神父，他曾长期在湖广和河南布道。

④ 1832年他回国后写给巴黎遣使会艾迪安神父的一封法文书信曾被刊载在1832年12月26日出版的《天主教论坛》（Tribune catholique）刊物上，作为他在法期间学习成果的体现。

⑤ 方豪书中标注为江西清江，不知何据。

⑥ 当时报道中曾提及有一人的父母曾在家中接待过法籍遣使会士刘方济。刘的活动范围主要是江西和湖北，那么可能指的是李和吕两人之一。

他是四人中才能最为平庸的一个,不过赞扬他非常虔诚。

他于1828年进入澳门的遣使会修院。赴法归来后,于1838年7月29日被任命为司铎。他先在江西传教,1841至1845年间,在浙江活动,之后又回到江西。1858年11月1日,他在建昌附近的九都去世。

3. 邱方济（François Kiou）

姓邱,抵法时20岁,父母在几年前均已去世。1808年出生于广州附近的大利。家中务农,他是子女六人中最小的一个。某年,他以看广州城为借口,离别家人来到广州。在他逗留广州期间,发生了十三行大火,这座城市在几天之内被烧毁过半。从时间上看,这指的应当是1822年那次火灾,那么他至少在这一年就已经抵达广州。之后他来到澳门,并于1828年进入南弥德神父主持的遣使会修院。抵法时,他学习拉丁语已有三年,能够用拉丁语表达。

回国后,他于1833年12月1日被任命为司铎。之后曾在澳门的遣使会修院里任教。1842年5月7日,他前往舟山群岛。自此一直在浙江活动,直到1852年转去江西。在浙江期间他曾使用过"方"姓。1874年6月19日在建昌附近的九都去世。

4. 程某（Jean-Baptiste Tcheng）

姓程或陈①,抵法时19岁。出生于广东省。他的父亲在澳门一家女修道院担任管事。他是家中长子,下面还有两个妹妹和一个弟弟,都在父母身边。他从小跟随父亲长大,并从父亲那里学到了一些拉丁语。1825年前后,他进入南弥德神父主持的遣使会修院。

以上就是1829年抵法的四名中国青年的大致情况。②

三

1829年的法国,与18世纪中法往来密切时期路易十四治下的法国相比,不论在社会状况,还是政治经济局势各方面,都发生了重大变化。"中国热"的早已散去,而学院汉学的建立和最初一批本土汉学家的出现,也给这一时期的交流带来了一些新的特点。

首先,从各种报道上提到的一些活动安排上看,1829年的法国不再急于"求知",

---

① 《1697—1935年在华遣使会士列传》中没有收录他的信息,原因不详,因而他回国后的情况我们无从知晓。此处所写姓氏汉字只是从读音揣测而得。

② 1830年抵法的两名中国青年分别是1808年出生于广东的谭安当（Antoine Tan）和1810年5月15日出生于湖北襄阳府枣阳县的赵玛窦（Matthieu Tchao）,其生平均见于《1697—1935年在华遣使会士列传》,因与本文关系不大,此处不予详述。方豪所记道光八年赴法五人即《1697—1935年在华遣使会士列传》所载五人,包括1829年抵法的李、吕、邱三人及1830年抵法的谭、赵二人。谭、赵既于1830年10月抵法,如按此前四人行程所费时间大致估算,则二人出发当在道光十年（1830年）。

他们更热心的是展示自己在中国研究方面业已取得的成果。我们在上文提到过,在与内务大臣的会见中,特地安排了中国研究方面图书的展示。按照记者的描述,图书中配的彩色版画"所呈现的物品是那么逼真,让这些外国人深感震撼。他们一霎时好像觉得被带回了故乡……"①在王家印刷厂的参观过程中,他们也被特地安排参观"收藏几乎所有已知的语言文字的字模的大厅"②,在那里,他们不但看到了王家印刷厂的中文活字,并且在指导下试了如何用模子来复制这些活字。此外,他们还被安排参观过王家图书馆,虽然此次活动未见到详细报道,不过可以想见,参观中一定不会遗漏那里所收藏的大量中文书籍。透过这些细节,我们似乎可以看到 1829 年的法国,在自信满满向这些远方来客表示:我们不仅已经了解了中国,而且我们的工作做得甚至比你们更好。

在与学者的接触中,与汉学家的交流占据了突出位置。关于这四名中国青年与汉学家的会面,最著名的应当是 5 月 8 日被安排在王家印刷厂的这一次集体会面。《箴言报》除了在 5 月 10 日发表了一则较为简短的新闻外,5 月 11 日又专门刊发了一篇长文,对此次参观的全过程,特别是与汉学家会面和交流的部分,作了详尽的报道。我们将这一部分摘译如下:

……当他们来到保存着几乎所有已知语言的字模的大厅里时,他们见到了阿贝尔·雷慕沙先生,他周围站着他的学生柯恒儒、圣马丁以及其他学者。我们知道,在中国,各个省份之间发音存在着巨大差异的,所以中国人自己也常常借助书写来相互沟通,因为在整个中国,文字是相同的。雷慕沙先生采用了同样的方法。人们在大厅里事先放了一张黑色的桌子以备写字,雷慕沙首先向这些年轻人写了一句问候。这些年轻人看到雷慕沙先生如此迅速而熟练地写出那些复杂的中文字符时,脸上显现出无比惊讶的神色。雷慕沙先生向他们询问他们姓什么叫什么,出生在哪里。他们立刻依次给予了答复。……雷慕沙告诉他们自己是法兰西王家学院的鞑靼文及中文教授,并请他们大声朗读一些中文段落,以便让在场的人们对汉语独特的发音有一点概念。李若瑟读了哲学家孟子的几个片段以及中文的"天主经"。他们中最年轻的一个,也用一种更为洪亮且非常庄重的声音背诵了翻译成中文的"圣母经"。这种新鲜的语音激起了大家强烈的兴趣。

雷慕沙的若干个学生——其中我们能认出的有斯塔尼斯拉斯·儒莲、库尔茨③、拉瓦瑟尔(Lavasseur)、诺曼④和小安培——也开始用写字的方法和这四个中国人展开了个别交谈。看起来,他们对于在远离祖国的地方遇到这么多懂得

---

① *Le Moniteur universel*, Paris, 6 mai 1829.
② *Le Moniteur universel*, Paris, 11 mai 1829.
③ 海因利希·库尔茨(Heinrich Kurz,1805—1873),德国汉学家。
④ 卡尔·弗里德里希·诺曼(Karl Friedrich Neumann,1798—1870),德国汉学家。

他们这些表意字符的人深感喜悦。……雷慕沙先生要求他们读一些拉丁文。李若瑟念得非常清晰而准确,所有的人都为此而鼓掌。

应许多人的要求,他们按照他们的习惯,亲手用毛笔欣然写下若干字句。阿贝尔·雷慕沙先生根据中国风俗,请他们写一句格言或祝愿,作为此次访问的纪念,我们留意到,李若瑟针对此要求写下的是这样一句:"先生们,祈愿天主准许基督精神传播到遥远的中国。"离开时,他们向印刷厂经理,向雷慕沙先生以及那些和他们交流了将近两小时的雷慕沙的学生们,非常礼貌地表达了他们的谢意。……①

虽然《箴言报》的记者在描述中有意无意暗示读者这是双方的"第一次见面"。但事实也许并非如此,因为远在此次会面之前,5月3日《箴言报》所转载的《论争报》文章中,作者在驳斥《法兰西邮报》对这些人是否真的来自中国的怀疑时,就这样写道:

只要亲自到赛弗尔街道使会士们住的地方去看看,事实很容易就能让你信服。阿贝尔·雷慕沙先生以及其他许多有能力判定这件事的人们已经去那里拜访过了。②

如果汉学家们早已经主动上门去拜访过了,为什么还要大张旗鼓地在王家印刷厂安排这样一次集体性的会面呢?为什么这一次会面会成为四人一系列巴黎活动中报道最为详尽的事件呢?或许丹麦汉学家龙伯格的文章可以给我们一些启示。他认为:这次会面安排具有双重目的,一方面是为了显示这四个人是"货真价实"的中国人,另一方面则是为了向巴黎人表明雷慕沙教授确实懂中文。③这就是说,这次活动存在的意义首先不是其他,而是要成为一种对于不利于教会,不利于汉学家的传闻的回应。了解到这一层,我们对于报道的详尽,对于报道在内容上的侧重,或许就不难得到答案了。而先后由雷慕沙和他学生担任主编的《博学报》在《箴言报》报道的第二天,即将此文全文转载于头版头条④,也就不足为怪了。

然而,在雷慕沙自己笔下,我们似乎没有看到与这四个中国人来访相关的哪怕只字片语。其实即便是在上面所引的这篇报道中,我们也能感觉到雷慕沙对这些中国青年的到来的淡漠。身为汉学教授,他所询问的只是他们的姓氏和家乡;请他们朗读孟子等等,也只是让学生们对汉语的发音"获得一点概念"而已。我们只需与此前访欧的中国人如黄嘉略、沈福宗等人的经历稍一对照,就能感觉到这之间巨大的差异。

雷慕沙的这种态度,在他几年前所写的《论来法的中国人》一文中,或许可以得到

---

① Le Moniteur universel, Paris, 11 mai 1829.
② Le Moniteur universel, Paris, 3 mai 1829.
③ 参阅 Knud Lundbadk, "Note on Abel Rémusat and the beginning of Aademic sinology in Europe", Echanges culturels et religieux entre la Chine et l'Occident: actes du VIIe Colloque international de sinologie de Chantilly, Institut Ricci, 1992, p.214.
④ L'Universel, journal de la littérature, des sciences et des arts, 12 mai 1829 (N 133).

最好的解答。他写道:"人们总是不停地对他们(指研究汉学的人)说,要是有某个中国人来多好啊,你就可以向他请教许多解释,许多道理,你可以咨询他,问他问题,随心所欲地请他说中文或者写汉字。"然而在他看来,这实在是无知者的鄙俗之见,他列举了若干来过欧洲的中国人,特别提到了其中的水平最高的沈福宗与黄嘉略,并评述说,即便是这两人,也没有做出多大的成绩。"人们能从他们那里学到的东西非常有限。王家学院的任何一个学生,只要学习六个月,谁都能从中文图书里提炼出百倍于他们的知识。"①

不过,或许并非所有当时的汉学家都认同雷慕沙的想法。因为,我们在《天主教中国》一书中读到这样一段有趣的记述:

> 在来看望这些中国年轻人的人里,有不少人曾试图用他们国家的语言和他们对话,但他发现其中只有一个人能懂汉语,据他们说,这个人汉语讲得很好,不过发音很差。他之前在王家印刷厂就和他们见过面,之后在王家图书馆又见到过他。每次他们一谈起来,总是滔滔不绝兴味盎然。只是很遗憾没能记下这个东方学家的名字。②

看来,尽管雷慕沙自命无须求教于中国人,仍然有不少东方学家对中国人的到来表现出浓厚的兴趣,更值得关注的是,有一些交流甚至并非采用"笔谈",而是在口头进行的。虽然除了这唯一的一个成功者之外,其他人纸上谈兵学来的汉语大多以失败告终。可以想见,这个不知姓名的对话者,必然不是雷慕沙,如果是,王家印刷厂的交流大约就不会是这样的安排了。"在中国,各个省份之间发音存在着巨大差异的,所以中国人自己也常常借助书写来相互沟通,因为在整个中国,文字是相同的。"这样结论,不可能是记者自己总结得到的,或许是雷慕沙方面为笔谈这一方法所提供的解释吧。

那么,这个"讲得很好但发音很差"的对话者是谁呢?我们还无法下定论,但似乎可能性比较大的是儒莲。因为唯有他在著述中多次提到过他与这四人中水平最高的李若瑟的交往。

最初是在1834年出版的《赵氏孤儿》译本中。他说:

> 我经常有机会去咨询1829年来巴黎的四个中国人中最机灵的一个,李若瑟先生。不过我从未在他那里得到过哪怕对一行诗句的解释。

---

① Abel-Rémusat, "Sur les Chinois qui sont venus en France", *Nouveaux mélanges asiatiques, ou recueil des morceaux de critique et de mémoires aux religions, aux sciences, aux coutumes, à l'histoire et à la géographie des nations orientales*, Tome I, Paris: Librairie orientale de Dondey-Dupré, 1829, pp. 259-265.

② Condurier, *La Chine catholique, ou Tableau des progrès du christianisme dans cet empire*, p. 43.

在1867年关于中国语言文学方面研究的总结报告中,他再度提到了与李若瑟的交往:

> 1829年,有几个中国基督徒来到巴黎,儒莲先生和他们中之一建立了长久的联系。他名叫李若瑟,比他的同伴们受过更多的教育,而且能流利地说拉丁语。儒莲起先想和他一同阅读一个中国喜剧,但他发现这个年轻人不能读懂夹杂在对话中的那些唱段,并得知在他家乡,只有一两个读书人能理解中国诗歌。①

这种"长久的联系"显然一直维持到了李若瑟回国之后许多年,因为1856年儒莲在《景德镇陶录》的译本中,还专门提到法国为生产瓷器而收集来的两套釉色样本其中之一,是1845年时他拜托李若瑟从中国为他寄来的。②

由于儒莲殊少提到他们谈话的具体内容,而在仅有的文字中,他唯一强调的是李"不懂诗歌",后来的学者于是据此认为李中文修养甚低,对儒莲并没有提供过什么帮助。我们虽无从得知李受教育的具体情况,但所幸《天主教中国》一书中留有他亲笔留言的影本,多少还是可以为我们提供一些揣测的依据:

> 虽城中可爱之众人聚合瞻顾吾等犹如一家。到底思念回乡之意难以休之。吾等今在拂郎西亚亦受怡乐。但最可奇者容易面见良善国王。及众诸侯矣。又代(待)吾等如何亲爱。指于后日攻书已成。长上将命吾等依还本乡。那时如何忍心留下拂郎西亚国。及可爱之众人。

这段文字除了把"待"写成"代"之外,总体尚属通顺,且小楷写得非常工整,通篇也没有任何修改。此外,根据各篇报道记述,从加莱市政厅接受奖章,到觐见法王查理十世等场合,均由他出面应对,致辞言语得体,加上朗读《孟子》、题写留言等情节,则他虽然算不上文人,但应该接受过一些基本的教育。作为法国汉学一代巨擘,儒莲素来以学识渊博、个性强势著称,要他坦然承认从一个名不见经传的中国青年那里有所收获,恐怕并非易事。但他与李在巴黎经常往来,李回国后又长久保持联系,其实已大可证明他认为与李的交流是有价值的。儒莲虽然只强调了李没能解读元杂剧中唱段这一点,但并不排除李在其他方面,如理解中国的风土人情等方面可能为他提供过帮助。当然,这些暂时还只是笔者的推想,更多事实的确认尚有待资料的进一步发掘。

虽然此前中国人旅欧多系传教士或商人带回,而此四人是独自搭船前来,但整个

---

① Stanislas Julien, "Langue et littérature chinoises", *Recueil de rapports sur les progrès des lettres et des sciences en France*, *sciences historiques et philosophiques*, *progrès des études relatives à l'Egypte et à l'Orient*, pp. 177-189.

② *Histoire et fabrication de la porcelaine chinoise*, traduction française par Stanislas Julien, Paris: Mallet-Bachelieu, 1856, p. 215.

行程仍然是由传教士一手安排操办的，从旅法途径和旅法目的而言，道光年间赴法的四人并没有逃脱前人的窠臼。就四人的学识、身份等个人状况来看，他们也没有明显超越前人之处。然而，这次法国之行，还是呈现出了许多新的特点，它们源自交流的另一方。由于法国方面此前几十年间在政治体制、社会结构、经济状况、科学技术等方面所经历的重大变化，法方在这次交流中的态度、方法、观点、关注重心，与此前显现出了较大差异。虽然我们不可能仅凭这一个个案中所显露的苗头，来达成对若干年后中法关系发生剧变的解读。但任何变化都不是一夜之间完成的，通过对个案的探讨，令这个看似沉寂的中法交往低谷期更为清晰化，对于更好地感受中法关系变化的逐步酝酿与显露，必然是有所裨益的。

附录七 19世纪中前期法国购置中文图书的渠道

随着雍乾嘉道几朝禁教日严,加上受到法国国内政局动荡的影响,18世纪末19世纪初,中法间的文化交流与前一时期的繁荣景象相比,显得相对沉寂。从表面上看,当时王家图书馆中文图书的几次重要采购均为法国国内的图书拍卖。

在19世纪这个(中文图书)稳步增长的时期,具有标志意义的是几次大规模采购,如1840年柯恒儒藏书拍卖,1873年鲍吉耶藏书拍卖,尤其是1840年对儒莲藏书的收购,达115种共计3669卷……①

不过,这并不意味着当时的中文图书采购仅仅是欧洲本土已有中文图书的再流通。笔者在19世纪40年代的法国报刊上,发现了两份材料,它们在帮助我们勾勒出当时法国人在华订购图书流程的同时,也为上述观点提供了史料上的支持。

第一种材料是一篇题为《论中国的图书贸易以及它们在欧洲的成本价》(Note sur le commerce des livres en Chine et sur leur prix de revient en Europe)的文章,刊登于1843年5月27日的《图书行业报》(Journal de la librairie)。此文作者的撰写目的在于反驳当时法国客户认为中文图书在法售价过高,他指出中文图书之所以抵达欧洲后身价倍增,是由于购置不易,尤其是在采购及运输过程中,需要支付书价以外的多种开销。作者在文中将这些额外花销一一列出:

(为了买到中文图书),必须在中国有两类中介:1. 首先是一个欧洲人,假如他是个商人的话,他会收取一笔与他从其他货物中所能获得的巨额利润所对等的中介费用。2. 其次是一个受该欧洲人派遣的中国代理,需要支付他一笔酬金,酬金的数目与所购图书的价格、图书的珍稀程度(珍稀版本有时需要花费整整几个月的时间去搜寻),以及逃过严禁此类商品出口的中国海关的检查,将这些书运送到澳门所费的艰辛程度成正比。3. 书买来之后,必须支付打包装箱的费用。4. 保险费用。5. 按照每登记吨②300法郎,外加30%的附加运费③(合起来就是每登记吨390法郎),支付从澳门到波尔多(一般情况下)的运输费用。6. 到港之后,要支付卸货许可费、麻袋费用、关税收讫封印费,以及每包5法郎的发货手续

---

① Manuscrits, xylographes, estampages, les collections orientales du département des Manuscrits GUIDE, sous la direction d'Annie Berthier, Paris: Bibliothèque nationale de France, 2000, p. 111.

② 登记吨(tonneau)是海运的一种计量单位,每吨相当于2.83立方米。

③ Chapeau du capitaine,指按照海运规定,由货主根据一定百分比付给船长的附加费用。

附录七　19世纪中前期法国购置中文图书的渠道

费。7.按照普通运输与加急运输的不同所支付的每公斤10法郎或20法郎的车辆运输费。8.按照每公斤11法郎支付的进口关税。9.此外,还得计入汇率差,在广州1皮阿斯特①通常兑换6法郎13生丁,而在巴黎一般只有5法郎40生丁,因此每1000皮阿斯特或金元②就会产生730法郎的差价。10.还得加上为那些损坏的、不完整的,或者内容与标题不符的书价买单的费用,最后一种情况是中国人常用的伎俩……

以上就是(从中国购买图书的)各种必需的费用……它们常常会令这些中文图书价格翻倍。

此外,如果书籍没有保险的话,还应该将钱财失窃、意外的费用超支以及船只失事等列入账目,而这其实是极为常见的情况。③

以上费用的罗列,实际上为我们详细描绘出了当时的图书订购方式:法国的买家将购买需求委托给一位欧洲商人,后者则雇佣一个中国代理人,由此人携带钱款及书单进入内地购置图书,购置完毕后设法越过重重关卡带到澳门,然后再由欧洲商人从海路运回法国。此文还列举了四个实例,除最后一个没有标注年代外,其他三个案例分别发生于1837、1838、1839年,所涉及的购书金额最低的一笔为613法郎,最高的一笔达到12260法郎④,可见当时的图书贸易还是具有相当规模的。

在上述引文中,我们看到在欧洲中介人这个问题上,作者说的是"假如"是商人,这暗示我们,当时也有其他身份人员充当过图书购买的委托人。事实上,他在文中所举的最后一例正是如此:受委托的这位欧洲中介人是一名在广东的英国汉学家,买主要求购置某哲学论著的不同版本及相关评论,这位汉学家在广东寻觅未果,无奈只得向一位文官求助。但此书绝版已久,于是此官员⑤从皇家书库中借出所需图书,雇请上百名抄书人,花费一月时间将书抄成。⑥

第二份材料是一篇新闻报道,发表于1838年7月22日的《箴言报》

---

① Piastre,一种西班牙金币,合8里亚尔。西班牙是老牌的殖民国,因而皮阿斯特自16世纪起,不仅在欧洲,而且在亚洲、拉美、非洲都有流通,是被普遍认可的商贸流通货币。
② Dollar,西班牙金元,与 piaste 等价。
③ "Note sur le commerce des livres en Chine et sur leur prix de revient en Europe", extrait du *Journal de la librairie*, 27 mai 1843, p. 2.
④ 指用于购买图书的金额,不包含以上各项支出。参阅"Note sur le commerce des livres en Chine et sur leur prix de revient en Europe", extrait du *Journal de la librairie*, 27 mai 1843, p. 2.
⑤ 文中称此人为 Yen,可能姓严(或其他音同严的姓),是江苏盐政司的官员。
⑥ 参阅"Note sur le commerce des livres en Chine et sur leur prix de revient en Europe", extrait du *Journal de la librairie*, 27 mai 1843, pp. 2-3.

(*Le Moniteur Universel*),讲述的是汉学家儒莲如何在中国订制了一套活字字模,①并成功运抵巴黎的情况:

>   王家印刷厂刚刚得到一套中文活字来充实它的东方字体部,这套活字抵达法国必将引起所有关注亚洲语言文学人士的兴趣。
>
>   我们能得到这批活字,是多亏了渊博的汉学家斯塔尼斯拉斯·儒莲先生热忱无私以及外方传教会殷勤设法。它们是按照儒莲先生从巴黎亲自寄去的式样,在中国临近西藏的一个四川小城里刻制而成的。
>
>   四川省在绘制和雕刻用以印刷中文文本的刻版艺术方面,拥有为数众多的熟练工匠,不过雕刻活字对他们来说是一项新的工作。儒莲先生专门寄去了根据一本精美的中文书,并按所需尺寸在巴黎刻制的几个样本。遵照儒莲先生的指导,这些 Ta-li ②府的工匠们取得了超乎期望的成功。直至今天,我们还没有一套大小能与欧洲字符结合得很好的中文活字,而这套刚刚抵达巴黎的活字小巧精美,令人再无缺憾。它们包含了两套康熙字典所收的全部汉字,这套字模共有不下 85000 个活字。
>
>   如果没有外方传教会各位神父先生的参与,尤其是四川省副本堂神父——马苏拉的主教③热情协助,这项工作的完成是绝无可能的。这位法国传教士已经在中国居住了二十年,他的汉语就像母语一样熟练。三年来,他亲自监督了这些活字的刻制工作,并保障了它们在重重困难下安全寄出。事实上,从刻制这些

---

① 据学者研究,19 世纪 30 年代,中文活字的研制是传教士关注的热门问题,在巴黎、柏林、伦敦、波士顿,都有人投入这项工作。与其他地方主要依靠传教士投入有所不同的是,法国的活字研制主要来自汉学家与印刷业者的合作。(参阅韩琦:《从澳门、香港到上海——19 世纪中叶西方活字印刷技术在中国的传播》,香港城市大学中国文化中心、出版博物馆编:《出版文化的新世界——香港与上海》,上海:上海人民出版社,2011 年,第 141—151 页。)这当为儒莲于 30 年代设法在中国订制活字的背景。

② 尽管从发音上看当指大理府,"四川"或为"云南"之误。但考虑到下文特别提及的这位马苏拉的主教长期都在四川绵竹、成都等地活动。因此除非有其他论据,否则似乎很难认为他主持监制的活字生产是在云南进行的。又:附录七作为单篇论文在期刊发表后,承蒙韩琦告知,他 20 年前曾在法国见过儒莲订制的这套活字样本,上面就写有"四川"字样。

③ 这里指的是巴黎外方传教会的马雅各神父(Jacques Léonard Pérocheau, 1787—1861)。原四川教区主教徐德新(Gabriele Taurin Dufresse, 1750—1815)因教案被捕并于 1815 年被清政府处死后,马雅各于 1817 年被任命为马苏拉的主教(évêque de Maxula),1818 年在巴黎修院祝圣后,同年赴四川传教,并于 1820 年抵达中国。所引新闻称其来华已有 20 年,可能是从将他离法的时间误作抵达中国的时间。参阅 Gérard Moussay et Brigitte Appavou, *Répertoire des membres de la Société des missions étrangères: 1659-2004*, Paris: Archives des missions étrangères, les Indes savantes, 2004。(此书已有中文译本,题为《1659—2004 年入华巴黎外方传教会会士列传》,收入[法]荣振华等著,耿昇译:《16—20 世纪入华天主教传教士列传》,桂林:广西师范大学出版社,2010 年。)

附录七　19世纪中前期法国购置中文图书的渠道

活字的 Ta-li 府到澳门要经过 400 多里①路并越过诸多关卡。我们知道中国政府禁止此类出口,刑罚极为严苛。因而,出资订制这些活字的斯塔尼斯拉斯·儒莲先生,出于对科学的热爱,冒着巨大的风险。幸运的是,受委托运送这批活字的使者们历经三个月的旅程,于 1837 年 12 月 8 日平安抵达澳门……②

既然这套定制的活字,是历经三年完成的,并历经三个月才运抵澳门,那么儒莲的定制日期起码可以上溯到 1835 年。这里涉及的虽然并非图书贸易,但从订购流程来看,与上文所述图书贸易非常类似,而新闻报道的明确性正可为上文的概括性描述提供佐证,同时它也有力地证明了儒莲不仅具备从中国订购物品的渠道,且早在鸦片战争之前就已经有过此类实践。

从以上两份材料中我们可以看到,即便是在清政府闭关锁国的时期,中法间的图书贸易依然存在。参与到这一流程中的不仅有身处广州和澳门的欧洲商人、汉学家,也有躲藏在内地的传教士、中国书商、受雇的中国代理人,甚至还有一些书生和官员。在这样一张广阔的人际网络支持下,进行有目的、有针对性的图书采购和搜集,显然是完全可能的。至于具体是由汉学家直接为图书馆订购;还是汉学家本人零星订购后,再成批转让给图书馆;抑或两种情况并存,只是形式上的细微差异而已。

---

① 此处指法国古里,每里约为 4 公里。
② *Le Moniteur universel*, le 22 juillet 1838.

索 引

A

阿科斯塔 11,13—18,21,193,194

B

巴多明 62
巴宏 138
巴罗 18,22—24,28,106
白晋 34,53
白朗士 137
《白蛇精记》3,45,144
柏应理 62
鲍吉耶 87,212
《抱妆盒》56,87,184
悲剧 11,13,16,72,125,155,156,161
比尼昂 34,35
《补缸》148
布吕玛 10—16,21,90,106,193

C

《长生殿》41,42
唱段 19,40,47,49—64,67—69,71—73,
   76,85,101,122,124—128,160—
   162,164,166,210
《城南柳》88,181
传教士 1,3,4,12,13,21,22,25,26,28,
   29,53,56,58,59,62,68,70,72,74,
   75,86,101,109,114—116,118,
   142,163,194,200—202,204,210,
   211,214,215
传奇 2,36—38,41,114,117—119,122—
   124,127,128,197—199

D

大巴赞 2—4,6—8,27,28,32,40,43,44,
   46,50—52,74,76,82—89,91—
   119,121,123—127,130,132—134,
   138,147,148,150,154—156,168—
   186,195
《大清律例》93,105
戴密微 48,54,59
德庇时 3,24—27,40—43,46,61,67—72,
   74,86,87,92,93,106,107,109—
   111,120,125,130,132,150,155,166,
   167,170,173
德勒克吕兹 29,134,135,138,144,151—153
德理文 7,45,59,76,164
典故 44,82—86,89,133
东方语言学院 87,174
《冻苏秦》87,174
《窦娥冤》1,5,47,87,93,94,142,148,
   157,158,161,169,184
杜甫 68,76
杜哈德 1,5,11—13,54,61,155,156
对话体小说 116—118,121—124,128,

198,199

F

法国大革命 8,32,132
法兰西学院 2,44,47,48,50,83,84,88
樊素 2,97—100,102,104,105,145,148,149,159
《范张鸡黍》88,179
《冯玉兰》47,186
《风筝误》123
伏尔泰 1,9,21,90,106,107,117,140
福尔戈 147—149
福克 2
傅尔蒙 11,12,28,35,54—58,61,64,119,120

G

高第 6,59
高则诚 95
格鲁贤 109
古典主义 12,20,31,149,151,152,154—157,164
古兰 4,35,36,38
《古希腊戏剧》10,11,13,14,16
关汉卿 92—94

H

韩国英 21,62,108,109,111—113
《寒香亭》41,42,123
《汉宫秋》5,27,33,40,41,47,48,52,68,70,72,92,125,130,132,138,142,150,155,159,161,166,170
《汉文诗解》68,72,74

《汉语札记》12,52—56,58,59,61,62,68,71
《好逑传》68,72,166
《昊天塔》5,87,88,178
《合汗衫》5,47,52,87,93,158,160,169,171
《红梨花》88,180
《红楼梦》68
《环球报》134,138,151,152
黄嘉略 35,208,209
《黄粱梦》177
《灰阑记》1—3,5,7,29,44,45,47,50,59,70,72,73,76,79,80,98,130,132,134,135,143,144,150,167,180
《货郎旦》5,46,82,87,93,143,158,169,185

J

吉川幸次郎 2,3
纪君祥 92
《金安寿》88,180
《金钱记》5,50,87,88,170
金圣叹 48,121
《金线池》88,182
《救风尘》73,172
剧场 13,16,18,57,108—111,149

K

《看钱奴》5,46,47,52,84,87,88,129,141,144,167,185
柯恒儒 27,33,40,121,207,212
科举 25,103,108,115,115,155
《酷寒亭》87,179

L

《来生债》5,87,173
朗德莱斯 121
浪漫主义 33,134,137,149,150,152—159,161,162,164
《老生儿》5,24—28,40,41,69,87,88,90,109,120,130,141,155,156,166,173
雷慕沙 27—33,35,36,38—40,43,44,58,59,61,62,69—71,82,83,86,89,90,107—109,118—121,125,136—138,141,144,151,161,200,203,207—209
雷米萨 150
理雅各 4
礼仪之争 7,13,25,142,200,201
《礼记》101,102
李若瑟 40,49,71,205,207—210
李卓吾 48
利玛窦 14,18,19,21,112,194
《利玛窦中国札记》14,19,112
《连环计》5,185
《两世姻缘》88,179
刘格来 202
《留鞋记》88,93,182
《六十种曲》37,38,40,48,118
《鲁斋郎》88,178
《论争报》134,135,153,203,204,208
罗斯尼 85,89
吕卡斯 138,151

M

马戛尔尼使团 22,23,26,43,117,140
马礼逊 39,41,58,59,74,105,113

《马陵道》88,177
马念 46,138,140,142,143,145,151,156,158
马若瑟 1,3,6,9—12,19,28,34,40,52—59,61—72,81,124,125,128,155,159,184
马森 6
马扎然 34
马致远 92
毛声山 95
梅里美 134,139,156
门多萨 14—16,18,194
《孟子》3,44,88,210
《魔合罗》88,183
莫勒 50,82,83,89
慕理耶 142,145,153

N

南弥德 201,202,205,206
南戏 36,95,123,127,198,199

O

欧阳修 68

P

《盆儿鬼》88,183
《琵琶记》1,2,40,48,85,87,94—96,118,119,123,130,132,133,135,142,149,153,169,195
《平山冷燕》45
《普劳图斯戏剧集》46,84,144,167

Q

钱德明 34,62

遣使会 49,201—206,208
《倩女离魂》5,87,88,176
青木正儿 3
《秋胡戏妻》5,87,88,175

R

《任风子》88,186
《忍字记》5,87,88,180
荣振华 200,214
儒家 53,54,68,72,86,101,106,107,
　　113,116,117,140—142
儒莲 2—5,7,8,29,31,38—40,43—53,
　　55,57—61,63—89,92,93,96—98,
　　101,107,118,122,123,125,130,
　　132,134,138,139,143,144,148,
　　150,156,164,167,168,180,184,
　　185,187,197,199,207,209,210,
　　212,214,215

S

《三国演义》87
《三与楼》120,166
桑彻斯 17,194
莎剧 131,153,157,158,161,162
沙龙 135—139
圣伯夫 134,137—139
《诗经》68,72
史亚实 147
狩野直喜 2,3
《书经》20,113
《水浒传》87
斯当东 93
司汤达 30,31,134,136,138,147,151—
　　153,161
《四库总目提要》87
宋君荣 20,62,113

《宋元戏曲考》4,5
索尔松 26,120,121,130,166

T

弹词 36,38
《桃花女》88,179
《桃花扇》37,42,123
陶宗仪 113,114,116
《铁拐李》5,87,88,174
《通鉴纲目》67

W

王国维 4,5,95
王家图书馆 34—42,48,54,58,84,94,
　　118,119,121,207,209,212
王实甫 92
王韬 3,4
维尼 131,137,156
卫方济 62
文社 90,135,137—139,152
《文献通考》106,113
《梧桐雨》87,173
吴君 120
五花爨弄 116,124
《伍员吹箫》88,176
《误入桃源》87,88,183

X

《西厢记》2,40,45,46,48,52,87,103,
　　104,116,118,119,121—124,
　　168,187
喜剧 13—15,49,51,71,88,91,100,105,
　　120,123,145,155,156,210

夏多布里昂 134,137,138
小安培 40,126－128,136－139,141－143,145,151,152,156－159,161,162,164,207
《小尉迟》88,175
笑剧 13,15,16
《谢金吾》87,175
《新唐书》113,114
徐珂 4
《薛仁贵》5,173

Y

鸦片战争 7,8,84,201,215
《亚洲学报》86,87,89,133,150
盐谷温 3
耶稣会 1,7,9,10,11,13,17－22,25,26,29,34,43,48,53,54,57,58,61,72,75,91,96,108,113,115,116,120,140,141,143,163,193,194,200,201,204
耶稣会士 7,9,11,17－22,25,26,29,34,43,48,53,54,61,91,96,108,113,120,140,141,143,193,194
异国情调 139,146,149,157
《英华字典》74,105
雨果 131,137,139,150,156
《玉娇梨》30－32,45,72,138,151,153
《冤家债主》88,180
《鸳鸯被》5,87,88,170
《元曲选》1,2,5,11,37,38,45,48,50,51,55－58,87,92－95,113,118

元杂剧 2,3,36,40,45,48,54,61,62,87,92,93,95,106,108,116,117,123,127,128,148,149,159,210
《岳阳楼》88,176

Z

《张天师》88,171
《赵礼让肥》87,88,179
《赵氏孤儿》1,3,4－7,9,10,12,13,20,22,26,40,44,45,49,51,53－56,58－64,72,76,87,90,92,117,130,132,150,154－156,163,168,184,209
正剧 45,50,51,52,88,119,120,123,155,156
郑德辉 92,93,145,149
《中国丛报》148
《中国孤儿》1,9
"中国热" 7,21,22,90,206
《中国书目》6
《中国游记》22
《中国志》109
《中华大帝国史》14－16,18
《中华帝国全志》1,12,13,54,61,72,155
朱迪特·戈蒂耶 74,129
《赚蒯通》5,87,170
《缀白裘》36,40－42,118
《㑇梅香》1,2,27,51,85－89,92,93,96－98,101－105,107,129,144－146,149,159,168,181

参考文献

一、手稿、书信及档案

* BNF Bibliothèque nationale de France 法国国家图书馆
BIF Bibliothèque de l'Institut de France 法兰西研究院图书馆
BA Bibliothèque de l'Arsenal 兵工厂图书馆
ANF Archives nationales de France 法国国家档案馆
ACF Archives du Collège de France 法兰西学院档案室
AAB Archives administratives de la Bibliothèque（法国国家）图书馆行政档案部

1. 手稿：

吴君神父手稿：
P. Foureau, *Réflexions sur la Grammaire chinoise de M. Fourmont*. 1744.（BNF Ms Fr12215-MF33759）

儒莲手稿：
Manuscrits de Stanislas Julien（BIF Ms 2299—301）

马若瑟手稿：
《经传议论自序》（BNF Ms Chinois 7164）

2. 中文古籍①及相关书目文献：

Collection des 45 chansons populaires... tirées de pièces de théâtre（BNF Ms Chinois 4325）
Collection des chansons populaires（BNF Ms Chinois 4325）
《新镌绣像西厢琵琶合刻》（BNF Ms Chinois 4329）
《增注第六才子书》（BNF Ms Chinois 4330）
《元人杂剧百种》（BNF Ms Chinois 4331—338）
《元曲选》（BNF Ms Chinois 4339—344）
《六十种曲》（BNF Ms Chinois 4345—358）
《六十种曲》（BNF Ms Chinois 4359—4375）
《成裕堂绘像第七才子书》（BNF Ms Chinois 4376—4377）

---

① 19世纪法国王家图书馆的戏曲藏书今存于法国国家图书馆东方手稿部,故列于此处,按手稿部所编书号排序。

《绘风亭评第七才子书》(BNF Ms Chinois 4378—4379)
《绣像牡丹亭还魂》(BNF Ms Chinois 4380)
《玉茗堂四种》(BNF Ms Chinois 4381—4383)
《韩朋十义大全记》(BNF Ms Chinois 4384)
《长生殿传奇》(BNF Ms Chinois 4385)
《重订缀白裘新集合编》(BNF Ms Chinois 4386—4387)
《桃花扇》(BNF Ms Chinois 4388)
《寒香亭传奇》(BNF Ms Chinois 4389)
《绣像风筝误传》(BNF Ms Chinois 4390)
《笠翁十种曲》(BNF Ms Chinois 4391—4393)
《笠翁传奇十二种曲》(BNF Ms Chinois 4394—4405)
《西江祝嘏》(BNF Ms Chinois 4406)
《绣像鱼水缘传奇》(BNF Ms Chinois 4407)
《藏园九种曲》(BNF Ms Chinois 4408—4409)
《石榴记传奇》(BNF Ms Chinois 4410)
《砥石斋二种曲》(BNF Ms Chinois 4411)
《绣像水晶球传》(BNF Ms Chinois 4412)
《绣像玉连环传》(BNF Ms Chinois 4413—4414)
《绘真记》(BNF Ms Chinois 4415)
《绣像百花台全集》(BNF Ms Chinois 4416)
《新刊时调百花台全传》(BNF Ms Chinois 4417)
《绣像蕴香丸》(BNF Ms Chinois 4418)
《双鸳祠传奇》(BNF Ms Chinois 4419)
《绣像金如意》(BNF Ms Chinois 4420)
《秋水堂双翠圆传奇》(BNF Ms Chinois 4421)
《虎口余生传奇》(BNF Ms Chinois 4422)
《全本康汉玉三凤鸾》(BNF Ms Chinois 4423)

Stanislas Julien, « Catalogue des livres chinois, mandchous, mongols et japonais du nouveau fonds chinois de la Bibliothèque impériale », 1853. [Fiche classées systématiquement et collées pour constituer 4 volumes. Catalogue tenu à jour jusqu'à la fin du XIXe siècle]. (BNF Ms Chinois 9311)

Jean-Pierre Abel-Rémusat, « Catalogue des livres chinois de la Bibliothèque nationale », s. d., 2 vol. [Manuscrit autographe sans cotes, classement systématique; Chinois 9308. Un autre état en 3 vol. est conservé sous la cote Chinois 9309, copie sans caractères chinois de la main de Neumann sous la cote Chinois 9307]. (BNF Ms Chinois 9307—09)

Catalogue des livres chinois et mandchous de la Bibliothèque royale par Stanislas Julien(BNF Ms NAF5446)

Monique Cohen, "les fonds chinois", *Manuscrits, xylographes, estampages, les collections orientales du département des Manuscrits GUIDE*, sous la direction d'Annie Berthier, Paris: Bibliothèque nationale de France, 2000, p. 111.

Monique Cohen, "A point of History: The chinese books presented to the National Library in Paris by Joachim Bouvet S. J. in 1697", *Chinese Culture*, Dec. 1990, p. 39-48.

Maurice Courant, *Catalogue des Livres chinois, coréens, japonais, etc.*, Paris, Ernest Leroux, 1902-1912.

Etienne Fourmont, *Catalogus codicum manuscriptorum Bibliothecae Regiae*, Tomus Primus, Codices manuscriptos orientales, Parisiis: e typographia regia, 1739, pp. 367-432.

刘修业:《古典小说戏曲丛考》,北京:作家出版社,1958年。

郑振铎:《巴黎国家图书馆中之中国小说及戏曲》,《中国文学研究》(下),北京:人民文学出版社,2000年,第399—434页。

3. 档案:

雷慕沙档案:

ACF Archives C-XII A-Rémusat

儒莲档案:

AAB Archives modernes 117 PERSONNEL, Julien (Aignan, Stanislas)

ACF Archives C-XII St. Julien

诺代档案:

AAB Archives modernes 118 PERSONNEL, Naudet (Joseph)

大巴赞档案:

ANF RF2980/10

ANF F17/2937

东方语言学院汉语讲席相关档案:

ANF 62aj/4

ANF 62aj/12

ANF 62aj/70

4. 书信:

布吕玛书信:

"Lettres du P. Brumoy au Marquis de Caumont," *Etudes de théologie, de philosophie et d'histoire*, publiées par les PP. Charles Daniel et Jean Gagarin de la compagnie de Jésus, avec la collaboration de plusieurs autres pères de la même compagnie, 1ère Série, Tome deuxième, Paris: Charles Douniol, 1861.

马若瑟书信：
BIF　Ms 5402

雷慕沙书信：
BNF　Ms NAF-23791
　　　Ms NAF-11824
　　　Ms NAF-14188
BIF　Ms 2327
　　　Ms 2377
　　　Ms 2998
　　　Ms 5402
　　　Ms 2975

儒莲书信：
BNF　Ms NAF-24444
　　　Ms NAF-24475
BIF　Ms 2327
　　　Ms 2980
　　　Ms 2998
　　　Ms 5499
BA　Ms 13990

大巴赞书信：
BIF　Ms 2975

鲍吉耶书信：
BIF　Ms 5499

小安培书信：
André Marie Ampère et Jean-Jacques Ampère, *Correspondance et souvenir* (*de 1805-1864*), Receuillies par Madame H. C., Tome premier, quatrième édition, Paris: J. Hetzel et Co., 2006.

圣伯夫书信：
Correspondance de C.-A. Sainte-Beuve (*1822-1865*), Tome I, Paris: Calmann Lévy, 1877.

Nouvelle Correspondance de C.-A. Sainte-Beuve, *avec des notes de son dernier secrétaire*,

Paris: Calmann Lévy, 1880.

雨果书信:

Victor Hugo, *Correspondance familiale et récits intimes*, II: *1828-1839*, édition établie sous la direction de Jean Gaudon, Sheila Gaudon et Bernard Leuilliot assistés d'Evelyn Blewer, Paris: Robert Laffont, 1991.

梅里美书信:

"Lettre de Prosper Mérimée à Stanislas Julien", *Revue de l'Extrême-Orient*, publié sous la direction de M. Henri Cordier, première année, 1882, Tome Premier, Paris: Ernest Leroux, 1883.

二、报纸期刊(1789—1870)

L'Ami de la religion et du roi, *journal ecclésiastique*, *politique et littéraire*
Annales martimes et coloniales
Annales de philosophie chrétienne
Blackwood's Edinburgh magazine
Chinese Repository
Europe littéraire
Le Globe, *recueil philosophique*, *politique et littéraire*
Journal asiatique
Journal de la librairie
Journal des débats
Journal des savants
Le Magasin pittoresque
Le Moniteur universel
Nouveau journal asiatique
The Quarterly Review
Revue britannique
Revue des Deux mondes
Revue encyclopédique
L'Universel, *journal de la littérature*, *des sciences et des arts*

三、相关戏曲作品原书、译本及评论

1. 19世纪法国译介的中国戏曲作品(见附录一)
2. 19世纪法国关于中国戏曲的研究与评论(见附录二)

四、相关古籍

欧阳修,宋祁撰:《新唐书》,北京:中华书局,2000年。
马端临撰:《文献通考》,杭州:浙江古籍出版社,2000年。
王实甫著,王季思校注:《集评校注西厢记》,上海:上海古籍出版社,1987年。
高明著,钱南扬校注:《元本琵琶记校注》,北京:中华书局,2009年。
陶宗仪撰:《南村辍耕录》,北京:中华书局,1959年。
毛晋编:《六十种曲》,北京:中华书局,1958年。
臧晋叔编:《元曲选》,北京:中华书局,1958年。
孙星衍撰,陈抗、盛冬铃点校:《尚书古今文注疏》,北京:中华书局,1986年。
孙希旦撰,沈啸寰、王星贤点校:《礼记集解》,北京:中华书局,1989年。
图理琛撰:《异域录》,北京:商务印书馆,民国二十五年(1936年)。
王韬著,朱维铮主编:《弢园文新编》,北京:三联书店,1998年。
徐珂编撰:《清稗类钞》,北京:中华书局,1986年

五、各类参考资料

1. 汉学著述与汉学史研究

9世纪前来华传教士著述:

Le Chou-king, un des livres sacrés des Chinois, qui renferme les fondements de leur ancienne histoire, les principes de leur gouvernement et de leur morale,... traduit et enrichi de Notes, par Feu le P. Gaubil, ... revu et corrigé... par M. De Guignes, Paris: Tilliard, 1770.

Lettres édifiantes et curieuses: écrites des missions étrangères, Paris, 1780-1783, 26v.

——Lettre édifiantes et curieuses de Chine, par des missionnaires jésuites (1702-1776), Garnier Flammarion, 1979.

——[法]杜赫德编,郑德弟等译:《耶稣会士中国书简集》,郑州:大象出版社,2001—2005年,6卷。

Lettre inédite du P. Prémare sur le monothéisme des Chinois, publiés avec la plupart des textes originaux, accompagnés de la transcription d'un mot-à-mot et de notes explicatives par G. Pauthier, Paris: Benjamin Duprat, 1861.

Mémoires concernant l'histoire, les sciences, les arts, les mœurs, les usages, etc. des Chinois, par les missionnaires de Pékin, Tome VIII, Paris: Nyon l'aîné, 1782.

Tchao-Chi-Cou-Eulh, ou l'Orphelin de la Maison de Tchao, tragédie chinoise, traduite par le P. de Prémare, présentée à Madame * * * par M. Sorel Desflottes, Péking(Paris), 1755.

(Éd.）l'Abbé Grosier，*De La Chine*，*ou Description Générale de Cet Empire*，Rédigée d'après les mémoires de la mission de Pékin，Paris：Pillet Aîné，1818-1820，7v.

Du Halde，*Description géographique*，*historique*，*chronologique*，*politique*，*et physique de l'empire de la Chine et de la Tartarie chinoise*，Paris：Le Mercier，1735，4v.

P. de Prémare，*Notitia linguae sinicae*，Malaccae，1831.

——*The Notitia Linguae sinicae of Prémare*，translated into English by J. G. Bridgman，Canton，printed at the office of the Chinese repository，1847.

Matthieu Ricci et Nicolas Trigault，*Histoire de l'expédition chrétienne au royaume de la Chine (1582-1610)*，Bellarmin，1978.

——利玛窦、金尼阁著，何高济等译：《利玛窦中国札记》，北京：中华书局，1983年。

［西］门多萨撰，何高济译：《中华大帝国史》，北京：中华书局，1998年。

［西］门多萨编撰，孙家堃译：《中华大帝国史》，南京：译林出版社，2011年。

16至19世纪来华旅行者游记：

M. de Guignes，*Voyages à Péking*，*Manille et l'île de France*，*faits dans l'intervalle des années 1784 à 1801*，Paris，1808，3v.

Evariste Huc，*L'Empire chinois*，Editions Kimé，1992.

——［法］古伯察著，张子清等译：《中华帝国纪行》，南京出版社，2006年。

John Barrow，*Travels in China*，London：T. Cadell and Davies，1804.

——traduit de l'anglais par J. Castéra，*Voyage en Chine：formant le complément du voyage de Lord Macartney*，Paris：Buisson，1805，3v.

——traduit de l'anglais par J. Breton，*Voyage en Chine：à la suite de l'Ambassade de Lord Macartney*，Paris：Biblioth. Portative des voyages，Vve Lepetit，1807，6v.

——［英］约翰·巴罗著，李国庆、欧阳少春译：《我看乾隆盛世》，北京：北京图书馆出版社，2007年。

William Hunter，*Bits of Old China*，London：K. Paul，1885.

M. Timkovski，*Voyage à Péking*，*à travers la Mongolie*，*En 1820 et 1821*，traduit du russe par M. N. revu par M. J.B. Eyriès，Paris，1827，2v.

——G. Timkovski，*Voyage à Pékin*，*à travers la mongolie*，Editions Kimé，1993.

［澳门］《文化杂志》编：《十六和十七世纪伊比利亚文学视野里的中国景观》，郑州：大象出版社，2003年。

［意］马可·波罗著，冯承钧译：《马可波罗行纪》，上海：上海书店出版社，2006年。

［英］马戛尔尼著，刘半农译，李广生整理：《乾隆英使觐见记》，天津：百花文艺出版社，2010年。

19世纪英法汉学家著述：

Abel-Rémusat：

Essai sur la langue et la littérature chinoise，Paris，1811.

Plan d'un dictionnaire chinois，Paris，1814.

Programme du cours de langue et de littérature chinoises et de Tartare-Mandchou，Paris，1815.

Mémoire sur les livres chinois de la bibliothèque du roi, et sur le plan du nouveau catalogue，Paris：Le Normant，1818.

Elémens de la grammaire chinoise ou principes généraux du Kou-wen ou style antique, et du Kouan-Hoa, c'est-à-dire, de la langue commune généralement usitée dans l'empire chinois，Paris：Imprimerie royale，1822.

Mélanges asiatiques, ou choix de morceaux de critique et de mémoires relatifs aux religions, aux sciences, aux coutumes, à l'histoire et à la géographie des nations orientales，Paris：Librairie orientale de Dondey-Dupré père et fils，1825-1826，2v.

Nouveaux mélanges asiatiques, ou recueil de morceaux de critique et de mémoires aux religions, aux sciences, aux coutumes, à l'histoire et à la géographie des nations orientales，Paris：Librairie orientale de Dondey-Dupré，1829，2v.

Contes chinois，traduits par MM. Davis, Thomas, le P. D'Entrecolles, etc.，et publié par Abel Rémusat，Paris：Moutardier，1827，3v.

Stanislas Julien：

Blanche et bleue, ou les deux couleurs-fées; roman chinois，traduit par Stanislas Julien，Paris，Librairie de Charles Gosselin，1834.

Histoire et fabrication de la porcelaine chinoise，ouvrage traduit du chinois par Stanislas Julien，accompagné de notes et additions par Alponse Salvétat, et augmenté d'un mémoire sur la porcelaine du Japon, traduit du japonais par J. Hoffmann，Paris：Mallet-Bachelier，1856.

Histoire de la vie de d'Hiouen-Thsang, et de ses voyages dans l'Inde entre les années 629 et 645 de notre ère，traduit du chinois par Stanislas Julien，Paris，Arthus Bertrand，1851.

Mémoires sur les contrées occidentales，traduits du sanscrit en chinois en l'an 648 par Hiouen-Thsang, et du chinois en français par Stanislas Julien，Paris，1857-1868.

Les deux jeunes filles lettrés，roman chinois traduit par Stanislas Julien，Paris，1860.

Les avadânas, contes et apologues indiens inconnus jusqu'à ce jour, suivis de fables, de poésies et de nouvelles chinoises，traduits par M. Stanislas Julien，Paris：Benjamin Duprat，1859.

Nouvelles chinoises, traduction de M. Stanislas Julien, Paris: L. Hachette et Benjamin Duprat, 1860.

Les deux cousines, roman chinois, traduction nouvelle accompagnée d'un commentaire philologique et historique par Stanislas Julien, Paris: Didier et Cie, 1864.

Le livre des récompenses et des peines, en chinois et en français, accompagné de quatre cents légendes, anecdotes et histoires qui font connaître les doctrines, les croyances et les mœurs de la secte des Tao-ssé, traduit du chinois par Stanislas Julien, Paris, 1835.

Thsien-tseu-wen, le livre des mille mots, le plus ancien livre élémentaire des Chinois, publié en chinois avec une double traduction et des notes par Stanislas Julien, Paris: Benjamin Duprat, 1864.

"Langue et littérature chinoises", *Recueil de rapports sur les progrès des lettres et des sciences en France, sciences historiques et philosophiques, progrès des études relatives à l'Egypte et à l'Orient*, Paris: Imprimerie impériale, 1867, pp. 177-189.

Antoine Bazin :

Mémoire sur l'organisation intérieure des écoles chinoises, extrait du Journal Asiatique, Paris: Imprimerie royale, 1839.

Grammaire mandarine, ou principes généraux de la langue chinoise parlée, Paris: Imprimerie impériale, 1856.

Mémoire sur principes généraux du chinois vulgaire, extrait du journal asiatique, Paris: Imprimerie royale, 1845.

Recherches sur l'origine, l'histoire et la constitution des ordres religieux dans l'empire chinois, Paris: Imprimerie impériale, 1856.

John Francis Davis:

Poeseos Sinensis Commentarii, On the Poetry of the Chinese (from the Royal Asiatic Transactions), to Which Are Added Translations & Detached Pieces, Macao: East India Company's Press, 1829.

The Chinese, a General Description of the Empire of China and Its Inhabitants, London, 1836, 2v.

—J. F. Davis, *La Chine, ou description générale des mœurs et des coutumes, du gouvernement, des lois, des religions, des sciences, de la littérature, des productions naturelle, des arts, des manufactures et du commerce de l'empire chiniois*, traduit de l'anglais par A. Pichard, revu et augmenté d'un appendice par Bazin Aîné, Paris: Paulin, 1837, 2v.

—J. F. Davis, *China*: *a General Description of That Empire and Its Inhabitants*; *with the History of Foreign Intercourse down to the Events Which Produced the Dissolution of 1857*, London, 1857, 2v.

Chinese Miscellanies: *a Collection of Essays and Notes*, London, 1865.

Robert Morrison:

A Dictionary of the Chinese Language, London, 1815-1823.

A View of China, for Philological Purposes: *Containing a Sketch of Chinese Chronology, Geography, Government, Religion and Customs*, Macao, 1817.

19世纪汉学家及相关人物生平史料:

Catalogue des livres, imprimés et manuscrits, composant la bibliothèque de feu M. J.-P. Abel-Rémusat, Paris, 1833.

Catalogue des livres imprimés des manuscrits et des ouvrages chinois, tartares, japonais, etc., composant la bibliothèque de feu M. Klaproth, Paris: R. Merlin, 1839.

Congrès international des orientalistes, compte-rendu de la première session, Paris-1873, Tome premier, Paris: Maisonneuve, 1874.

La France littéraire, ou dictionnaire bibliographique des savants, historiens et gens de lettres de la France, ainsi que des littérateurs étrangers qui ont écrit en français, plus particulièrement pendant les XVIIIe et XIXe siècle, par J.-M. Quéarrd, Tome Premier, Paris: Firmin Didot, 1827.

Mémoire présenté augouvernement et aux chambres par le conservatoire de la bibliothèque du roi et relatif à l'état et aux besoins de cet établissement, Paris: Imprimerie royale, décembre 1830.

Henri Cordier, *Abel-Rémusat, bibliographie*, Leide: E. J. Brill, 1902.

André Magnin, "Stanislas Julien, orientaliste et sinologue orléanais", *Bulletin de la Société Archéologique et Historique de l'Orléanais*, Tome XVIII, N° 143, 1er trimestre 2005.

Jean-Pierre Nicéron, *Mémoires pour servir à l'histoire des hommes illustres dans la république des lettres*, avec un catalogue raisonné de leurs ouvrages, Tome XXX, Paris: Braisson, 1734.

François Pouillon(éd.), *Dictionnaire des orientalistes de langue française*, Paris: KARTHALA, 2008.

Edouard Specht, *Les Papiers de Stanislas Julien*, extrait des comptes rendues de l'Académie des inscriptions et belles-lettres(séance du 18 mai 1894), Paris: Imprimerie nationale, 1894.

H. Ternaux, Bibliothèque américaine ou catalogue des ouvrages relatifs à l'Amérique qui ont paru depuis sa découverte jusqu'à l'an 1700, Paris: Arthur-Bertrand, 1837.

Prosper Vedrenne, *Fauteuils de l'Académie française, études biographiques et littéraires*, Paris: Bloud et Barral, 1887-1888.

J.-J. Ampère, "De la Chine et des travaux de M. Abel Rémusat", *Révue des deux mondes*, Tome huitième, 1832, pp. 373-405.

—J. J. Ampère, "De la Chine et des travaux de M. Abel Rémusat", *Revue universelle*, T. V, Bruxelles, 1833, pp. 1-21.

G. B. Endacott, "Sir John Francis Davis Bart.", *A Biographical Sketch-book of Early Hong Kong*, Hong Kong University Press, 2005.

Gadoffre Gilbert, "La Chine du XIXe siècle vue par deux consuls de France à Fou-Tchéou", *Cahiers de l'Association internationale des études francaises*, 1961, N° 13. pp. 55-69.

Jules Mohl, "Rapport sur les travaux du Conseil de la Société asiatique pendant l'année 1862-1863, fait à la séance annuelle de la société, le 30 juin 1863", *Journal asiatique*, sixième série, tome II, juillet 1863, pp. 11-14.

M. Landresse, "Sur la vie et les travaux de M. Abel Rémusat", *Nouveau Journal asiatique*, 1834, pp. 205-231.

M. Neumann, "Coup d'œil historique sur les peuples et la littérature de l'Orient", *Nouveau Journal asiatique*, 1834, pp. 49-73.

汉学史研究:

(dir.) Marie-Claire Bergère et Angel Pino, *Un siècle d'enseignement du chinois à l'école des langues orientales*, Paris: L'Asiathèque, 1995.

J. Van Den Brandt, *Les Lazaristes en Chine, 1697-1935, notes biographiques*, Pei-p'ing: Imprimerie des lazaristes, 1936.

Henri Cordier, *Bibliotheca sinica: dictionnaire bibliographique des ouvrages relatifs à l'empire chinoise*, Paris: E. Guilmoto, 4v., 1881-1907.

Martha Davidson, *A List of Pubilshed Translations From Chinese into English, French and German*, Edwards Brothers, 1952-1957, 2v.

Cécile Leung, *Etienne Fourmont (1683-1745), oriental and Chinese languages in eighteenth-century France*, Leuven: Leuven University Press, 2002.

Knud Lundbaek, *Joseph de Prémare (1666-1736), Chinese philology and figurism*, Aarhus: Aarhus University, 1991.

—[丹麦]龙伯格著,李真、骆洁译:《清代来华传教士马若瑟研究》,郑州:大象出版社,2009年。

Gérard Moussay et Brigitte Appavou, *Répertoire des membres de la Société des missions étrangères: 1659-2004*, Paris: Archives des missions étrangères, les Indes savantes, 2004.

Paul Demiéville, "Aperçu historique des études sinologiques en France", *Choix d'études sinologiques (1921-1970)*, Leiden, 1973, pp. 56-110.

Knud Lundbaek, "Notes on Abel Rémusat and the beginning of academic sinology in Europe", *Actes du VIIe colloque international de sinologie: échanges culturels et religieux entre la Chine et l'Occident*, Ricci Institute, Paris, 1995.

Knud Lundbaek, "The Establishment of European Sinology", *Cultural Encounters: China, Japon, and the West*, Aarhus: Aarhus University Press, 1995.

André Magnin, "Stanislas Julien, orientaliste et sinologue orléanais", *Bulletin de la Société Archéologique et Historique de l'Orléanais*, Tome XVIII, N° 143, 1er trimestre 2005.

北京中法汉学研究所编:《十八十九世纪之法国汉学》,北京:中法汉学研究所,1943年。

[法]戴仁主编,耿昇译:《法国当代中国学》,北京:中国社会科学出版社,1998年。

[法]费赖之著,冯承钧译:《在华耶稣会士列传及书目》,北京:中华书局,1995年。

[意]卡萨齐、莎丽达著:《汉语流传欧洲史》,上海:学林出版社,2011年。

李灵等主编:《中西文化交流回顾与展望——纪念马礼逊来华两百周年国际学术研讨会论文集》,上海:上海人民出版社,2009年。

李向玉:《汉学家的摇篮——澳门圣保禄学院研究》,北京:中华书局,2006年。

莫东寅:《汉学发达史》,郑州:大象出版社,2006年。

[英]艾莉莎·马礼逊编,顾长声译:《马礼逊回忆录》,桂林:广西师范大学出版社,2004年。

戚印平:《远东耶稣会史研究》,北京:中华书局,2007年。

钱林森编:《法国汉学家论中国文学——古典戏剧和小说》,北京:外语教学与研究出版社,2007年。

[法]荣振华著,耿昇译:《在华耶稣会士列传及书目补编》,北京:中华书局,1995年。

[法]荣振华等著,耿昇译:《16—20世纪入华天主教传教士列传》,桂林:广西师范大学出版社,2010年。

宋莉华:《传教士汉文小说研究》,上海:上海古籍出版社,2010年。

[美]魏若望著,吴莉苇译:《耶稣会士傅圣泽神甫传:索隐派思想在中国及欧洲》,郑州:大象出版社,2006年。

熊文华:《英国汉学史》,北京:学苑出版社,2007年。

徐宗泽:《明清间耶稣会士译著提要》,上海:上海书店出版社,2010年。

许光华:《法国汉学史》,北京:学苑出版社,2009年。

许明龙:《黄嘉略与早期法国汉学》,北京:中华书局,2004年。
许明龙:《欧洲十八世纪中国热》,北京:外语教学与研究出版社,2007年。
阎宗临:《传教士与法国早期汉学》,郑州:大象出版社,2003年。
张国光等:《明清传教士与欧洲汉学》,北京:中国社会科学出版社,2001年。
张西平编:《他乡有夫子——汉学研究导论》,北京:外语教学与研究出版社,2005年。
张西平编:《欧美汉学研究的历史与现状》,郑州:大象出版社,2006年。
张哲俊:《吉川幸次郎研究》,北京:中华书局,2004年。
郑安德编:《明末清初耶稣会思想文献汇编》(修订重印版),北京:北京大学宗教研究所,2003年。
鲁进:《马若瑟为什么翻译了〈赵氏孤儿〉》,《中华读书报》,2007-9-12。
王燕、房燕:《〈汉文诗解〉与中国古典诗歌的早期海外传播》,《文艺理论研究》2012年第3期,第45—52页。
姚小平:《早期的汉外字典——梵蒂冈馆藏西士语文手稿十四种略述》,《当代语言学》,2007年第2期,第97—116页。
叶向阳:《英国17—18世纪旅华游记中的中国形象》,北京大学博士论文,2000年。
于明华:《清代耶稣会士索隐释经之形态与意义——以马若瑟为中心》,台湾暨南国际大学硕士论文,2003年。
张西平:《西方人早期汉语学习史调查》,《传教士汉学研究》,郑州:大象出版社,2005年,第201—292页。

2. 戏剧史与戏剧理论

Dictionnaire dramatique, contenant l'histoire des théâtres, les règles du genre dramatique, l'observation des maîtres les plus célèbres, & des réflexions nouvelles sur les spectacles, sur le génie & la conduite de tous les genres, avec les notices des meilleurs pièces, le catalogue de tous les drames, & celui des auteurs dramatiques, trois volumes, Paris: Lacombe, 1776.

Précis de l'art théâtral-dramatique des anciens et des modernes, contenant l'histoire, l'origine, la théorie et la pratique des théâtres et des différens drames, chez les nations anciennes et modernes; l'analyse raisonnée des règles et des préceptes de l'art dramatique, établis et observés par les plus célèbres auteurs;... publié par M. Lacombe, Paris: Le Grand Buffon, 1808.

Théâtre des Grecs, traduit par Le P. Brumoy, Tome premier, Paris: C. J. B. Bauche et Laurent d'Houry, 1749.

Félix Bernier d'Aristippe, *Théorie de l'art du comédien ou manuel théâtral*, Paris: Leroux, 1826.

A. Baron, *Histoire de l'art dramatique*, Bruxelles: A. Jamar, 1849.

Hervé Bismuth, *Histoire du théâtre européen, de l'antiquité au XIXe siècle*, Paris:

Honoré Champion, 2005.
Ernest Boysse, *Le Théâtre des jésuites*, Paris: Henri Vaton, 1880.
Castil-Blaze, *L'Opéra-italien de 1548-1856*, Paris: Castil-Blaze, 1856.
Marie-Claire Hubert, *Le théâtre*, Paris: Armand Collin, 1988.
(dir.) Jacquiline de Jomaron, *Le Théâtre en France, du moyen âge à nos jours*, Paris: Armand Colin, 1992.
Florence Naugrette, *Le théâtre romantique: Histoire, écriture, mise en scène*, Paris: Seuil, 2001.
Jean-Jacques Roubine, *Introduction aux grandes théories du théâtre*, Paris: Armand Colin, 2010.
Bernard Sallé, *Histoire du théâtre*, Paris: Librairie théâtrale, 1990.
Anne Ubersfeld, *Lire le théâtre*, Paris: Belin, 1996.
Alain Viala, *Le théâtre en France*, Paris: PUF, 2009.
Voltaire, *L'Orphelin de la Chine*, tragédie, Londre: Jean Nourse, 1756.
陈建华:《元杂剧批评史论》,济南:齐鲁书社,2009年。
邓绍基主编:《元代文学史》,北京:人民文学出版社,1991年。
傅谨:《中国戏剧艺术论》,太原:山西教育出版社,2003年。
郭英德:《元杂剧与元代社会》,北京:北京师范大学出版社,1996年。
郭英德编著:《明清传奇综录》,石家庄:河北教育出版社,1997年。
郭英德:《明清传奇戏曲文体研究》,北京:商务印书馆,2004年。
何其莘:《英国戏剧史》,南京:译林出版社,2008年。
侯百朋:《高则诚南戏考论集》,西安:陕西人民出版社,2008年。
胡明伟:《中国早期戏剧观念研究》,北京:学苑出版社,2005年。
黄仕忠:《〈琵琶记〉研究》,广州:广东高等教育出版社,2011年。
[日]吉川幸次郎著,郑清茂译:《元杂剧研究》,台北:艺文印书馆,1987年。
蒋星煜:《〈西厢记〉的文献学研究》,上海:上海古籍出版社,1997年。
[韩]金英淑:《〈琵琶记〉版本流变研究》,北京:中华书局,2003年。
[美]柯润璞著,魏淑珠译:《元杂剧的剧场艺术》,台北:巨流出版社,2001年。
李惠绵:《元明清戏曲扮演论研究》,台北:文史哲出版社,1998年。
李静:《明清堂会演剧史》,上海:上海古籍出版社,2011年。
李真瑜:《明代宫廷戏剧史》,北京:紫禁城出版社,2010年。
李志远:《明清戏曲序跋研究》,北京:知识产权出版社,2011年。
廖可兑:《西欧戏剧史》,北京:中国戏剧出版社,2007年。
刘晓明:《杂剧形成史》,北京:中华书局,2007年。
罗念生:《论古希腊戏剧》,北京:中国戏剧出版社,1985年。
罗书华、苗怀明等:《中国小说戏曲的发现》,北京:人民文学出版社,2009年。

罗斯宁:《元杂剧和元代民俗文化》,广州:广东高等教育出版社,2007年。
[德]曼弗雷德·普非斯特著,周靖波、李安定译:《戏剧理论与戏剧分析》,北京:北京广播学院出版社,2004年。
苗怀明:《二十世纪戏曲文献学述略》,北京:中华书局,2005年。
[日]青木正儿著,隋树森译:《中国文学概说》,台湾:开明书店,1982年。
[日]青木正儿著,王古鲁译:《中国近世戏曲史》,台湾:商务印书馆,1996年。
任半塘:《唐戏弄》,上海:上海古籍出版社,2006年。
盛志梅:《清代弹词研究》,济南:齐鲁书社,2008年。
孙崇涛:《风月锦囊考释》,北京:中华书局,2000年。
[新西兰]孙玫:《中国戏曲跨文化研究》,北京:中华书局,2006年。
孙书磊:《中国古代历史剧研究》,南京:南京师范大学出版社,2004年。
谭帆:《金圣叹与中国戏曲批评》,上海:华东师范大学出版社,1992年。
谭正璧:《话本与古剧》,上海:上海古籍出版社,1985年。
王国维:《王国维戏曲论文集》,北京:中国戏剧出版社,1984年。
王建科:《元明家庭叙事文学研究》,北京:中国社会科学出版社,2004年。
王政尧:《清代戏剧文化史论》,北京:北京大学出版社,2005年。
王芷章编:《清升平署志略》,北京:商务印书馆,2006年。
吴国钦等编:《元杂剧研究》,武汉:湖北教育出版社,2003年。
吴梅:《中国戏曲概论》,上海:上海古籍出版社,2000年。
徐大军:《元杂剧与小说关系研究》,郑州:河南人民出版社,2006年。
徐朔方:《论汤显祖及其他》,上海:上海古籍出版社,1983年。
徐子方:《明杂剧史》,北京:中华书局,2003年。
亚里士多德著,陈中梅译注:《诗学》,北京:商务印书馆,2012年。
严敦易:《元剧斠疑》,北京:中华书局,1960年。
么书仪:《元人杂剧与元代社会》,北京:北京大学出版社,1997年。
叶德均:《戏曲小说丛考》,北京:中华书局,2004年。
俞为民、刘水云:《宋元南戏史》,南京:凤凰出版社,2009年。
曾永义:《戏曲源流新论》,北京:中华书局,2008年。
曾永义:《曾永义学术论文自选集》,北京:中华书局,2008年。
张发颖:《中国戏班史》,北京:学苑出版社,2004年。
张庚、郭汉城主编:《中国戏曲通史》,北京:中国戏剧出版社,1981年。
张影:《历代教坊与演剧》,济南:齐鲁书社,2007年。
郑振铎:《中国俗文学史》,北京:商务印书馆,2005年。
钟涛:《元杂剧艺术生产论》,北京:北京广播学院出版社,2003年。
钟锡南:《金圣叹文学批评理论研究》,上海:上海古籍出版社,2006年。
周华斌、朱联群主编:《中国剧场史论》,北京:北京广播学院出版社,2003年。

朱家溍、丁汝芹：《清代内廷演剧始末考》，北京：中国书店出版社，2007年。
左鹏军：《晚清民国传奇杂剧史稿》，广州：广东人民出版社，2009年。
黄仕忠：《日本所见〈琵琶记〉版本叙录》，《文学遗产》，2012年第4期。
曹竞华：《明刊〈琵琶记〉评本流变研究》，中山大学硕士论文，2010年。

3. 比较文学与比较文化

Philippe Haudrère, *Les Compagnies des Indes orientales, trois siècles de rencontre entre Orientaux et Occidentaux (1600-1858)*, Paris: Editions Desjonquères, 2006.

Philippe Haudrère, Gérard Le Bouëdec, *Les Compagnies des Indes*, Editions Ouest-France, 2010.

Dominique Leièvre, *Voyageurs chinois à la découverte du monde, de l'antiquité au XIXe siècle*, Genève, Olizane, 2004.

Mary Gertrude Mason, *Western concepts of China and the Chinese*, New York, 1939.

—[美]M. G. 马森著，杨德山译：《西方的中国及中国人观念(1840—1876)》，北京：中华书局，2006年。

Olivier Roy, *Leibniz et la Chine*, Vrin, Librairie philosophique, 1972.

Tchen Ysia, *La musique chinoise en France au XVIIIe siècle*, Paris, 1974.

—[法]陈艳霞著，耿昇译：《华乐西传法兰西》，北京：商务印书馆，1998年。

Ting Tchao-Ts'ing, *Les descriptions de la Chine par les Français (1650-1750)*, Librairie orientaliste, 1928.

Shunhong Zhang, *British views on China (1790-1820)*, 北京：中国社会科学出版社，2011年。

[法]罗贝尔·埃斯卡皮著，于沛选编：《文学社会学——罗·埃斯卡皮文论选》，杭州：浙江人民出版社，1987年。

[法]艾田蒲著，许钧、钱林森译：《中国之欧洲》，桂林：广西师范大学出版社，2008年。

[法]维吉尔·毕诺著，耿昇译：《中国对法国哲学思想形成的影响》，北京：商务印书馆，2000年。

[法]布吕奈尔著，葛雷、张连奎译：《什么是比较文学》，北京：北京大学出版社，1989年。

曹广涛：《英语世界的中国传统戏剧研究与翻译》，广州：广东高等教育出版社，2009年。

都文伟：《百老汇的中国题材与中国戏曲》，上海：上海三联书店，2002年。

董乃斌、陈伯海、刘扬忠主编：《中国文学史学史》（第三卷），石家庄：河北人民出版社，2003年。

范希衡：《〈赵氏孤儿〉与〈中国孤儿〉》，上海：上海古籍出版社，2010年。

方豪：《方豪文录》，北平：上智编译馆，1948年。

方豪:《中西交通史》,上海:上海人民出版社,2008年。
伏涤修:《〈西厢记〉接受史研究》,黄山:黄山书社,2008年。
何辉斌:《戏剧性戏剧与抒情性戏剧——中西戏剧比较研究》,北京:中国社会科学出版社,2004年。
黄启臣:《澳门是最重要的中西文化交流桥梁(16世纪中叶至19世纪中叶)》,香港:天马出版有限公司,2010年。
黄启臣主编:《广东海上丝绸之路史》,广州:广东经济出版社,2003年。
[美]柯文著,雷颐、罗检秋译:《在传统与现代性之间——王韬与晚清改革》,南京:江苏人民出版社,2006年。
罗湉:《18世纪法国戏剧中的中国形象研究》,北京:北京大学出版社,2014年。
马祖毅、任荣珍:《汉籍外译史》,武汉:湖北教育出版社,1997年。
孟华主编:《比较文学形象学》,北京:北京大学出版社,2001年。
孟华:《他者的镜像:中国与法兰西》,北京:北京大学出版社,2004年。
孟华:《中法文学关系研究》,上海:复旦大学出版社,2011年。
沈福伟:《中西文化交流史》,上海:上海人民出版社,2006年。
孙歌、陈燕谷、李逸津:《国外中国古典戏曲研究》,南京:江苏教育出版社,2000年。
陶亚兵:《明清间的中西音乐交流》,北京:东方出版社,2001年。
《文化杂志》编:《十六和十七世纪伊比利亚文学视野里的中国景观》,郑州:大象出版社,2003年。
夏康达、王晓平:《二十世纪国外中国文学研究》,天津:天津人民出版社,2000年。
[法]伊夫·谢弗勒著,王炳东译:《比较文学》,北京:商务印书馆,2007年。
[法]谢和耐著,耿昇译:《中国与基督教——中西文化的首次撞击(增补本)》,上海:上海古籍出版社,2003年。
谢天振:《译介学导论》,北京:北京大学出版社,2007年。
谢天振主编:《当代国外翻译理论导读》,天津:南开大学出版社,2008年。
许钧等编著:《当代法国翻译理论》,武汉:湖北教育出版社,2001年。
[德]姚斯、霍拉勃著,周宁、金元浦译:《接受美学与接受理论》,沈阳:辽宁人民出版社,1987年。
[德]伊瑟尔著,金惠敏等译:《阅读行为》,长沙:湖南文艺出版社,1991年。
乐黛云编:《比较文学研究》,武汉:湖北教育出版社,2008年。
张铠:《中国与西班牙关系史》,郑州:大象出版社,2003年。
Muriel Détrie, "Traductions et réception du théâtre chinois en occident", *Le Champ Littéraire*, réunies et présentées par P. Citti et M. Détrie, Paris: Vrin, 1992, pp. 130-139.
Luo Tian, *La Chine théâtrale en France (1685-1789)*, 巴黎四大博士论文, 2004年。
陈受颐:《十八世纪欧洲文学里的〈赵氏孤儿〉》,《中欧文化交流史事论丛》,台北:商务印书馆,1970年。

韩琦:《从澳门、香港到上海——19世纪中叶西方活字印刷技术在中国的传播》,香港城市大学中国文化中心、出版博物馆编:《出版文化的新世界——香港与上海》,上海:上海人民出版社,2011年,第141—151页。

叶晓青:《〈四海升平〉,乾隆为英使马戛尔尼来访而编的朝贡戏》,叶晓青著,夏晓虹编:《西学输入与近代城市》,北京:北京大学出版社,2012年,第168—181页。

4. 相关史料及文学、历史著述

Archives des missions scientifiques, choix de rapports et instructions, Tome I, Paris: Imprimerie nationale, 1850.

Catalogue des livres relatifs à la Chine qui se trouvent à la librairie de Benjamin Duprat, Paris, 1861.

Encyclopédie méthodique, arts et métiers mécaniques, Tome Troisième, Paris et Liége, 1784.

Narrative of the Chinese embassy to the Khan of theTourgouth tartars, in the years 1712, 13, 14, & 15; by the Chinese ambassador and published, by the emperor's authority at Pekin, translated from the chinese and accompanied by an appendix of miscellaneous translations by Sir George Thomas Staunton, London: John Murray, 1821.

Recherches historiques sur les dignité et leurs marques distinctives chez différens peuples; puisées principalement dans des manuscrits authentiques inédits, Paris: Léopold Collin, 1808.

Revue encyclopédique, ou analyse et annonces raisonnées des productions les plus remarquables dans la littérature, les sciences et les arts, 5ᵉ année, Tome XX, Paris et Londre, 59ᵉ cahier, nov. 1823.

Ta-tsing-leu-lée, ou les Lois fondamentales du Code pénal de la Chine, trad. du chinois par Georges Thomas Staunton, et mis en français avec des notes, par M. Renouard de Sainte-Croix, Paris: Lenormand, 1812.

Antoine de Baecque, Françoise Mélonio, Histoire culturelle de la France, Tome III: lumières et liberté, les dix-huitième et dix-neuvième siècles, sous la direction de Jean-Pierre Rioux et Jean-François Sirinelli, Paris: Seuil, 1998.

Hertor Bossange, Catalogue des livres français, anglais, allemands, espagnols, grecs et latins, italiens, portugais, orientaux, etc., suivi de prix courants, Paris: Librairie et commissaire pour l'étranger, 1845.

Hippolyte Cocheris, Histoire du journal des savants, depuis sa fondation jusqu'à nos jours, Paris: A. Durand, 1860.

Condurier, La Chine catholique, ou Tableau des progrès du christianisme dans cet *empire*, suivi d'une notice sur les quatre Chinois présentés à S. M. Charles X, avec leurs portraits et un fac simile de leur écriture, Paris: l'auteur, H. Tilliard, 1829.

Etienne-Jean Delécluze, *Souvenirs de soixante années*, Paris: Michel Lévy frère, 1862.

Francis Démier, *La France du XIXᵉ siècle, 1814-1914*, Paris: Seuil, 2000.

Lucien Febvre, Henri-Jean Martin, *L'apparition du livre*, Paris: Albin Michel, 1999.

——[法]费夫贺、马尔坦著,李鸿志译:《印刷书的诞生》,桂林:广西师范大学出版社,2006年。

Emile Daurand Forgues, *La Chine ouverte, aventures d'un fan-kouei dans le pays de Tsin*, ouvrage illustré par Auguste Borget, Paris: H. Fournier, 1845.

——老尼克著,钱林森等译:《开放的中华——一个番鬼在大清国》,济南:山东画报出版社,2004年。

Jean-François Foucaud, *La Bibliothèque royale sous la monarchie de Juillet (1830-1848)*, Paris: Bibliothèque nationale, 1978.

René Fülöp-Miller, *Les Jésuites et le secret de leur puissance, histoire de la compagnie de Jésus, son rôle dans l'histoire de la civilisation*, traduit de l'allemand par Jean-Gabriel Guidau, Paris: Librairie Plon, 1933.

Nelly Furman, *Revue des Deux mondes et le romantisme (1831-1848)*, Genève: Librairie Droz, 1975.

Odile Gannier, *La littérature de voyage*, Paris: Ellipses, 2001.

Judith Gautier, *Paravent de soie et d'or*, Paris: Librairie Charpentier et Fasquelle, 1904.

Jean-Jacques Goblot, *Le Globe, 1824-1830, documents pour servir à l'histoire de la presse littéraire*, Paris: Honoré champion Editeur, 1993.

Eugène Hatin, *Histoire du journal en France (1631-1853)*, 2ᵉ édition, Paris: P. Jannet, 1853.

Mathieu-Richard-Auguste Henrion, *Tableau des congrégations religieuses formées en France depuis le dix-septième siècle*, Paris: Société des bons livres, 1832.

Léon Leconte, *Récits fantastiques*, Saint-Omer: Imprimerie Fleury-Lemaire, 1875.

(dir.) Jean-Yves Mollier, Philippe Régnier et Alain Vaillant, *La production de l'immatériel, théorie, représentations et pratique de la culture au XIXᵉ siècle*, Saint-Etienne, Publication de l'Université de Saint-Etienne, 2008.

Anne Martin-fugier, *Les Romantiques, 1820-1848*, Paris: Hachette, 1998.

——[法]安娜·马丁-菲吉耶著,杭零译:《浪漫主义者的生活(1820—1848)》,济南:山东画报出版社，2005 年。

Anne Martin-Fugier, *La vie élégante*, Paris: Perrin, 2011.

Jean-Pierre Nicéron, *Mémoires pour servir à l'histoire des hommes illustres dans la république des lettres*, avec un catalogue raisonné de leurs ouvrages, Tome XXX, Paris: Braisson, 1734.

Louis Paris, *Essai historique sur la bibliothèque du roi, aujourd'hui bibliothèque impériale, avec des Notice sur les dépôts qui la composent et le Catalogue de ses principaux fonds par le prince*, nouvelle édition, revue et augmentée des annales de la bibliothèque..., Paris: Bureau du cabinet historique, 1856.

Charles-Augustin Sainte-Beuve, *Causeries du lundi*, Troisième édition, Tome cinquième, Paris: Garnier Frères, 1852.

Charles-Augustin Sainte-Beuve, *Nouveaux Lundis*, Tome cinquième, Paris: Michel Lévy Frères, 1866.

F. Tamisier, *M. J.-J. Ampère, étude historique et litteraire*, Marseille: Typ. et Lith. Barlatier-Feissat et Demonchy, 1864.

H. Ternaux, *Bibliothèque américaine ou catalogue des ouvrages relatifs à l'Amérique qui ont paru depuis sa découverte jusqu'à l'an 1700*, Paris: Arthur-Bertrand, 1837.

G. Vapereau, *Dictionnaire universel des contemporains, contenant toutes les personnes notables de la France et des pays étrangers*, troisième édition, Paris: Librairie de L. Hachette, 1865.

"Note sur le commerce des livres en Chine et surleur prix de revient en Europe", extrait du *Journal de la librairie*, 27 mai 1843.

"Situation financière des littérateurs français", *Revue universelle*, cinquième année, Tome Ier, Bruxelles, 1837.

"Vie de Madame Swetchine", *Revue de Bretagne et de Vendée*, Tome VI, année 1859, deuxième semestre, Nantes, 1859, pp. 281-300.

John P. Doyle, "Two Sixteenth-Century Jesuits and a Plan to Conquer China: Alonso Sanchez and Jose de Acosta: An Outrageous Proposal and its Rejection", *Strukturen der Macht: Studien zum politischen Denken Chinas*, ed. K. Wegmann-M. Kittlaus, 13 (2005), pp. 253-273.

Alain Milhou, "Variations sur les thèmes du bon et du mauvais sauvage", *La conquête de l'Amérique espagnole et la question du droit*, textes réunis par Carmen VAL JULIAN, Lyon: Editions ENS, 1996, pp. 49-64.

Henri Omont, "Missions en Chine et dans l'Inde. Fourmont Aîné, Les PP. Fouquet et de Prémare, signard et le P. Le Gac (1684-1737)", *Missions archéologiques* *françaises en Orient aux XVIIe et XVIIIe siècles*, Paris: Imprimerie nationale, 1902, pp. 806-829.

Stendhal, *Courrier anglais*, *London magazine*, *Athenaeum V*, éablissement du texte et préfaces par Henri Martineau, Paris: Le Divan, 1936.

Jean Théodoridès, "Les intérêts orientalistes de Stendhal", *Stendhal, journaliste anglais*, études réunies par Philippe Berthier et Pierre-Louis Rey, Paris: Presse de la Sorbonne nouvelle, pp. 143-162.

Marie-Laure Vincent-Aurenche, *Edouard Charton et l'invention du Magasin pittoresque (1833-1870)*, année 1999. Thèse de l'Université Lumière-Lyon 2.

J. Witek, "Jean-François Foucquet et Les livres chinois de la Bibliothèque Royale", *Actes du IIe colloque international de sinologie Chantilly*, 1977, Paris: Les Belles Lettres, 1980, pp. 145-163.

[法]弗雷德里克·巴尔比耶、卡特琳娜·贝尔托·拉维尼尔著,施婉丽等译:《从狄德罗到因特网——法国传媒史》,上海:上海人民出版社,2009年。

[丹麦]勃兰兑斯著,张道真等译:《十九世纪文学主流》(全六册),北京:人民文学出版社,1997年。

[法]皮埃尔·布吕奈尔等著,郑克鲁等译:《19世纪法国文学史》,上海:上海人民出版社,1997年。

戴逸主编:《简明清史》,北京:中国人民大学出版社,2001年。

丁文:《"选报"时期〈东方杂志〉研究(1904—1908)》,北京:商务印书馆,2010年。

[美]费正清、刘广京编,中国社会科学院历史研究所编译室译:《剑桥中国晚清史(1800—1911)》,北京:中国社会科学出版社,1985年。

[德]彼得·克劳斯·哈特曼著,谷裕译:《耶稣会简史》,北京:宗教文化出版社,2003年。

[西]巴托洛梅·德拉斯·卡萨斯著,孙家堃译:《西印度毁灭述略》,北京:商务印书馆,2010年。

李赋宁主编:《欧洲文学史》,北京:商务印书馆,2001年。

[韩]李宽淑:《中国基督教史略》,北京:社会科学文献出版社,1998年。

[法]里乌、西里内利主编,杨剑等译:《法国文化史》,上海:华东师范大学出版社,2006年。

罗芃等:《法国文化史》,北京:北京大学出版社,1997年。

[英]安德鲁·桑德斯:《牛津简明英国文学史(修订本)》,北京:人民文学出版社,2000年。

[英]乔治·桑普森著,刘玉麟译:《简明剑桥英国文学史》,上海:上海外语教育出版社,1987年。

王媛著:《〈王重民教授著述目录〉补遗》,北京大学信息管理系编:《王重民先生百年诞辰纪念文集》,北京:北京图书馆出版社,2003年,第96—104页。
王佐良:《英国散文的流变》,北京:商务印书馆,2011年。
吴义雄:《条约口岸体制的酝酿——19世纪30年代中英关系研究》,北京:中华书局,2009年。
吴义雄:《在宗教与世俗之间——基督教新教传教士在华南沿海的早期活动研究》,广州:广东教育出版社,2000年。
武舟:《中国妓女文化史》,上海:中国出版集团东方出版中心,2006年。
鲜于浩、田永秀:《近代中法关系史稿》,成都:西南交通大学出版社,2003年。
郑祖安:《近代上海的第一个外侨公墓》,《殡葬文化研究》,上海:上海书店出版社,2001年。

后　记

　　还记得 2007 年，我报考北大中文系比较所博士的时候，心心念念想做的是一篇关于上海越剧的论文。但导师孟华老师在综合考虑了我的学术背景、越剧的研究现状及可能挖掘的问题后，建议我改做一个有关戏曲作品法译的研究。她认为该领域空白较多，余地较大，且不仅能兼顾我对戏曲的个人兴趣，更可以发挥我出身法语专业的长处。我当时对汉学尚谈不上多少了解，不过因为身在外语专业，间或会有些零星的接触，也约略有些好奇。于是，凭着一股初生牛犊不怕虎的劲头，懵里懵懂地一头扎进了这个全新的课题之中，全然不知它牵涉学科之多、门类之广。到后来材料越读越多，问题越看越深，才觉下笔艰难。这时，却也不可能再打退堂鼓，只有咬着牙一点点往下啃。这段历程，回想起来多少带着些"无知者无畏"的味道。不过，偶尔停下脚步小憩，回头翻看当年最初的设想和文字，审视自己在不知不觉间走过的这段漫长而艰辛的路途，心里终究也是欣慰的。读博前，曾有人以"脱胎换骨"来向我形容博士学习所能带来的改变。今天回望，信哉斯言。从当日对课题的懵懂无知，到今日陈至案头的厚厚书稿，历经八载个中艰辛，如人饮水，冷暖自知。这部书稿的完成，虽不过是在学术道路上所迈出的一小步，但它对我而言，却证明了一个人挖掘自身潜力的巨大可能性。

　　当然，所有点滴的变化都不会无缘无故地发生，这点小小成果的获得，无疑离不开众多师友前辈的指教提点、鼓励支持。

　　感谢我的博士生导师——北大比较所的孟华教授，在这个只认"现货"不认"期货"的时代，她愿意认可我的潜力，接纳当时对比较文学认识尚十分粗浅的我，并日复一日地耐心打磨这块"顽石"，十分令人感佩。在我们毕业离校后，她仍时时关怀着我们在学术上的进展，为了让我们这批年轻人得到一个展现自己的机会，积极谋求各方合作，因此才有了这套丛书的问世。计划敲定后，她又再三教促我们在工作之余抓紧时间对书稿做认真细致的全面修订。可以肯定，如果没有她的推动，这部著作的问世很可能还要延后若干年。

　　感谢我的硕士生导师——北大法语系的罗芃教授。他虽然嘴上总说早已把我交付给中文系,却始终一如既往地关心着我的学业和成长。他不仅参与了我论文的许多重要环节,提出了许多中肯的批评改进意见,在我迷茫困惑、需要提点和建议的时候,也总能沉稳而冷静地为我指点迷津,帮助我反思,鼓励我继续前行。

感谢越剧老艺术家尹小芳老师。我对中国戏曲的浓厚兴趣最初就源于她舞台艺术的感召力。她长年代师授艺,因而不仅在艺术上深有体悟,在指点青年学子方面也颇具心得。在多年的电话往还中,她时常引导我关注实践,将书本与社会相关联;教导我勿故步自封,放下对自身想法的执着,更多地倾听他人,吸收各方养分。相识十载,她在日常交流中曾带给我无数启示与感悟。

感谢我的法国导师——巴黎索邦大学的François Lecercle教授。在我赴法学习期间,他给予了我亲切的教导与指引,对我各种尚未成熟的想法每每报以热情的鼓励与支持,与他的讨论交流也总令人在轻松愉快中有所收获。

感谢北大中文系的严绍璗老师与夏晓虹老师,他们不仅担任了我博士期间的部分课程,也见证了我论文的各个进展阶段,从宏观把握上与微观处理上为我的论文提供了重要的意见与建议。感谢张辉、王风、王东亮、张西平、谢柏梁、康士林、兰克利、罗湉等各位老师,他们都曾为我论文的改进和完善出谋划策。

感谢法国国家图书馆手稿部、档案部、法兰西研究院图书馆、法兰西学院图书馆、档案馆、法国国家档案馆,它们的丰富资料收藏是这篇博士论文的扎实基础。感谢以上机构的众多工作人员为我所提供的热情而专业的服务。尤其要感谢Richelieu东方手稿部中文藏书负责人Nathalie Monnet女士,她不仅回答了我关于藏书的诸多疑问,还为我查阅原王家图书馆的中文藏书提供了许多便利。

感谢法国东方语言学院的何碧玉教授与波尔多三大的安必诺教授,他们为我的资料搜寻工作提供了一些重要线索。感谢中国社科院的么书仪老师、张铠老师和北大儒藏中心的李畅然老师,我曾分别就元杂剧问题、西班牙传教士问题、古籍版本问题向他们请教,虽然素昧平生,但他们均对我的疑问给予了认真的回应与解答。

感谢我的师兄、师姐李华川、马晓冬、苏明明、凌敏等人,他们曾与我就论文进行过无数次讨论,为我带来了诸多思想的火花。马晓冬与凌敏两位师姐还曾在论文结稿的紧张阶段为我做过细致的文字校订。感谢陈文爽与吴蕙仪两位结识于法国的朋友和北大历史系博士生汤晓燕同学在我回国后帮助我购置法文图书并补查法文文献。感谢法语系的师妹刘娟娟与答辩秘书徐超同学在预答辩、答辩中为我承担各种琐碎的事务性工作。

  感谢中国国家留学基金委的"国家建设高水平大学公派研究生项目"(2009601266)为我提供了为期一年的出国经费,使我在法国的学习与资料搜集工作得到了经济上的保障。感谢《国际汉学研究通讯》《清史论丛》《汉语言文学研究》《上海交通大学学报(哲学社会科学版)》《汉学研究》等期刊为我提供了发表的平台,本书的部分章节因此得以先行面世,并得到了交流改进的机会。

  感谢我的家人数年来一直尽可能为我提供经济上与生活上的支持,使我能有更多的时间和精力专注于本论文的撰写,而无后顾之忧。

  此外,尚有许多师长、同学曾对我的论文给予过关怀与鼓励,无法一一历数,谨在此一并致谢。这篇论文虽仍存在诸多欠缺与不足,但若能使那些一直以来陪伴和见证了我成长的师友前辈们稍觉欣慰,一切的辛苦也就都是值得的。

2015 年 4 月 12 日于沪上逸云阁